DU BIOGRAPHE.

Des préventions peu favorables sont attachées au titre de notre journal. Ceux qui nous ont précédés dans cette carrière, nous le savons, avaient mérité la sévérité de l'opinion publique, et nous souscrivons, sans hésiter, aux justes arrêts dont furent frappés les scandaleux auteurs des petites *Biographies*. On peut dire, en faveur de la noble profession d'écrivain, qu'elle a besoin des respects et de la considération publiques, et que bien rarement ceux qui l'ont embrassée sont arrivés à la fortune par le chemin de la honte. Le scandale est une mine peu féconde : on peut l'exploiter un moment avec avantage ; mais bientôt le mépris et la misère viennent faire oublier pour toujours un triomphe odieux. Le bon sens du public de France ne se trompe jamais en de semblables occasions, et Paris depuis long-temps avait fait justice de la *Biographie des dames de la cour*, lorsque son tribunal a frappé de ses vengeances méritées des pamphlétaires inconnus et misérables. Après ce que l'on a vu, il faut beaucoup de courage pour rentrer dans un champ si fécond en intérêt, mais que le scandale semblait avoir rendu désert à jamais. Forts de notre conscience, de la pureté de nos intentions, de l'utilité de nos travaux, nous nous présentons avec assurance aux regards du public, dans la place même où ses yeux sont habitués à ne voir que l'impudeur et le mensonge. Nous voulons les remplacer par l'impartialité, la justice. Tels de nobles accusés lèvent avec orgueil leur tête innocente devant un tribunal habitué à ne voir sur le banc occupé par eux que le crime et l'ignominie. Ainsi donc le *Biographe* a pour mission de raconter, avec tous les détails possibles, la conduite publique et privée de tous les hommes vivants qui peuvent inspirer quelque intérêt dans les circonstances du moment. Qu'un homme paraisse sur la scène de la politique ou de la littérature, l'opinion publique recherche avec avidité toutes les circonstances de la vie de cet homme ; le *Biographe* a pour but de satisfaire à cette curiosité naturelle : correspondant avec des personnes de toutes classes, de toutes conditions, de tous pays, par ses nombreux rapports, il pourra obtenir sur tous les personnages célèbres de l'époque des renseignements certains. Déjà un grand nombre d'hommes distingués se sont empressés de lui faire parvenir les détails qui ne pouvaient être connus que d'eux seuls ou de leurs amis ; plusieurs ont promis de contribuer de tous leurs moyens au succès de cette entreprise. Nous passerons en revue tout ce que les chambres législatives, la cour, le ministère, le clergé., la magistrature et l'armée renferment de personnages intéressants, soit par leurs talents, soit par leur naissance. Les auteurs les plus renommés, les artistes de tous genres, les banquiers les plus riches, les marchands les plus à la mode, les directeurs de théâtres et leurs acteurs seront jugés par nous.

Respectueusement soumis aux lois du royaume, *le Biographe* se renfermera avec scrupule dans le cercle purement littéraire où l'emprisonne la liberté de la presse : jamais une syllabe de politique. Cependant, il faut le dire, pour le perfectionnement de nos mœurs constitutionnelles, c'est une bonne fortune que l'idée conçue et mise en œuvre par nous. Avec quel intérêt Messieurs les électeurs ne parcourront-ils pas notre journal lorsqu'ils seront sûrs d'y trouver les *faits et gestes* des candidats proposés à la représentation nationale ! A l'approche des élections nous nous ferons un devoir de donner la biographie de tous les éligibles qui auront mérité d'attirer les regards de la France. Probes et sévères nous dirons la vérité, rien que la vérité, mais toute la vérité.

Telle sera la première partie de notre journal qui deux fois
la semaine offrira à l'intérêt de ses lecteurs la biographie d'une
célébrité du jour.

Un tiers de notre journal sera consacré à la littérature. Dans
cette partie nous rendrons compte des ouvrages nouveaux que
le public aura goûtés, et surtout de ceux pour lesquels il aura
témoigné une injuste indifférence. Jeunes, indépendants,
pleins de foi dans l'avenir, et surtout pleins de foi dans la liberté, cette liberté chérie, nous la défendrons dans les doctrines littéraires comme nous l'aurions défendue dans les matières politiques, si telle eût été notre tâche. Le beau sous
toutes ses formes, le sublime au milieu de tous ses désordres,
la nouveauté avec toutes ses imperfections et ses ébauches,
recevront nos encouragements et nos hommages. Ayant en
horreur la routine et l'ornière, nous nous élancerons avec joie
dans les champs de la découverte, et le cœur palpitant d'espérance, nous poursuivrons notre route vers ce nouveau monde
de beautés théâtrales dont la pruderie des règles et l'académie
voudraient en vain nous éloigner. Accompagnant les écoles
allemande et anglaise dans leur libre essort, nous n'éprou-
verons qu'un seul sentiment pénible, celui d'avoir été devancés
par elles; mais nous n'oublierons point en cette occasion que
si la nation française marche à la suite de l'Angleterre dans le
chemin de l'invention, notre génie vif et léger ne tarde pas à
surpasser les autres peuples, réparant ainsi par la rapidité de
son vol le temps qu'il a perdu dans le repos. Les noms de
Lamartine, de Byron, de Walter-Scott, de Goëthe, de Shiller,
de Victor Hugo et surtout de Châteaubriant seront écrits sur
nos bannières; suivant avec modestie les écrivains du Globe,
nous nous glorifierons de partager leurs opinions, d'étudier
leur façon d'écrire, et de les égaler dans leur amour pour la
justice et l'indépendance. Moins savants qu'eux, nous ne parlerons guère de l'académie des sciences, tout estimable qu'elle
soit; mais en revanche un peu plus gens du monde, nous par-

ferons davantage des spectacles, des salons, des bals et des concerts : ce sera la troisième partie de notre journal.

Amis de *Figaro*, sans avoir l'honneur d'être connus de lui, tout en nous efforçant de l'imiter dans son aimable et spirituelle légèreté, sans aucune mauvaise intention, nous ferons en sorte de lui faire la barbe. Nous sommes bien persuadés que personne n'ira dire, en parlant de cet échange de service entre le malin *Barbier* et le *Biographe* : *Asinus asinum fricat*.

Nous paraîtrons deux fois la semaine, si nous sommes amusants, c'est assez; si non, c'est beaucoup trop.

ERRATA :

Page 21, ligne 22, *au lieu de* changeur, *lisez* : changeant.

Page 22, ligne 14, *au lieu de* aveux répugnants, *lisez* : aveugles répugnances.

Page 23, ligne 15, *au lieu de* portant, *lisez* : partant.

Miguel 1er

LE BIOGRAPHE.

DON MIGUEL.

Don Miguel, régent du royaume de Portugal, naquit à Lisbonne le 28 octobre 1802. Son père, le roi Jean VI, gouvernait à cette époque le Portugal et le Brésil, sous le nom de la régente la princesse Marie. Cette femme, digne par son courage et ses lumières de succéder au ministre Pombal, attaquée d'une maladie qui la conduisit au tombeau, avait abandonné les affaires entre les mains du régent. Celui-ci, selon la coutume des princes héréditaires de la couronne de Portugal, prenait alors le titre de prince du Brésil, et le conserva jusqu'en 1816. Son administration active et ferme procura au Portugal une véritable prospérité, qui malheureusement dura peu d'années. Il encourageait tous les genres de travaux, levait tous les obstacles, comblait tous les vides d'une administration économique imparfaite. Une ère nouvelle de développement pour le génie national semblait se préparer lorsque la guerre vint ajourner le résultat de tous ses efforts. La France travaillait depuis long-temps à contrarier, par l'entremise de l'Espagne, les intimes relations du Portugal avec l'Angleterre, dont cette dernière puissance tirait tant de profit. La cour de Madrid ne se résigna à cette rupture que lorsqu'elle vit ses frontières couvertes par les troupes françaises. Bientôt le gouvernement d'Espagne déclara qu'il était prêt à fermer ses ports aux vaisseaux portugais. Bonaparte poursuivit ses projets de guerre pour obtenir mieux. Les frontières du Portugal, dégarnies et sans défense, furent rapidement envahies, et l'occupation simultanée de Campo-Mayor, Elvas, Olivenza, aména la paix de Badajoz (1).

Bientôt après, par les traités de Madrid et de Londres, Jean VI se vit contraint de céder à l'Espagne Olivenza avec une partie de l'Alentejo, et à la France une partie de la Guyanne portugaise. Ce fut à cette époque que la princesse du Brésil, Charlotte, infante d'Espagne, donna le jour à don Miguel, son second fils. Cette princesse, née avec une grande vivacité d'esprit, une imagination ardente, avait été élevée par un homme de mérite qui, au milieu d'une cour voluptueuse et frivole, avait trouvé moyen d'orner son esprit de connaissances utiles. Elle n'avait pas encore atteint sa douzième année, lorsqu'on lui fit subir, en présence de toute la cour et des ambassadeurs, un examen général sur l'histoire, la géographie, le latin, le français, l'espagnol et le portugais. Sa mémoire et son intelligence avaient étonné tous ceux qui l'avaient entendue. En 1787 elle avait été fiancée au prince du Brésil, qu'elle vint rejoindre à Lisbonne en 1790. L'épouse du prince Jean était devenue mère d'un premier enfant, la princesse Marie-Thérèse, née le 29 avril 1793, époque à laquelle des dissensions intérieures avaient éclaté dans le palais, et rompu l'harmonie qui avait régné jusqu'alors entre le prince du Brésil et sa femme. De continuelles discussions, dans lesquelles la princesse cédait rarement, venant augmenter chaque jour la discorde entre les deux époux, ils n'avaient pas tardé à avoir des établissements séparés. Les choses étaient dans cet état lorsque Lucien Bonaparte fut envoyé à la cour du Portugal pour traiter de la paix. Le diplomate, frère du premier consul, fut reçu par la princesse du Brésil avec tous les égards que méritaient la nation dont il était le représentant et l'homme extraordinaire qui l'avait envoyé. Quelque temps

(1) Histoire du Portugal, par Alphonse.

après, la femme du prince régent accoucha d'un fils, auquel fut donné le nom de Miguel. Les nombreux ennemis de sa mère répandirent, à cette occasion, des bruits calomnieux sur les rapports de Lucien Bonaparte avec la princesse du Brésil : les ennemis du régent les répètent aujourd'hui.

Cependant le traité de Portugal fut rompu : la guerre recommença entre la France et l'Angleterre, et le système continental succéda au projet d'une invasion furtive en Angleterre, reconnu impraticable. Le Portugal paya seize millions la neutralité qu'il obtint, et qu'il garda scrupuleusement jusqu'au fameux décret de Milan, déclaration formelle de cette guerre à mort jurée à la marine et au commerce anglais.

Les chagrins domestiques que le prince du Brésil avait éprouvés l'avait jeté dans une sombre tristesse qui lui faisoit rechercher la solitude. D'un abord facile et prévenant, il était devenu sévère et soupçonneux. Ses ennemis profitèrent du voyage qu'il fit à Alentejo pour tramer une conspiration contre lui : il découvrit leurs trames et leur pardonna. Ce bon prince vivait dans le travail et la mélancolie, lorsqu'il reçut la nouvelle que les Français, ayant passé les frontières du Portugal, marchaient sur Lisbonne à grandes journées. Alors il prit la résolution que Pombal avait suggérée autrefois au roi de Portugal, d'abandonner ses états d'Europe et de se retirer au Brésil. Pour administrer le royaume pendant son absence, il établit une junte suprême. Le 28 novembre 1807, il s'embarqua sur un vaisseau de 80 canons, ayant avec lui son fils don Pèdre et son gendre don Pèdre-Carlos, l'époux de Maria-Francisca : don Miguel était avec sa mère et le reste de sa famille sur un autre vaisseau. Huit vaisseaux du premier rang, quatre frégates et trois bricks : ainsi se composait la flotte. Quelques heures de retard auraient fait échouer complètement l'entreprise, puisque les vaisseaux portugais avaient à peine dépassé la barre quand l'avant-garde française arriva au bourg de Santarem, à 2 lieux de Lisbonne. Quoique assaillie dans la traversée par une violente tempête, la flotte arriva à Rio, sans accident. Tandis qu'une tête couronnée cherchait un refuge dans cette Amérique, qui avait déjà donné asile à tant de proscrits obscurs, les Portugais, réunis en armes sur les bords du Tage et du Douro, obligeaient le duc d'Abrantès à l'évacuation de leur pays.

Le prince du Brésil, emmenant avec lui son fils aîné don Pèdre et don Miguel, son second fils, alla fixer sa résidence à Saint-Christovao, campagne située à quatre milles de Rio. La princesse sa femme habitait cette dernière ville avec ses trois jeunes filles. Ne voyant jamais son mari que dans les circonstances obligées, elle choisissait tous les moyens de contrarier son gouvernement, et les ennemis du prince la trouvaient toujours disposée à soutenir leurs projets. Pendant ce temps don Miguel grandissait, annonçant des inclinations guerrières et un génie non moins ambitieux que celui de sa mère. Tout occupé de chasse et d'exercices d'équitation, il passait une partie de sa vie dans des plaisirs peu dignes de son rang : souvent on le rencontrait dans les environs du palais de San-Christovao, accompagné d'une troupe de jeunes gens de la classe du peuple, avec lesquels il se livrait à des jeux de gymnastique ou domptait des chevaux fougueux. Les jeunes filles créoles redoutaient beaucoup la rencontre de cette troupe de cavaliers, dont le grossier libertinage était en grande renommée dans le pays. Tandis que l'éducation de don Miguel recevait une direction si fâcheuse, les Français, commandés par Masséna, duc de Rivoli, étaient de nouveau chassés du Portugal, Bonaparte était renversé, et le prince du Brésil pouvait rentrer à Lisbonne. Cependant il continuait à demeurer à Rio, et n'avait pas encore songé à le quitter, lorsqu'arriva la révolution d'Oporto en 1820. Jean VI, devenu roi par la mort de la reine Marie, adhéra au nouvel ordre de choses. De ce moment le retour à Lisbonne fut arrêté : le prince héréditaire fut laissé à Rio pour gouverner le Brésil au nom de son père, et toute la famille de Jean VI fit voile pour le Portugal. Le 3 juillet 1821, elle entra dans le Tage, au milieu des acclamations universelles du peuple. Le roi reçut une députation des cortès, en présence desquels il jura un attachement inviolable à la constitution.

Les idées libérales, dont l'acte constitutionnel était empreint, devaient choquer violemment le caractère absolu de la reine ; aussi montra-t-elle la plus grande opposition aux nouvelles mesures que le roi prit en cette circonstance. Pour renverser la charte portugaise, elle employa tous les moyens que son crédit et sa fortune mettaient à sa disposition. Ayant échouée dans plusieurs conjurations successives, elle jeta les yeux sur don Miguel, son fils chéri. D'après le plan qu'elle concerta avec lui, il s'agissait d'anéantir les cortès et de rendre au roi de Portugal le pouvoir absolu. L'argent fut répandu à pleines mains ; les grâces, les honneurs et la fortune furent promis aux conjurés : plusieurs colonels prirent part à ce complot.

Le 27 mai, don Miguel quitte Lisbonne, et se rend, suivi d'un grand nombre d'officiers, à Villa-Franca. Bientôt le général Pamplona et le colonel du 23ᵉ régiment, à la tête de ses troupes, viennent se joindre au fils de la reine. Celui-ci fait une proclamation qui doit instruire les soldats du projet des révoltés ; il s'agit de délivrer le peuple portugais de la tyrannie des cortès, et d'affranchir le roi des obstacles que ses ennemis lui opposent.

Aussitôt que le roi fut informé de la révolte de son fils, il fit publier dans Lisbonne la proclamation suivante :

« Portugais !

» Mon fils l'infant don Miguel a fui de ma demeure royale : comme père je l'abandonne, comme roi je saurai le punir. Fidèle à mes serments, à la religion de nos ancêtres, je maintiendrai la constitution que j'ai librement acceptée. Je n'ai jamais manqué à ma parole ; soyez aussi fidèles à la vôtre, si vous voulez être libres et rester dignes du nom glorieux que vous avez porté pendant tant de siècles. »

Aussitôt après cette proclamation, le roi monta à cheval et se rendit à Villa-Franca, afin d'éclairer les troupes sur le véritable but des conjurés, et les faire rentrer dans le devoir. Pamplona, voyant que le complot était avorté, laissa l'infant don Miguel à Santarem et vint rejoindre le roi à Villa-Franca : les troupes révoltées suivirent l'exemple de ce général, et c'est ainsi que se termina cette échauffourée. La reine obtint sa grâce par l'entremise de Pamplona ; on rapporta le décret des cortès qui l'avait privée des droits politiques et civils, à cause de son antipathie contre la constitution : le fils rebelle trouva dans le bon roi le cœur miséricordieux d'un père ; et tous les favoris de sa mère reprirent dans le palais leur crédit et leur audace.

Si la clémence est une vertu digne de l'amour et de la vénération des peuples, il est vrai de dire que la trop grande facilité est un défaut capital dans les hommes revêtus du pouvoir. La timidité de Jean VI, les ruses et l'influence de la reine, donnaient chaque jour à cette princesse de nouveaux partisans, et au roi de nouveaux ennemis. Une conspiration nouvelle fut tramée contre les jours de ce prince trop clément ; mais afin de parvenir plus sûrement à leurs fins, les conjurés résolurent de se débarrasser d'abord des courtisans qui avaient témoigné le plus d'attachement à la personne de Jean VI. C'est à cette époque que doit être rapportée l'horrible catastrophe du palais de Salvaterra, vieux bâtiment en ruine sur les bords du Tage, où la cour s'était rendue, pour s'y livrer en liberté aux plaisirs du carnaval. Le marquis de Loulé, ami du roi, y fut assassiné dans la nuit du 29 février. Un journal anglais, le *London Observer*, a rendu compte de ce crime dans les termes suivants :

Don Miguel, le comte de Villaflor, le marquis d'Abrantès, le marquis de Loulé et quelques autres devaient représenter un ouvrage dramatique sur un petit théâtre construit dans

l'intérieur du palais. A l'issue de la répétition, la plupart des
acteurs partirent, mais le marquis de Loulé resta afin de prendre quelques dispositions pour la représentation qui devait
avoir lieu le lendemain à dix heures et demie ; tandis qu'il se
retirait par une galerie faiblement éclairée qui conduisait aux
appartements du roi, il fut assailli par deux hommes qui se
précipitèrent sur lui : afin d'étouffer ses cris, ils commencè-
rent par jeter sur sa tête une *manta*, vêtement d'une étoffe
grossière, que les gens du peuple portent ordinairement sur
l'épaule dans plusieurs provinces de l'Espagne et du Portugal;
ils lui assénèrent ensuite plusieurs coups sur le crâne avec un
bâton noueux, et introduisirent dans sa bouche un instrument tranchant qui, littéralement, lui emporta le palais. Lorsque le meurtre fut consommé, les assassins placèrent le corps
du marquis sous une grande table couverte d'un tapis de ve-
lours qui pendait de tous côtés sur le plancher. Cette table occupait le centre d'une vielle salle d'audience, où le cadavre
resta jusqu'au moment où tous les hôtes du palais furent re-
tirés dans leur appartement. On le transporta ensuite dans des
décombres qui se trouvaient dans une partie éloignée de cette
masse irrégulière de bâtiments, où on le découvrit le lendemain.

Le roi fut inconsolable de la perte d'un serviteur fidèle, auquel il était sincèrement attaché, et qui était le seul ami dans
le cœur duquel ce malheureux prince épanchât ses peines. Il
ordonna de suite une enquête judiciaire. Les faits que nous
venons de rapporter furent établis par cette enquête. L'infant
parut très-agité lorsqu'on vint lui dire la mort du marquis,
et il versa même quelques larmes. Ce qui est fort extraordinaire, c'est qu'on était instruit le matin chez la reine, dont le
palais est à quatorze lieues de Salvaterra, de la mort du marquis; cette princesse fit même dire une messe, à huit heures,
pour le repos de son âme.

Quand l'enquête fut terminée, et qu'on en fit le rapport au

roi, il frémit en apprenant les noms des personnages impliqués dans cette affaire. Il voulait venger la mort d'un ami dévoué, mais il hésitait en voyant quels étaient les premiers auteurs du complot. En même temps on faisait jouer autour de lui toutes sortes d'intrigues pour désarmer sa justice. Des ministres, des dignitaires ecclésiastiques, des juges, des femmes de la cour, représentaient que le mal était sans remède, et le suppliaient d'épargner au Portugal un scandale public. Ce bon vieux roi, dont les seuls torts étaient la faiblesse et la satisfaction trop exclusive qu'il trouvait à bien manger, céda à la fin à de si pressantes intercessions, et, le 24 juin 1825, il rendit un décret daté du palais d'Aduja, dans lequel il déclarait qu'il accordait le pardon à toutes les personnes compromises dans l'attentat commis le 29 février à Salvaterra. « Déterminé, ajoutait-il, par les considérations les plus puissantes, à couvrir d'un voile impénétrable un crime odieux, j'ordonne que toutes les pièces de l'enquête dont il a été l'occasion soient déposées à la secrétairerie d'état des affaires du culte et de la justice ; et en outre qu'elles soient closes et scellées, de manière qu'on ne puisse jamais les lire ni en prendre de copies. » Quels étaient donc ces grands criminels sur lesquels le roi n'osait pas venger le meurtre d'un ami ? C'est une question à laquelle chacun répondait de la même manière à Lisbonne. Les deux misérables qui avaient exécuté le crime pour un salaire furent arrêtés : l'un était un cocher des écuries royales, nommé Cordeiro, et le second un paysan de Salvaterra. On les exila avec six autres, parmi lesquels se trouvaient un sergent du corps de police, le marquis ....., ami de l'infant, et mort récemment à Londres. Ce furent les seules rigueurs que l'on permit au roi ; après quoi tout rentra dans l'ordre ordinaire à la cour, et l'on cessa même d'y parler de cette ténébreuse affaire. Il y avait, dans le silence que l'on gardait à cet égard, quelque chose de sombre et de sinistre.

(9)

On se rappelle que le 27 mai 1823, l'infant don Miguel avait
tenté un coup de main contre la puissance de son père, et que
cette insurrection coupable avait été anéantie dans Villa-Franca
par la soumission d'un général. Excité par les conseils ambitieux de sa mère, le fils de Jean VI, oubliant la clémence de
celui dont il avait déjà bravé l'autorité, se révolta de nouveau
contre le sceptre de son père. Le 29 avril 1824, au milieu de
la nuit, les ministres du roi, ses plus fidèles serviteurs, sont
arrêtés et jetés dans une prison. L'infant a donné des ordres à
tous les officiers sur lesquels il exerce quelque influence, à
tous les régiments dont l'imprudence de son père lui a confié
le commandement; et le lendemain, au lever du soleil, plus
de dix mille hommes de troupes, dévoués au jeune prince,
sont rangés en bataille sur la place du Roscio. Don Miguel s'y
est rendu le premier. « Soldats, s'écrie-t-il, si le soleil du 27
mai 1823 a paru si brillant à nos regards, celui-ci, je n'en
doute pas, ne sera pas moins radieux : l'une et l'autre journée
paraîtront avec gloire dans les annales de notre histoire. Dans
la première, j'ai quitté Lisbonne pour renverser l'anarchie,
pour sauver le roi, sa famille et la nation portugaise; pour
défendre contre l'impiété notre sainte religion, le plus solide
appui de la justice et du trône. C'est aujourd'hui que je veux
consommer le grand ouvrage et en assurer le succès défi-
nitif, en écrasant en même temps la secte infâme des francs-
maçons qui voudraient encore souffler la mort dans le sein de
la patrie et précipiter du trône la maison de Bragance. »

A la suite de cette proclamation, le prince écrivit à son père
pour lui déclarer que son intention était de le tirer de l'état de
dépendance dans lequel la constitution le tenait; il lui faisait
connaître la disposition des troupes à son égard, les succès
qu'il avait lieu d'espérer. En même temps il donna des ordres
pour empêcher que les amis du roi ne pussent approcher de
la personne de leur maître et lui donner des conseils de fermeté; des gardes, placés à toutes les portes du palais, en fai-

saient une véritable prison ; d'autres soldats parcouraient les rues de Lisbonne, arrêtant toutes les personnes connues par leur attachement aux principes constitutionnels. A la tête de ses gardes, le prince se rendait lui-même aux demeures de ses ennemis, et les faisait arrêter pour les conduire dans les prisons. Jean VI, à la disposition des révoltés, et ne trouvant aucune ressource dans la faiblesse de son caractère, se soumit à toutes les mesures qui lui furent imposées. La reine accourût au palais de Bemposta, les ministres furent changés, la garde constitutionnelle du roi fut remplacée, et tous les agents du pouvoir qui refusèrent de prendre part aux projets des révoltés furent suspendus de leurs fonctions. L'ambassadeur anglais engagea le corps diplomatique à protester contre les actes de don Miguel, et le renversement de la constitution. L'Angleterre avait pris trop de part à la charte portugaise, pour qu'elle abandonnât son ouvrage sans aucune résistance au despotisme d'un jeune guerrier, et aux caprices de la multitude. Tous les ambassadeurs réunis se rendirent au palais de Bemposta, demandèrent qu'on leur en ouvrît les portes, et menacèrent les insurgés de toute la colère de leurs gouvernements respectifs si l'on s'opposait à ce qu'ils fussent admis à l'audience de S. M. portugaise. Cet acte de vigueur sauva le roi. Entouré du corps diplomatique, il se rendit sur un vaisseau anglais, à bord duquel il put faire connaître en liberté sa volonté royale ; il défendit d'obéir à tous les ordres qu'il avait signés depuis la révolte, et qu'on lui avait arrachés par la force. Lorsque les troupes, qui avaient cru avoir à combattre pour la liberté de leur Roi, connurent ses véritables intentions, elles abandonnèrent le parti du jeune rebelle. Celui-ci n'ayant plus d'espoir que dans la bonté paternelle, dont il avait déjà si fort abusé, n'hésita point à l'implorer encore ; il vint à bord du vaisseau anglais sur lequel le roi s'était réfugié, et, versant d'abondantes larmes, se jeta aux pieds de son père. Jean VI

pardonna ; et bientôt on publia dans Lisbonne le décret suivant :

« Emporté par la fougue de l'âge, séduit par de perfides
conseillers, mon fils l'infant don Miguel s'est révolté contre
l'autorité royale : la sagesse et l'amour de mon peuple, secondés par le courage de la représentation européenne, ont
sauvé la monarchie portugaise des dangers de l'anarchie. La
Providence a permis qu'un fils, un moment aveuglé, reconnût
la profondeur de l'abîme dans lequel on voulait l'entraîner.
Repentant de sa faute, il est venu implorer le pardon de celui
contre lequel il avait eu le malheur de se révolter. J'oublie sa
faute, je pardonne à ceux qui l'ont partagée, et fasse le ciel
que ma clémence puisse toucher le cœur de mes sujets : leur
bonheur est mon unique pensée. »

Telle fut en substance la proclamation que le parti de la
reine arracha à la faiblesse du roi. Ce décret apprit de nouveau
aux courtisans ambitieux, qu'à l'abri d'une puissance secrète,
ils pouvaient en sûreté tenter contre le trône les entreprises
les plus hasardées ;ils surent de ce moment qu'ils avaient tout
à craindre en résistant aux projets de la révolte, et que les
entreprises dirigées contre le roi n'entraînaient après elles
aucuns résultats dangereux. D'un autre côté, l'infant don
Miguel trouvait de la protection dans les cours du Nord, et les
gouvernements d'Autriche et de Russie lui donnaient de fréquents témoignages de leur bienveillance à son égard : l'empereur Alexandre, à la suite de la révolte du 30 avril, connue
dans le Portugal sous le nom populaire d'*orbrilada*, envoya à
l'infant don Miguel la croix de Sainte-Anne ; et pour l'encourager à rétablir dans ses états un despotisme semblable à celui
de la Russie, il lui fit tenir en diverses circonstances des féli-
citations et des récompenses honorifiques.

Tout à coup un bruit terrible circule dans Lisbonne ; le roi
se meurt, et l'on assure qu'il est empoisonné. Le peuple en-
vironne le palais, et maudit la reine et ses partisans : les mé-

decins accourent ; plusieurs partagent cette opinion ; ils assurent que le poison a été employé dans les aliments du prince. Un d'entre eux, le docteur Vielra, épouvanté de ce crime, témoigne hautement son indignation contre les parricides : huit jours après, ce courageux médecin est trouvé mort dans sa demeure. Le 10 avril le roi Jean VI expira au milieu des convulsions, en poussant des cris douloureux, dans lesquels il répétait le nom de ses ennemis ; il pardonnait à la reine, à son fils don Miguel, qui avaient l'un et l'autre abreuvé sa vie de tant d'amertume.

Le roi de Portugal a-t-il été en effet empoisonné, nous n'oserions répondre à cette question, et, après avoir rapporté les circonstances qui ont précédé sa mort, nous laissons au jugement des lecteurs une entière liberté. Après une fête qui lui fut donnée par des moines au couvent des Hiéronymites, il avait éprouvé un malaise qui l'avait obligé de rentrer au palais de Bemposta. Apeine dans ses appartements il avait eu des vomissements et des convulsions : les personnes qui l'entouraient lui avaient fait prendre des potions qui, loin d'arrêter les vomissements, les avaient rendus plus fréquents et plus douloureux. Cependant comme son état avait paru moins alarmant au bout de quelques jours, les personnes qui l'entouraient avaient profité de cet instant d'espoir pour le décider à conférer la régence à l'infante Isabelle : le 10 la maladie avait repris son cours, et le Roi avait rendu l'âme dans la soirée. Le parti de la Reine et de don Miguel fut accusé d'avoir attenté aux jours de ce bon prince ; mais les soupçons populaires ne méritent pas de fixer la conviction des hommes réfléchis. Peut-être cette maladie fut-elle dans l'ordre accoutumé des événements ; mais que l'accusation du peuple soit gratuite ou fondée, les personnages qui en furent les victimes avaient mérité par leur conduite antérieure les flétrissures de l'opinion. Quoi qu'il en soit, la reine éprouva un violent dépit, lorsqu'elle fut informée des dernières volontés du Roi qui confiaient la regence à l'infante Isabelle , jusqu'au moment où l'on pourrait connaître la volonté de don Pedro prince du Brésil, fils aîné de Jean VI, et par conséquent son héritier légitime. La nouvelle régente rencontra dans le parti de don Miguel, et celui de sa mère, les mêmes obstacles, les mêmes périls, qui n'avaient cessé de tourmenter la vie privée et le gouvernement de son malheureux père ; comme lui , l'infante Isabelle eut à craindre les embuches de ses ennemis, les douleurs subites accompagnées de vomissements qu'elle éprouva à la suite d'un repas, firent renouveler les bruits sinistres qui avaient couru dans Lisbonne, à la suite de la mort de Jean VI. Du reste nous ne suivrons pas davantage le regent du Portugal dans sa conduite politique : son voyage à Vienne sous l'influence du comte de Metternick , son retour au Portugal par la France et l'Angleterre , les derniers attentats de son ambition , enfin tous les événements qui se rattachent à l'histoire de ce prince , de sa mère et du Portugal , sont des événements trop connus, et je dirais volontiers trop populaires pour en faire le sujet d'une biographie du moment. Nous préférons terminer cet article en empruntant au recueil anglais, intitulé le *London Observer,* quelques observations si grandes sur la situation morale du gouvernement portugais.

« C'est à tort toutefois que l'on attribuerait exclusivement tous les maux que souffre le Portugal aux intrigues de la reine-mère. En éloignant cette princesse, on neutraliserait sa funeste influence, mais il resterait encore d'autres principes malfaisants à détruire. Ces principes se trouvent dans les prérogatives que les classes privilégiées ont reçues des âges de barbarie, et qu'elles n'ont que trop bien conservées, et dans les formes du système administratif et judiciaire de ce malheureux pays. Quelques détails que nous allons donner à cet égard achèveront d'en faire connaître la véritable situation.

» L'influence qui y domine est, sans contredit, celle du clergé:

à l'aide de légendes merveilleuses, et de prétendus miracles, on avait réussi à livrer tous les droits du peuple à un monarque qui exerçait une autorité absolue, mais soumise au contrôle des prêtres. Les auteurs portugais, dont la plupart étaient des ecclésiastiques, ou qui écrivaient avec les feux de l'inquisition sous les yeux, assurent fièrement que leurs compatriotes sont le peuple le plus religieux du monde, et qu'ils n'ont pas cessé de l'être, depuis Tubal, le petit-fils de Noé, qui fonda Setubal ou Saint-Uves. Les preuves par lesquelles ils appuient cette haute prétention montrent à la fois quelle est l'étendue et la nature de leur piété. Ils prouvent, par exemple, que les portugais ont toujours été les persécuteurs les plus zélés des infidèles; qu'ils érigèrent la première église dédiée à la vierge Marie, et qu'ils ont été les plus fermes soutiens de son immaculée conception; que leur pays a donné le jour à quatre fondateurs d'ordres monastiques; que leurs rois sont les souverains qui ont fait les plus riches fondations religieuses; que c'est dans le Portugal où on trouve le plus de reliques, où il est né le plus de saints et où il s'est fait le plus de miracles. Comme, pendant une longue succession de siècles, les Portugais ont fait constamment la guerre aux Maures, et que chaque victoire était commémorée par quelque acte d'une superstition éclatante, ou par une extension des priviléges ecclésiastiques, on conçoit que le pouvoir de l'église se soit accru avec toutes les additions faites au territoire de la monarchie.

» L'aspect du pays et de la société, dans le Portugal, est d'accord avec les peintures qu'en font les écrivains nationaux. Dans les autres états de l'Europe, on ne rencontre de traces du quinzième siècle que dans les mémoires et les écrits contemporains. Dans le Portugal, au contraire, il est encore vivace, et vous le retrouvez avec la plus grande partie de son costume, de ses usages et de ses superstitions. Quand un protestant arrive à Lisbonne, il est tenté de croire que la reli-

gion, telle qu'on l'entend dans ce pays, est l'unique occupation de ses habitants, qu'elle absorbe entièrement leur attention, et que le gouvernement est une pure théocratie. Les
villes ont toutes quelque chose de monastique ; les églises, les
monastères, les couvents, en sont les édifices les plus remarquables, et ils occupent les sommités de toutes les hauteurs.
Vous êtes éveillé, dès le matin, et assourdi, pendant toute la
journée, par le son des cloches qui annoncent les offices religieux. Si vous circulez dans les rues, vous êtes sûr de rencontrer des processions, ou de voir la multitude prosternée devant quelque image populaire. Des moines noirs, blancs ou
gris, chaussés ou non, avec ou sans barbe, vous heurtent et
vous coudoient sans cesse. Vous entendez les tintements d'une
clochette qui annonce l'approche du Saint-Sacrement, et vous
n'apercevez pas encore le dais qui couvre le prêtre, ou les
torches de ceux qui l'accompagnent, qu'aussi loin que votre
vue s'étend, tout le peuple est prosterné sur le pavé. Vous en-
trez avec la foule dans l'église, dont les murs sont couverts
d'*ex-voto*, et vous voyez que l'office se célèbre simultanément
à plusieurs autels, en présence d'un grand nombre de dévots
et dévotes, la tête humblement inclinée vers le sol, et mur-
murant à voix basse leurs prières latines. Les mendiants, qui
vous assiégent à la porte, réclament votre aumône au nom de
la vierge, des saints, des âmes du purgatoire ; et les bedeaux
des différentes paroisses traversent les rues, en demandant la
charité avec un tambour, une cornemuse et un Saint-Esprit.
Dans les boutiques des orfèvres et des ciriers, vous ne voyez
que des crucifix, des saints, des couronnes. Mais ce qui porte
le plus de préjudice à la masse de la population, ce sont ces
fêtes, ces processions, ces pélerinages, qui interrompent sans
cesse ses travaux, et qui la font persévérer dans ses immo-
rales et dispendieuses habitudes d'oisiveté.

» Et qu'on ne suppose pas que le nombre, le pouvoir, la richesse des membres du clergé, soient moins considérables

dans la réalité qu'en apparence. Le jésuite Vieyra dit que, de son temps (1670), il y avait dans le Portugal 10,000 moines, 30,000 prêtres séculiers, et 15,000 religieuses ; en tout 55,000 individus. Mais cette estimation est probablement beaucoup trop faible ; car un seul couvent, celui d'Alcobaça, était en quelque sorte une ville tout entière, puisqu'il s'y trouvait 995 moines, sans compter les domestiques. Depuis cette époque, le nombre des membres du clergé a éprouvé une diminution ; cependant il est encore beaucoup trop considérable. Nous avons sous les yeux un état statistique dressé par ordre des cortès, et comprenant le nombre des couvents, celui des membres du clerger séculier, et le montant du revenu appartenant à tous les ordres religieux du Portugal. Il résulte de cet état que les couvents montaient, en 1822, à 402 ; les moines à 5,621 ; leurs domestiques à 628. Leur revenu, en argent, s'élevait à 607,253 *milreis* (environ 3,750,000 fr.) ; en froment, à 92,618 *alquieres* ; en seigle, à 98,771 ; en orge, à 17,171 ; en porc, à 30,091 liv. ; en bœufs, à 8,032 sans comprendre le ritz, le blé de Turquie et plusieurs autres articles. Le vin, suivant l'estimation des pères, s'élevait à 22,181 *almudes* ; l'huile, à 3,496 : ils avaient en outre 15,000 têtes de volailles, indépendamment de 2,000 poulets. »

M. DE FORTIA-D'URBAN.

(Article communiqué.)

Fortia-d'Urban (Agricol-Joseph-François-Xavier-Pierre-
Esprit-Simon-Paul-Antoine, marquis de), naquit à Avignon,
le 18 février 1756. Le nombre de ses prénoms provient de ce
qu'il fut tenu sur les fonts de baptême par tous les magistrats
de la ville dont son père était viguier ; chacun de ces magistrats donna son prénom à leur filleul, qui eut pour marraine
Mme la marquise de Caumont, épouse du premier consul.

M. de Fortia n'avait que neuf ans lorsqu'il fut conduit à
Paris ; il passa dix-huit mois à Passy dans une maison d'éducation, d'où on l'envoya au collège de La Flèche. Il fit d'excel-
lentes études à cette école. La rectitude et la précision de son
esprit le portant naturellement aux sciences exactes, il y fit
des progrès rapides, et acquit dans les mathématiques des
connaissances assez étendues pour pouvoir devenir le maître
de ses jeunes condisciples, subjugués au surplus par la douceur
du caractère d'un Mentor du même âge. En 1771, M. de Fortia
vint achever ses études à l'école militaire de Paris, où il resta
dix-huit mois. Sa naissance l'appelait à la carrière militaire ; il
entra donc comme sous-lieutenant en second dans le régiment
du roi, alors en garnison à Nancy. En 1774, il reçut la croix de
l'ordre de Saint-Lazare des mains de M. le comte de Provence
(depuis Louis XVIII), alors grand-maître de cet ordre. Ayant
rejoint son régiment, il partagea son temps entre les devoirs
de son état et l'étude des sciences mathématiques, n'abandonnant à la fréquentation du monde que le temps exigé par les

convenances de sa position. Sans ambition, mais ayant un goût décidé pour la liberté et le repos, M. de Fortia devait en avoir fort peu pour l'état militaire ; la carrière de la diplomatie se présenta souvent à son esprit, elle devait lui offrir plus d'agréments, il pouvait s'y promettre du succès ; sa haute naissance, sa bonne mine, l'aménité de son caractère et la finesse de son esprit, jointes à des connaissances déjà étendues, l'eussent bientôt mis à même de représenter dignement son souverain auprès d'une cour étrangère : mais la perspective sur laquelle il arrêtait le plus souvent et le plus complaisamment ses regards, était celle d'une vie paisible au sein de sa famille et dans le pays qui l'avait vu naître. Vers la fin de 1776, un procès d'une haute importance et d'où sa fortune dépendait, le rappela à Avignon. Ce procès était depuis trois ans devant les tribunaux du pays ; mais comme ils ne marchaient pas plus vite que l'ancienne chambre impériale de Wetzlaer, la famille de M. de Fortia sollicita à la cour de Rome un bref d'évocation qui porta de suite le procès au tribunal de la Rote. Suivant le cours ordinaire de la justice, ce tribunal ne pouvait juger qu'en dernier ressort. M. de Fortia, ayant obtenu un congé de son colonel, se rendit à Rome où il se livra à l'examen et à la poursuite de ses affaires ; il résuma tous les points de fait avec autant de précision que de clarté, tandis que des jurisconsultes habiles discutaient les points de droit. M. de Fortia était arrivé dans la capitale du monde chrétien le 24 mai 1777 ; il avait été de suite présenté au pape, aux cardinaux et aux ministres étrangers ; il fut particulièrement accueilli par le cardinal de Bernis et sa famille, dont il ne tarda pas à devenir le commensal. Le cardinal, alors ambassadeur de France à Rome, reçut quelque temps après une lettre du comte de Vergennes, ministre des affaires étrangères, qui lui ordonnait de favoriser de tout son crédit la partie adverse de M. de Fortia, en faisant révoquer le rescrit d'évocation dont nous avons parlé. M. de Fortia, instruit par le cardi-

nal de Bernis des injonctions faites par M. de Vergennes à Son
Eminence, s'empressa d'en neutraliser les effets, en adressant
à la cour de France un mémoire, remarquable par sa concision, sa clarté, et cette évidence qui commande la conviction.
Louis XVI, ayant lu ce mémoire, fut frappé de la force des
arguments qu'il contenait, et ordonna au ministre de rester
neutre dans cette affaire. Comme le procès ne marchait pas
avec une grande célérité, et qu'il en avait même déjà enfanté
trois autres qui allaient entraver encore les ressorts de la ma-
chine, M. de Fortia trouva des moments à consacrer à l'étude
de la philosophie. Il lut les ouvrages de Condillac, supérieurs,
selon lui, à ceux de Locke, Leibnitz et de Mallebranche. Il fit
à Rome la connaissance du père Jacquier, célèbre mathémati-
cien, grand ami de Condillac.

Cependant M. de Fortia n'avait pas un goût décidé pour
cette capitale; il y revoyait à la vérité de superbes tableaux,
de magnifiques statues, de beaux monuments de l'antiquité,
mais il désirait surtout y trouver des hommes. Il poursuivait
ses affaires avec autant d'activité que de prudence, dépouil-
lait d'anciens titres, et mettait dans tout leur jour les difficultés que l'esprit de chicane lui opposait; il faisait à son adversaire les propositions les plus raisonnables, et lui donnait des
preuves palpables de son esprit conciliateur et désintéressé.
Un jeune homme de vingt ans aurait pu facilement se dégoû-
ter d'une lutte aussi longue que fastidieuse; cependant il ne
perdit point patience, il continua à partager son temps entre
ses affaires, les plaisirs délicats et l'étude des beaux-arts,
bien persuadé qu'avec des juges désintéressés sa cause devait
toujours finir par triompher. Dans le cas contraire, sa philosophie l'avait suffisamment prémuni contre les bizarreries de la
fortune.

M. de Fortia plaidait contre un de ses parents qui se trouvait
aussi à Rome, et avec lequel il aurait pu conclure un arrange-
ment convenable, sans l'avidité de quelques hommes de loi,

intéressés à traîner les affaires en longueur. Ces discussions n'altérèrent jamais l'amitié qui existait entre les deux parties contendantes, qui se voyaient habituellement et allaient visiter leurs juges dans la même voiture. M. de Fortia s'adonnait de plus en plus à l'étude des mathématiques ; il avait des idées particulières sur l'algèbre et le calcul intégral ; il croyait avoir trouvé la véritable cause qui avait arrêté les mathématiciens dans le calcul intégral, en les obligeant de recourir aux logarithmes, aux sinus, aux tangentes et aux arcs de courbes, et de mêler ainsi deux sciences très-distinctes, l'algèbre et la géométrie. Les nouvelles quantités que la seule analyse avait fournies à M. de Fortia, lui paraissaient devoir suppléer à tous ces calculs embarrassants, qui ne laissent à l'esprit aucune marche fixe et constante, à l'aide de laquelle on puisse intégrer toutes sortes de quantités sans le secours des séries, dont le calcul est hérissé des plus grandes difficultés. M. de Fortia, ne trouvant pas à Rome des hommes capables de conférer avec lui sur ces matières abstraites, avait recours au savant père Jacquier, auteur d'excellents commentaires sur la Philosophie de Newton, d'un bon traité sur le calcul intégral, et de plusieurs autres ouvrages qui lui avaient acquis une réputation méritée. Pendant son séjour à Rome, et dans les moments de loisir que lui laissaient ses affaires, M. de Fortia composa sur les Mathématiques un livre qui, bien qu'assez volumineux, ne contenait que des choses absolument neuves, et devait intéresser les amateurs de la science : son projet était de perfectionner le calcul différentiel et intégral ; il croyait avoir découvert la véritable méthode pour y parvenir, et il était intimement persuadé que c'était parce qu'elle était ignorée, que les séries et le calcul infinitésimal avaient conduit à une foule d'erreurs, sans avoir produit aucune découverte importante dans cette partie de l'algèbre, qui en est la plus belle et la plus intéressante.

M. de Fortia s'était lié à Rome avec M. le chevalier de

Pougens ; il lui donna les soins les plus tendres pendant une petite vérole, qui mit en danger les jours de ce savant distingué, et finit par le priver de la vue. M. de Fortia se montra dans cette circonstance le héros de l'amitié ; la société brillante qu'il était dans l'habitude de fréquenter ne put le détacher un seul instant du lit de son ami souffrant.

A force de persévérance, il obtint du tribunal de la Rote une décision qui fixa ses droits, et pour cette fois, les décisions de la justice furent d'accord avec l'équité. Après avoir gagné tous ses procès, M. de Fortia revint à Paris, et forma des liaisons avec plusieurs savants de la France qui devinrent ses amis ; nous citerons, entre autres, le célèbre d'Alembert, qui possédait le génie des sciences exactes, et connaissait à fond toutes les autres parties de la philosophie. L'auteur du discours préliminaire de l'Encyclopédie, discours qui annonça le digne continuateur de Bacon, ne pouvait que plaire par sa méthode et la clarté de ses idées à M. de Fortia, qui, malgré sa jeunesse, avait su apprécier les services immenses que le philosophe avait rendus aux sciences. M. le marquis de Fortia fut l'ami de d'Alembert ; son affection pour ce savant qui, malgré ses graves aberrations, était au fond un homme estimable et rempli de qualités, ne se démentit jamais. M. de Fortia assista d'Alembert dans sa dernière maladie, lui prodigua tous les soins de l'amitié ; mais des circonstances particulières l'empêchèrent de rester auprès de son ami jusqu'au dernier moment. Condorcet avait résolu, pour l'honneur de la philosophie, de laisser mourir d'Alembert dans l'impénitence finale : Condorcet fut satisfait.

Le souverain pontife avait été à même de connaître M. de Fortia pendant son séjour à Rome ; Sa Sainteté le nomma colonel des milices d'infanterie du Comtat-Venaissin. Les honneurs et la fortune ne suffisaient point pour remplir un cœur aimant et sensible ; en 1785, il trouva une épouse accomplie dans mademoiselle Julie des Achards de Sainte-Colombe,

fille de M. des Achards de Ferrus, marquis de Sainte-Colombe:
M. de Fortia, doué de tous les avantages personnels, réunis-
sant à une naissance illustre, à une fortune honorable, des
connaissances profondes, de grandes vertus, et tout ce qu'il
faut pour plaire, avait rencontré une femme digne de lui,
comme il est digne d'elle. Mme la marquise de Fortia a conservé ses charmes les plus vrais, l'aménité du caractère, des
mœurs douces et délicates, une dévotion d'autant plus profonde
qu'elle est plus éclairée ; elle répand autour d'elle une atmosphère de satisfaction et de contentement, qui ne peut être
troublée que par le chagrin de la voir souffrir. Sous ses pin-
ceaux délicats, la nature retrouve sa simplicité et sa grandeur ;
ses compositions musicales, consacrées à la piété, ont quelque
chose d'angélique ; elles réchauffent l'âme des fidèles dans les
églises où la piété sentimentale trouve toujours des échos. Ici
je m'arrête, en observant que je suis encore au-dessous de la
vérité.

La révolution vint troubler l'heureuse et paisible existence
de M. de Fortia. A une époque où rien n'était possible que le
crime, il fut proscrit ; mais il n'émigra point. Il avait bien des
titres à la colère des hommes qui pesaient alors sur la France ;
sa haute naissance, sa fortune, ses vertus, ses talents, il en
fallait bien moins pour conduire à l'échafaud. Nous nous per-
mettrons de citer un trait qui prouve à quel point M. de Fortia
possède le courage civique, ce courage si rare dans un pays
où la valeur guerrière est trop commune pour être une vertu,
courage qu'Horace a si bien caractérisé par ces mots :
Fortem et tenacem propositi virum. Sous le régime de la
terreur, M. de Fortia exposait sa tête en rentrant à Paris ;
un de ses amis veut se rendre à la Guadeloupe, il est
arrêté aux frontières de France, parce que son passeport
n'était pas visé par le comité de salut public ; cet ami
s'adresse à M. de Fortia, en le priant de solliciter le *visa*
qui peut-être était indispensable pour sauver ses jours. M. de

Fortia se rend au comité de salut public, obtient la signature de tous les membres, à l'exception de celle de Robespierre, qui hésitait, et qui finit par donner la sienne, après s'être assuré que M. de Fortia se portait garant de la personne que concernait le passeport. Le sang-froid de M. le marquis, cet air imposant qui inspire la confiance et le respect, sauvèrent M. de Fortia : certes, l'histoire offre peu d'exemples d'un pareil dévoûment.

M. de Fortia, toujours franchement royaliste, attaché aux doctrines de la religion et de la légimité, n'émigra point, parce qu'il avait trop de sagesse pour ne pas sentir que la révolution n'était qu'une crise politique, qui ne pouvait avoir qu'une très-courte durée ; il pensait que le crime ne pouvait se naturaliser sur le sol de la France, et que la justice, l'ordre et la paix reparaîtraient un jour au milieu des Français.

La restauration a réalisé les vœux de M. de Fortia. Depuis cette heureuse époque, on s'attendait à le voir sur les bancs de la chambre élective : par sa naissance (1), sa fortune, l'éten-

---

(1) La maison de Fortia, qui se divise en quatre branches, celles de Fortia-Chailli, d'Urban, de Montréal, de Piles, est une des plus anciennes de la Catalogne. En 1113, deux frères, seigneurs de Fortia, accompagnèrent Raimond-Bérenger, lorsqu'il vint prendre possession de la Provence et du Gévaudan. Au troisième siècle, plusieurs membres de cette famille illustre se distinguèrent dans les guerres du temps ; Bernard de Fortia commandait les armées de don Pèdre IV, roi d'Arragon, lorsqu'il chassa le reste des infidèles qui occupaient l'Espagne. Ce souverain épousa Sibille de Fortia, dont il eut plusieurs enfants, notamment une fille nommée Isabelle, qui fut mariée à Jacques II, roi d'Arragon ; la sœur de Sibille, qui s'appelait Léonore, avait épousé Jean Ier, roi de Castille ; Ferdinand II, fils issu de ce mariage, et reconnu légitime héritier de la couronne. M. le marquis de Fortia trouve donc parmi ses aïeules des personnes qui furent en Espagne décorées du diadème. Le tome IX du *Nobiliaire de France* démontre également, et dans la forme la plus authentique, que M. de Fortia descend en ligne directe de saint Louis. Ainsi le sang royal d'Espagne et de **France**

due de ses connaissances, la solidité de ses principes et la rectitude de son jugement, il pourrait y figurer avec avantage ; mais dépourvu d'ambition, il ne veut paraître sur aucun théâtre. Il fait le bonheur de toutes les personnes qui l'environnent, vient au secours de l'indigence, et consacre à des travaux utiles le reste de son temps. La plupart des académies et sociétés littéraires et savantes de France, d'Italie, d'Allemagne et des Pays-Bas, se sont empressées de l'admettre dans leur sein. Ses connaissances étendues et profondes, les services qu'il a rendus et qu'il rend encore aux sciences, l'ont fait juger digne de tous ces honneurs. Son hôtel est en quelque sorte le rendez-vous habituel des hommes recommandables par leurs connaissances et par leurs vertus. Possesseur d'une bibliothèque considérable qui, malgré sa richesse, n'est point pour lui un simple objet de luxe, il se livre constamment à des recherches, soit pour reculer les limites des sciences exactes et historiques, soit pour accélérer l'édition de grands ouvrages du plus grand intérêt, et qui sans lui peut-être n'eussent jamais vu le jour. M. de Fortia a conservé la plénitude de ses facultés ; une vie constamment sage et à l'abri des tempêtes que soulèvent les passions, des sentiments généreux et des affections douces ont retardé chez lui l'époque de la vieillesse ; ainsi nous appliquerons volontiers à M. de Fortia cette heureuse image du bon Lafontaine :

> Rien ne trouble sa fin ; c'est le soir d'un beau jour.

CONSTANTIN.

---

circule dans les veines d'un philanthrope et d'un savant respectable ; ce sang royal n'a rien perdu dans ce canal, ni de sa noblesse, ni de sa pureté.

Hussein Pacha.

Lithr. de Mantoux r du Paon S. André. N° 1. à

HUSSEIN-PACHA.

Hussein naquit en 1780, à Erzerum ou Aziris, place forte de la Turquie asiatique (1). On sait que le droit de servir dans les troupes des janissaires, était une faveur qui se transmettait dans les familles, et que ces gardes si redoutables à la puissance et à la vie des sultans, composaient une milice aristocratique, où les Turcs étrangers à leur caste ne pouvaient être admis. Hussein, par sa naissance, acquit le droit d'appartenir au corps des janissaires. Son enfance se passa au milieu des exercices guerriers et des pratiques superstitieuses de la religion de Mahomet. Connu pour son courage parmi les jeunes gens de son âge, il avait aussi obtenu une grande réputation d'esprit et d'adresse. Un voyageur italien rapportait dernièrement une anecdote relative à son enfance, qui devait faire prédire la conduite d'Hussein en 1826.

Ce jeune homme, entouré de quelques-uns de ses compagnons, se livrait sur les bords de l'Euphrate à des exercices gymnastiques, lorsque vint à passer une voiture chargée de fruits, et qu'un vieux paysan conduisait au marché. L'idée vint aux jeunes Turcs de battre le paysan et de s'emparer de ses fruits. Cette opinion, émise par l'un d'eux, fut suivie d'unanimes applaudissements, et bientôt après d'un commencement d'exécution. On enleva tous les fruits, et le paysan,

(1) En 1784 un tremblement de terre détruisit presque en entier la ville d'Erzerum.

bien rossé, se vît contraint à retourner sur ses pas avec sa voiture attelée de buffles. Que faire d'une si grande quantité de fruits ? Il fallait trouver un lieu de sûreté pour les déposer. D'un commun accord, il fut décidé que l'on ferait en terre une large fosse, et que tous les fruits y seraient jetés : après quoi, libre à chacun des voleurs de venir en exhumer de temps à autre, selon qu'il serait inspiré par son appétit. Ainsi fut fait, et les jeunes gens de se promettre une longue suite de félicités ; mais le perfide Hussein avait d'autres projets en tête. Il avait remarqué la direction que le paysan avait prise, et quand tous ses camarades furent éloignés, suivant la trace que les roues avaient laissées sur le sable, il parvint à découvrir le pauvre homme avec sa voiture vide. Combien voulez-vous me donner, lui dit-il, et je vous ferai retrouver tout ce qu'on vous a pris. Le paysan, reconnaissant la figure d'un de ceux qui avaient contribué le plus efficacement à le dévaliser, ne pouvait ajouter foi à cette démarche ; mais Hussein, ayant proposé de ne céder qu'à l'évidence, ils retournèrent ensemble au lieu du dépôt, et moyennant quelques pièces de monnaie, le vieux marchand put aller vendre à Erzerum tous les fruits que les amis d'Hussein croyaient bien tranquillement en-terrés.

Ce trait de la part d'un jeune homme laisse entrevoir une grande perfidie pour un âge plus avancé. Le temps arriva où le jeune Hussein, en état de porter les armes, fut admis dans le corps des janissaires (1). A cette époque arriva la déposition de Sélim. Ce prince, enfermé dans son palais, avait tenté sans succès de calmer la fureur des troupes révoltées, en leur fai-sant jeter les têtes de ses favoris. Le 29 mai 1808, le muphti, accompagné des principaux ulémas, se présenta devant Mus-tapha, fils d'Abdulhamid, lui annonça qu'il était choisi par le

---

(1) Chaque régiment ou compagnie porte le nom de *Ortas.*

peuple pour occuper la place de son cousin, et le conduisit
d'abord à la mosquée et ensuite au sérail, où il s'était introduit
avec trois cents janissaires, au nombre desquels se trouvait le
jeune Hussein. On lut à Sélim sa sentence de déposition, et
ce prince infortuné, voyant que toute résistance était inutile,
céda le trône à son cousin Mustapha, et se retira dans une
solitude. Il y vivait en paix, lorsque Mustapha-Baraïctar, pacha de Rutchuck, qui lui devait son élévation, tenta de le rétablir sur le trône : ce général marcha sur Constantinople, y
entra, et Sélim allait sans doute reprendre le sceptre, si le
sultan, son successeur, n'eût donné l'ordre de l'étrangler.
Les muets entrèrent dans son appartement, au moment où il
se prosternait pour faire sa prière. Ils se jettent sur lui, passent un lacet autour de son cou. Sélim se défend, renverse
les bourreaux, et appelle ses serviteurs ; ceux-ci accourent,
et sont prêts à mettre en fuite les assassins, mais un de ces
derniers, que Sélim a renversé entre ses jambes, saisit le
sultan par les bourses, le serre avec violence et ténacité,
le fait tomber sans connaissance et lui plonge son poignard
dans le cœur.

Lorsque Baraïctar entra dans le sérail, il aperçut le cadavre
du malheureux prince. Aussitôt il ordonne le supplice des
conseillers et des exécuteurs de ce crime, dépose le sultan
Mustapha IV, et le fait remplacer par Mahmoud II. Les janissaires, dans les rangs desquels se trouvait Hussein, abandon-
nent Constantinople et se retirent aux Dardanelles. Bientôt
ils réunissent à eux tous les mécontents, tous les soldats qui
voient avec peine les changements opérés dans leurs milices,
pour les habiller et les discipliner à l'européenne. Une armée
de mécontents marche bientôt contre le sérail. Par son courage, son enthousiasme et ses talents, Hussein a mérité d'être
élevé à un grade honorable ; il espère mériter de nouveaux
honneurs dans la catastrophe qui se prépare. Constantinople
fut emportée d'assaut ; Baraïctar n'eut que le temps de faire

étrangler Mustapha IV et de se faire sauter lui-même avec le magasin à poudre. Dans cette explosion, Hussein, qui combattait à la tête des assaillants, courut les plus grands dangers, et reçut à la jambe un éclat qui, pendant long-temps, lui interdit la faculté de marcher : il fut redevable de sa guérison à un médecin autrichien, de qui nous tenons une partie de ces détails.

Mahmoud II conserva un grand caractère au milieu de ces circonstances. L'influence que le janissaire Hussein pouvait exercer sur ses compagnons, décida le grand-seigneur à l'élever à la dignité de seraskier. De ce moment il le trouva entièrement disposé à entreprendre et à seconder toutes les réformes que Sa Hautesse jugeait convenables. Il se chargea lui-même de poursuivre les coupables qui prétendaient s'opposer aux projets du grand-seigneur; il les faisait exécuter avec un zèle administratif peu commun, et l'on assure qu'il fit un présent de 10,000 piastres à celui qui lui apporta la tête d'un ousta contumace. Hussein flattait les goûts et les desseins du grand-seigneur, en affectant de porter continuellement le costume que Sa Hautesse avait prescrit à ses troupes, et contribuant à l'organisation des régiments, ainsi qu'à l'introduction de la discipline européenne. Cette conduite soumise fut récompensée par les nombreux honneurs dont Mahmoud gratifia le seraskier. Le 10 juillet 1826, un de nos artistes les plus distingués, M. de Champmartin, qui avait accompagné l'abbé Desmasures à Jérusalem, obtint de l'aga-seraskier Hussein-Pacha la permission de faire son portrait. Cet habile peintre, aujourd'hui de retour à Paris, se loue beaucoup de la bonne grâce avec laquelle le Turc s'est prêté à cette opération peu amusante, quelque soit le talent de l'artiste (1).

____

(1) Voyez le *Moniteur* du 12 août 1826.

Quelques jours après, Hussein reçut la visite du comte de Lowenhielm, ministre de Suède, et le conduisit à son habitation de Eski-Seraï. Là il fut long-temps question d'uniformes, de casques, de cuirasses, et de tout ce qui concerne l'équipement des nouvelles troupes. Le seraskier, qui voulut montrer au ministre l'habileté de ses soldats, découvrit, en visitant les fusils, que cinq soldats les avaient chargés à balle; il les fit étrangler sur le champ.

Bientôt les janissaires entrèrent en insurrection. Dans la nuit du 15 au 16 juin, ils assaillirent le palais de leur aga, le sérail et le palais du grand-visir. Mahmoud fit déployer l'étendard du prophète (le sandschak-shérif), et tous les musulmans accoururent à sa défense. Une force imposante fut envoyée contre les révoltés, qui se battirent avec acharnement; on mit le feu à leurs casernes, et tous ceux qui ne furent pas égorgés périrent dans les flammes. Hussein commandait alors à l'arsenal de Tophana, et pouvait sauver les janissaires désarmés, en leur ouvrant les magasins qui lui étaient confiés. Mahmoud sentit combien la résolution de cet aga était importante pour lui. En conséquence, il députa vers lui un de ses affidés, en lui promettant son amitié, s'il consentait à le seconder dans la destruction des janissaires. Hussein traita secrètement avec Sa Hautesse, et en lui livrant les magasins de Tophana, il décida la victoire en faveur de la Sublime-Porte. Le régiment dont Hussein était aga, fut livré à la vengeance de Mahmoud, qui le fit décapiter; les topchis entrèrent dans l'arsenal, et s'emparant des canons, les tournèrent contre les rebelles. Une telle conduite méritait d'être récompensée : le grand-seigneur éleva Hussein à la dignité de capidghi-bacchi (chambellan), avec le rang d'émiri-akor. On sait que depuis cette époque, Mahmoud, appréciant chaque jour davantage l'habileté de ce Talleyrand de Constantinople, lui a envoyé la pelisse de pacha, et lui a donné le commandement général de l'armée du Danube.

M. DE HALLER.

Charles-Louis DE HALLER naquit à Nyon le premier août 1768. Son père, Théophile Emmanuel de Haller, membre du conseil-souverain de Berne et bailly à Nyon, est auteur d'un ouvrage assez remarquable: *la Bibliothèque de l'Histoire suisse.* Il éleva son fils dans la religion protestante, qui était la sienne, et mourut en 1786, après avoir inspiré à ce dernier l'amour des études sérieuses et un goût décidé pour les controverses de religion. En effet, Louis de Haller avait déjà à cette époque une connaissance approfondie des philosophes français, et des illuminés d'Allemagne. Sa première production fut un *Éloge de Lavater* qu'il publia en 1800, et qui fut accueilli assez favorablement par les sectateurs de la loi naturelle, dont M. de Haller partageait les opinions. Cet Eloge fut suivi d'un *Discours sur la nouvelle base à donner au droit public général*, ouvrage où des aperçus profonds et de sages conseils se trouvent mêlés à des erreurs désavouées par tous les publicistes, et que Montesquieu a si complètement réfutées dans l'*Esprit des lois.*

A cette époque M. de Haller alla à Vienne où il cultiva la philosophie, et fréquenta la société des plus célèbres savants de l'Allemagne. En 1804, il commença le travail de sa *Théorie,* dans lequel il fut encouragé par quelques hommes du plus grand mérite. Cet ouvrage fut d'abord écrit au crayon comme pour la satisfaction de l'auteur, et sans aucune intention de publicité. Tandis qu'il était occupé de cette composition, il éprouvait un sentiment de joie indéfinissable, et de ces moments d'extase ou la découverte de la vérité peut jeter un métaphisicien enthousiaste. « Dans certains moments, a dit M. de Haller lui-même, j'étais prêt à me prosterner, rempli d'admiration pour le maître de la nature. »

L'histoire, dont pendant long-temps il avait fait peu de

cas, de ce moment eut une âme pour lui et acquit un grand charme à ses yeux ; il rassembla tous les historiens qu'il put se procurer depuis Bodin, Grotius et Hobbes jusqu'à Montesquieu, qui sert de transition entre ses devanciers et les écrivains de notre époque. Il passait à les étudier une partie de sa vie. Secondé par une mémoire très-heureuse, il parvint à s'approprier la connaissance des temps de manière à l'utiliser au profit de la vérité. Obligé de fuir au milieu des préparatifs de la terrible guerre de 1805, M. de Haller ne discontinua point ses études ; emportant avec lui ses livres chéris, il se retira en Croatie où il s'occupa des travaux historiques qu'il avait commencés. On lui offrit la chaire de politique et de droit public universel, modeste emploi qui lui donna le temps et la tranquillité nécessaires à l'achèvement de sa *Théorie*. Chargé de matériaux, il partit pour sa patrie au printemps de 1806, et rédigea en moins d'un an les leçons dont son ouvrage est composé : les dissertations, les brochures savantes, populaires et ironiques se succédèrent, et bientôt après l'on vit paraître le *Manuel de politique générale* : c'est le canevas sur lequel se guidait l'auteur dans ses leçons publiques de philosophie. Ce livre fut suivi d'une dissertation sur les moyens de combattre et de détruire les sectes. « Je fus accablé de calomnies, dit M. de Haller à cette occasion, et cependant mon ouvrage est le fruit de vingt ans de méditations et de recherches innombrables : mes malheurs me font trouver étonnant d'avoir pu lui donner ce degré d'ordre, et je reconnais la main de Dieu qui seule m'a soutenu dans ma faiblesse. Sa forme et son ordonnance ont été si souvent méditées et revues depuis 10 ans, que je ne saurais plus quel changement y apporter. Si l'on y croit voir quelque lacune, on trouvera soi-même dans le courant de l'ouvrage de quoi remplir la place ; car d'épuiser tout un sujet, de vouloir renfermer l'infini dans des limites finies, c'est ce qui est au-dessus de toutes forces humaines.

» Pendant mon émigration, continue M. de Haller, je connus

beaucoup de prêtres catholiques, surtout pendant mon séjour à Vienne; et bien que ma conversion eût pu alors m'être utile sous des rapports temporels, je n'y pensai même pas. A la lecture de mon *Abrégé de la science politique*, publié en 1808, des catholiques me dirent que je partageais leur foi sans le savoir.»

M. de Haller composa encore divers ouvrages dont voici les titre : *Restauration des Sciences politiques*, 1814; *Manuel de Politique générale*, 1808; *Sur l'Origine et la Corruption du droit naturel scientifique*, 1809; *Sur les Domaines et Régales*, 1807; *Qu'est-ce que des Sujets?* 1814; *Quel est l'antique ordre de choses?* 1814.

Il nous reste à parler du changement de religion qui a tant ajouté à la célébrité de M. de Haller, en attirant sur lui tout l'amour de la catholicité et toutes les foudres de la philosophie. M. de Haller raconte qu'allant un jour de Réggio à Rome avec un abbé français, cet ecclésiastique qui voulait le convertir lui répéta à plusieurs reprises : *Aujourd'hui que vous entendez sa voix, n'endurcissez pas votre cœur* (psaume 94). M. de Haller ajoute que, travaillant quelques années après au quatrième volume de sa *Restauration*, il fut ravi de rencontrer ce passage de l'Ecriture-Sainte. Dans l'automne de l'année 1819, M. Adolphe de Mecklenbourg, nouvellement converti à la religion catholique, vint le voir et le conduisit au temple. M. de Haller assure que pendant le trajet il avait l'esprit entièrement préoccupé de la conversation qu'il avait eue avec cet abbé français dans le voyage de Reggio à Rome, et qu'en entrant au temple, il entendit le ministre qui prenait pour texte de son sermon ces mêmes paroles : « Aujourd'hui que vous entendez sa voix n'endurcissez pas votre cœur. » Il crut reconnaître la voix de Dieu, se convertit à la religion catholique, et fut baptisé le 17 octobre 1820. Ce fut l'évêque de Fribourg, qui répandit sur sa tête l'eau du baptême à Jetschwil, maison de campagne de M. de Boccard.

M. LAURENTIE.

On n'aura point à nous reprocher de nous être faits l'écho
de préventions populaires ou des injustices privées ; nous
avons cherché dans notre conscience la vérité en tout et
partout ; et si par hasard de faux renseignements avaient pu
nous induire en erreur, nous serions prêts à revenir sur nos
pas, en faisant connaître à nos lecteurs la fausseté de nos as-
sertions. Quelque soit le parti auquel appartiennent les personnages dont nous avons esquissé la vie, on nous trouvera
toujours disposés à montrer en eux ce que nous y découvrons
d'honorable, à rappeler leurs belles actions et les mots heureux sortis de leurs bouches. Que la vie privée soit souillée
de quelques taches, peu nous importe : nous laissons entre
elle et notre plume ce mur impénétrable dont chacun de nous
doit être entouré. Mais si l'homme public se présente à nos
regards, jeunes historiens, nous le jugeons avec toute l'impartialité de l'isolement où nous tiennent et notre âge, et nos
rapports sociaux, et notre caractère, mais avec toute la sévérité de la justice. Que l'opinion publique soit favorable au
personnage dont nous écrivons la biographie, si ce personnage est digne d'honneur et de respect ; nous serons d'accord
avec l'opinion publique ; mais que des bruits de journaux,
des accusations nées de la jalousie et répétées par la sottise,
aient noirci la vie d'un citoyen, certes nous n'irons point sacrifier à l'idole de la popularité, en joignant notre voix à celles
de l'injustice et de la haine pour accabler un homme vertueux.

Bien au contraire, nous nous estimerons heureux d'avoir une réputation à rétablir et des calomniateurs à traîner dans la boue. L'idée d'un journal biographique s'est présentée à nous: sous ce point de vue, nous avons pensé qu'avec une arme justement décriée pour le mauvais usage auquel on l'avait employée jusqu'alors, nous pourrions faire un grand bien, arracher des masques, mettre en lumière des talents obscurs, et rendre à la probité calomniée les respects qu'on lui ravissait (1).

Gloire à Dieu, respect et obéissance aux lois, aux institutions émanées du trône, source sacrée de la liberté, tolérance égale pour tous les cultes, pour toutes les associations politiques ou religieuses qui ne sont point en opposition avec les lois ou les mœurs; telle est notre profession de foi. On nous l'a demandée; nous la donnons, afin que dorénavant on ne s'étonne plus de nous voir indistinctement attaquer ou défendre les hommes coupables ou vertueux de l'un ou l'autre parti. Ces réflexions, peut-être un peu longues, ne sont pas déplacées en tête de cet article, car aujourd'hui nous avons à défendre M. Laurentie contre la haine d'un parti, les préventions de la foule et la calomnie de ses ennemis.

Le directeur de la *Quotidienne* naquit le 20 janvier 1793, à Houga, département du Gers. Ses parents, dont la fortune médiocre était encore diminuée par les soins qu'exige l'éducation d'une famille nombreuse, regardaient une bonne éducation comme le patrimoine le plus assuré qu'on pût laisser à ses enfants, et la plus grande marque de tendresse d'une mère

---

(1) Telle fut du moins l'intention de l'auteur de cet article, lorsqu'il consentit à fournir à ce journal le faible secours de sa plume. N'eût-il fait que rétablir une seule réputation, il croirait sa vie plus belle que celle des Boileau, des Voltaire, des Chénier, des Gilbert, et de tous les grands hommes vivant de fiel et de satire.

envers ses fils. En conséquence, ils s'efforcèrent de subvenir aux dépenses nécessaires en pareil cas, et par des sacrifices de tous genres, ils furent assez heureux pour donner à leurs enfants cette éducation qui permet l'entrée de toutes, les classes de la société. M. Laurentie. fit ses études dans le département des Landes, au collége de Saint-Séver; et pendant le temps qu'il y passa, il fut très-redevable aux soins du principal, M. l'abbé Jourdan qui, l'ayant distingué de ses condisciples, lui portait une amitié toute particulière. M. l'abbé Jourdan remplit aujourd'hui avec sagesse et habileté les fonctions délicates de recteur de l'Académie de Pau. Comme il avait remarqué dans le jeune Laurentie beaucoup de pénétration, de la solidité dans le jugement, mêlée à une grande vivacité d'imagination, il lui confia une chaire inférieure dans le collége, aussitôt qu'il eut terminé son cours de philosophie : le jeune professeur n'avait alors que 17 ans. Bientôt arriva l'invasion étrangère, la chute du despotisme militaire, le retour des Bourbons : M. Laurentie embrassa la cause royaliste avec chaleur, et de ce moment ne démentit pas un seul instant la promesse de vivre et mourir pour la religion et le Roi. Il eut bientôt une occasion éclatante de témoigner son dévoûment à la famille des Bourbons. Bonaparte, sortant de sa retraite, vint exciter en France une révolution militaire. On appela au secours de la patrie tous les jeunes royalistes, et de nombreuses compagnies de volontaires se formèrent dans le Midi : M. Laurentie et son frère (aujourd'hui l'abbé Laurentie, aumônier des pages du Roi), furent des premiers à s'enrôler dans les nouvelles compagnies. Ils partagèrent avec tous leurs camarades l'indignation que causa aux royalistes la conduite des officiers généraux chargés de les diriger sur les points menacés par l'invasion impériale. Les retards, les dégoûts, les obstacles de tous genres leur étaient opposés. Pendant ce temps, Napoléon avançait, et n'ayant à combattre que des soldats habitués à lui obéir et tout ébloui de sa gloire militaire, il traversa la France en quelques jours ; ainsi fut renversé par un despote le gouvernement libéral et paternel de Louis XVIII : l'armée fit la révolution, et la populace y applaudit.

De retour au collége de Saint-Séver, M. Laurentie eut à supporter toutes les persécutions de l'esprit bonapartiste, réagissant avec fureur. M. Harel, aujourd'hui directeur de théâtre, et alors préfet du département des Landes, fit endurer au jeune professeur de si nombreuses tracasseries, que, désespérant de se voir jamais pardonner son titre de volontaire royaliste (ils n'étaient pas encore amnistiés), M. Laurentie quitta le collége de Saint-Séver, et malgré son peu de fortune se retira dans sa famille. Bientôt les cent jours furent écoulés, et l'Académie de Pau, accordant à M. Laurentie une juste récompense, le nomma professeur de rhétorique au collége qu'il avait été obligé d'abandonner ; mais son esprit actif ne pouvait se contenter de la vie monotone d'un professeur relégué dans le fond du Béarn ; il se sentait agité de cette ambition, de cette indépendance, si naturelles au cœur d'un jeune homme.

D'après la nouvelle forme de gouvernement que la France venait de recevoir, il était difficile de parvenir à quelque emploi supérieur, sans avoir fait de la science du droit une étude de quelques années ; car aujourd'hui le titre d'avocat est pour notre jeunesse un complément d'éducation indispensable. Persuadé de la vérité de ces réflexions, M. Laurentie vint à Paris pour y fréquenter les cours de l'Ecole de droit, et apporta dans cette nouvelle science l'application et la ferme volonté qui caractérisent toutes ses entreprises.

Quelque temps après, il accepta une place dans l'Université de Paris. Voici à quelle occasion : le collége Stanislas, aujourd'hui dirigé par M. Augé, homme du plus grand mérite, n'était alors qu'une pension de l'Université, placée entre les mains de l'abbé Liautard, qui l'avait fondée. Cet homme ayant entendu parler de M. Laurentie, dont les principes politiques et religieux étaient fort en harmonie avec les siens, lui proposa de se charger de la classe de rhétorique. Quand on a peu de fortune, et que l'on n'a pas l'esprit tourné de manière à grossoyer chez un avoué, que faire au sortir de l'Ecole de droit? M. Laurentie accepta la proposition de l'abbé Liautard. Les talents qu'il développa dans la chaire de rhétorique, et les succès qu'il y obtint, l'ont fait nommer depuis répétiteur du cours d'histoire, de littérature et de morale, à l'Ecole polytechnique.

Soit dégoût, soit fatigue, M. Laurentie ne demeura pas long-temps au collége Stanislas, et d'après les conseils de tous ses amis, il accepta en 1822 une place de chef de bureau à la préfecture de police; mais cette administration ne pouvait convenir à son caractère indépendant : au bout de quelques mois il donna sa démission. Toutefois, le peu de temps qu'il avait passé dans l'une et l'autre carrière, avait suffi pour le faire remarquer de l'administration de cette époque : aussi fut-il bientôt nommé à la place agréable, et plus lucrative que nécessaire, d'inspecteur-général des études. Alors que M. Laurentie occupait cet emploi, arriva la fameuse affaire de Sorèze, institution fondée par le chartreux dom Despaulx, reprise par dom Ferlus, et continuée par M. Ferlus, son frère. Tant de haines ont été soulevées à l'occasion de la suppression de cet établissement, suppression approuvée d'un autre côté par un si grand nombre de personnes, que sans prononcer dans cette importante question, nous nous contenterons de citer le résumé historique de l'abbé de Montgaillard : « M. de Ferlus, dit-il, soutint dignement l'honneur de l'établissement et le dirigea d'après les maximes de ses deux prédécesseurs; aussi tous les hommes attachés au système d'une bonne éducation, ont-ils appris avec autant de surprise que de douleur, que M. Ferlus allait être destitué de ses nobles fonctions et dépouillé de sa propriété par une faction qui veut se rendre

maîtresse de l'instruction publique, afin de plonger la génération qui arrive dans l'ignorance de ses droits constitutionnels,
dans la superstition et la servitude. La France a retenti des
injustices, des actes arbitraires, des persécutions essuyées par
M. Ferlus, ainsi que des dénonciations lancées contre ce vertueux citoyen par les inspecteurs-généraux de l'Université,
appelés Laurentie et Fayet. M. Ferlus, expulsé de sa propriété, a emporté avec lui l'estime et les regrets de tous les
bons Français. »

Le 8 novembre 1826, le *Moniteur* contenait le paragraphe
suivant : « La nomination de M. Laurentie, en qualité d'inspecteur-général des études, vient d'être révoquée par ordonnance royale du 5 de ce mois. » Le ministre de l'instruction
publique, en sévissant avec tant de rigueur contre M. Laurentie qui voulait conserver son indépendance comme écrivain
et comme fonctionnaire, montra peu de générosité. Un cri de
mécontentement général s'éleva contre lui, et tous les journaux, sans en excepter le *Constitutionnel*, réclamèrent en faveur de la victime du despotisme ministériel. « Dans un pays
constitutionnel, dit ce dernier journal, où le gouvernement se
soutient par l'opinion, est-il convenable, est-il moral de publier dans un style aussi bref le renvoi d'un homme investi
d'importantes fonctions? Ce laconisme cruel, cette sécheresse
affectée, ne donnent-ils pas à l'autorité l'apparence d'un
sentiment auquel elle devrait toujours être étrangère, la
colère? »

Si les adversaires de M. Laurentie firent entendre de semblables plaintes, il est facile d'imaginer avec quelle douleur les
royalistes apprirent sa destitution. La *Quotidienne*, à la rédaction de laquelle il coopérait depuis 1818, fit à cette occasion
une vigoureuse sortie contre le ministère; tous les hommes
qui avaient soutenu M. d'Hermopolis dans cet acte de vengeance furent durement traités par M. Michaud. On frappa
fort, et pendant plusieurs jours la *Quotidienne* sembla toute

occupée de chercher des victimes à sacrifier aux mânes de l'inspecteur-général.

Dans les différentes carrières qu'il a parcourues, M. Laurentie a composé les ouvrages suivants : 1° *De l'Éloquence politique* ; 2° *De la Justice au XIXe siècle* ; 3° *Études sur les Historiens latins* ; 4° *Introduction à la Philosophie* ; 5° *De l'Étude et de l'Enseignement des Lettres* ; 6° *De plusieurs Brochures politiques* ; 7° *Sur le Portugal* ; 8° *Sur la situation intérieure* ; 9° *Sur les Ordonnances.*

Sans doute nous ne partageons pas les opinions émises par la *Quotidienne*, publiées séparément par M. Laurentie au sujet des ordonnances sur les petits séminaires; mais nous reconnaissons à tout chacun le droit d'émettre ses pensées et de les rendre publiques. Puisque le directeur de la *Quotidienne* l'a fait avec franchise et conviction, loin de le blâmer, nous le féliciterons de son courage et de la vivacité de sa foi.

Il nous reste à parler de la phrase célèbre des *rigueurs salutaires.* Attendu que la moitié de ceux qui font un crime à M. Laurentie de ce passage, n'ont jamais ouvert le livre *de la Justice* dans lequel il se trouve, nous nous empressons de le placer sous les yeux de nos lecteurs.

« La France ne fut pas aussi heureuse que l'Espagne et l'Italie, et la même raison peut être donnée de cette différence; non pas qu'à cette époque les esprits en France eussent déjà secoué le joug de l'autorité, et que la foi eût été éteinte par des systèmes philosophiques. Toutefois elle avait pu s'affaiblir au milieu du mouvement nouveau donné aux esprits par le siècle de François Ier, et des brillantes préoccupations où les avait jetés la renaissance des arts. Joignez à cette considération, digne d'être appréciée par le vrai philosophe, la connaissance depuis long-temps acquise du caractère national, qui le porte si aisément vers les nouveautés, et ensuite quelques circonstances particulières de cette époque où l'on vit les ambitions personnelles et les inimitiés politiques déterminer les changements de croyance parmi quelques grands personnages, dont l'exemple fut bientôt un entraînement pour le peuple. Enfin, comme le remarque Bossuet, la réforme, retenue par la vigueur des règnes de François Ier et de Henri II, dut trouver bientôt plus de facilité sous les règnes de François II et de Charles IX. Ces raisons diverses durent accréditer quelque temps les opinions nouvelles dans le royaume de France, et nul doute qu'elles ne s'y fussent établies, si à défaut de l'autorité religieuse, qui ne leur opposait pas toujours une résistance suffisante, l'autorité civile suppléant à la faiblesse des consciences, n'eût sauvé la foi de nos pères par la sévérité des lois, et par des rigueurs que je ne crains pas d'appeler salutaires. »

Certes, nous n'accorderons pas à M. Laurentie l'*autorité civile suppléant à la faiblesse des consciences;* les gendarmes, les ministres et les ordonnances n'ont rien à faire avec les consciences, quelques faibles qu'elles soient; mais nous n'accorderons pas non plus à ses ennemis, que par *rigueurs salutaires,* il ait entendu parler des horribles massacres de la Saint-Barthélemy : une telle expression dans cette hypothèse ne serait qu'une odieuse plaisanterie, et tout ce qui précède fait assez connaître que l'auteur traite son sujet avec le sérieux convenable; il parle de tous les règnes qui ont précédé celui d'Henri III, s'arrêtant précisément au successeur de Charles IX. Par conséquent, les mots de *rigueurs salutaires,* doivent être appliqués à tous les actes de pouvoir émanés des rois postérieurs, et M. Laurentie n'a pu entendre parler de l'*autorité civile* de Charles IX, le plus faible des monarques.

H. R.

G. DUPUYTREN.

Le Baron

Membre de l'Institut

Chirurgien en chef de l'Hôtel Dieu

Né à Pierre-Buffière (Haute Vienne) le 5 Octobre 17

M. DUPUYTREN.

Guillaume Dupuytren naquit à Pierre-Buffière, le 3 octobre 1778 ; il fit ses études de latinité au collège de Naval-Magnac, et passa ensuite dans celui de Lamarche. Dès cette époque, il montrait déjà beaucoup de goût pour l'étude de la médecine, entretenant continuellement ses camarades des travaux auxquels il voulait se livrer, et des succès qu'il espérait obtenir. Etant venu à Paris pour y suivre les cours de l'Université, il y fit en peu de temps des progrès si rapides, qu'ayant à peine atteint sa dix-septième année, il fut nommé prosecteur à l'Ecole de Paris. Ainsi que les deux tiers des hommes dont les talents fixent l'attention publique et méritent son admiration, M. Dupuytren avait alors beaucoup moins d'argent à sa disposition qu'il n'avait d'esprit, de zèle et de courage. Or le noble titre de prosecteur était un véritable ruban à la boutonnière, et rapportait plus d'honneur que de profit. Il fallut songer à quelque moyen supplémentaire : le jeune élève ouvrit un cours public de médecine, auquel il convia toute la jeunesse encore assise sur les bancs qu'il venait de quitter. L'appel fut entendu, et la réputation naissante de M. Dupuytren lui attira un auditoire, payant assez nombreux pour que dorénavant il pût soutenir avec dignité le titre honorifique de prosecteur. Bientôt après, il concourut avec M. Duméril pour la place de chef des travaux anatomiques ; car, déjà connu par son habileté dans les opérations chirurgicales, il avait publié une thèse, intitulée : *Proposition sur quelques points d'anato-*

mie, *de physiologie et d'anatomie pathologique ; et comblé des éloges de ses maîtres, il avait été reçu docteur en chirurgiè : mais il ne fut point heureux dans le concours, Duméril l'emporta. Heureusement ce dernier fut bientôt appelé à la chaire d'anatomie de l'École, et la Faculté, présentant le bonnet et l'hermine au docteur Dupuytren, lui chanta le beau chœur du Malade imaginaire, *Dignus, dignus es intrare in nostro, in nostro, in nostro docto corpore.*

Le talent dont M. Dupuytren fit preuve dans toutes les occasions, le fit nommer au mois de septembre 1802, chirurgien en second de l'Hôtel-Dieu, et quelques années après, il fut adjoint au chirurgien en chef. C'est à cette époqne, si notre mémoire ne nous trompe pas, qu'il fit une lecture à l'Institut *sur les effets qu'entraîne la ligature des nerfs pneumogastriques sur la respiration.* Le 17 février 1812, il fut nommé professeur de la Faculté de médecine, et en 1815, chirurgien en chef à l'Hôtel-Dieu, en remplacement du docteur Pelletan. A tous ces honneurs, M. Dupuytren joignait celui de conseiller de l'Université impériale, de membre de la Légion-d'Honneur.

Parler de l'habileté de M. Dupuytren dans les opérations chirurgicales serait répéter ce qne tout le monde sait aujourd'hui, et l'on pourrait courir le risque, en lui donnant des éloges, d'être au-dessous de la vérité. Ce chirurgien a inventé plusieurs instruments, dont la science a ressenti les avantages. Nous citerons particulièrement l'instrument appelé *speculum de Dupuytren.* Le speculum est en général un instrument dont on se sert pour dilater des cavités, afin de voir les maladies qui peuvent s'y rencontrer, y porter des remèdes, ou y faire les opérations convenables. Ainsi les speculum oculi, oris, ani, uteri, sont des instruments destinés à tenir l'œil, la bouche ouverts, et à dilater l'anus, le vagin et la matrice. Le speculum de M. Dupuytren est un speculum uteri, inventé par M. Récamier, et que le premier de ces docteurs emploie aujourd'hui pour la destruction des polypes par la

cautérisation ; c'est une sorte de tube métallique, dont le calibre variable doit être proportionné à l'ampleur du vagin ; une entremise, que l'on peut nommer utérine, est coupée perpendiculairement et présente un bord arrondi pour embrasser le col de l'utérus ; l'autre extrémité est coupée obliquement de haut en bas, de manière à offrir inférieurement une sorte de gouttière par laquelle on saisit l'instrument pour l'introduire dans le vagin, et le tenir fixe et invariable pendant la cautérisation. MM. Dupuytren et Récamier, ayant remarqué qu'il résultait de la saillie formée par le bourrelet une sorte de cul-de-sac en bas et en arrière, où l'on apercevait les rides de la membrane muqueuse du vagin, craignirent que le caustique employé à la cautérisation, ne vînt à s'échapper et toucher cette membrane ; pour prévenir cet accident, ils taillèrent l'extrémité interne de cet instrument en forme de bec de flûte, de sorte que cette extrémité s'avançant plus en arrière qu'en avant, préserve la membrane vaginale. La modification imaginée par M. Dupuytren, consiste en une tige de cinq pouces de long, qui s'élève à angle droit du bord de son ouverture le plus large ; cette tige forme le manche de l'instrument et sert à le tenir quand il est introduit dans le vagin.

Outre cette invention ou ce perfectionnement, si utile à la guérison des polypes, on doit à M. Dupuytren un instrument employé avec un grand avantage dans l'opération de la cataracte. Depuis que l'on connaît la véritable nature de cette maladie, plusieurs praticiens ont senti l'importance du précepte de déchirer la capsule cristalloïde avant de procéder au déplacement du cristallin : non pas qu'on ait eu l'intention de laisser cette membrane en place, puisqu'il arrive souvent qu'elle est opaque ; mais bien plutôt dans la vue d'en entraîner la plus grande partie possible avec le cristallin et de prévenir la résistance qu'elle pourrait opposer, et la déchirure qui pourrait en être la suite, précisément dans le lieu de l'action de l'aiguille, ce qui ferait qu'elle cesserait tout entière en place et seulement ouverte. Mais une aiguille droite n'est pas disposée de la manière la plus convenable pour cet usage : c'est aussi l'une des principales raisons qui ont introduit l'usage des aiguilles à pointes recourbées. Telle qu'elle était employée par le professeur Scarpa, M. Dupuytren lui trouvait de grands inconvénients : l'extrémité de l'aiguille étant applatie sur trois points, elle présentait une côte dans la concavité de sa courbure ; ensorte que cet espèce de tranchant pouvait entamer le cristallin et sa capsule, diviser totalement l'un et l'autre, passer à travers et les laisser en place dans le mouvement que l'on fait pour les déplacer. M. Dupuytren, qui avait beaucoup employé cette méthode opératoire, et qui en avait retiré les plus grands avantages, renonça à la forme triangulaire de l'aiguille courbe, et en fit composer une applatie sur deux faces, assez large, et recourbée sur l'une de ses faces. Il porte cet instrument à travers la sclérotique, devant le cristallin ; il déchire autant que possible la capsule cristalloïde ; ensuite il fixe l'aiguille obliquement devant le cristallin, de manière que la pointe de l'instrument s'enfonce dans la partie supérieure interne de ce corps, et par un mouvement uniforme et prolongé, qu'il exécute en relevant le manche de l'instrument, et le portant devant, il conduit le corps du cristallin en bas, en arrière et en dehors, dans l'épaisseur du corps vitré. Il soutient le cristallin dans cette situation pendant quelques minutes, pour laisser le temps au corps vitré de se relever dans le lieu de la déchirure qu'il vient d'y faire ; par là ce corps peut opposer lui-même un obstacle au retour du cristallin ; il retire ensuite l'aiguille lentement, et dans la direction où elle se trouve.

On dit que c'est surtout par sa hardiesse et le bonheur de ses opérations, que M. Dupuytren a conquis une si grande renommée. Quelques gens de l'art lui reprochent même de la témérité : mais la gloire n'est point complète, quand la jalousie ne l'a point attaquée ; le premier chirurgien du Roi est trop élevé pour ne pas tourmenter la tourbe des médiocrités médicales et chirurgicales ; la publique estime le venge suffisamment des sots propos de l'envie , et s'il avait besoin de défense , ses brillantes opérations répondraient chaque jour aux détracteurs de sa renommée.

Outre sa dextérité comme chirurgien, M. Dupuytren possède encore tous les trésors qui s'acquièrent par l'étude, et les ouvrages qu'il a publiés en font foi. A ceux que nous avons nommés, nous ajouterons encore un *Mémoire sur les fractures du péroné*, ouvrage inséré dans le premier volume de l'*Annuaire des Hôpitaux de Paris*.

Dans la soirée du 13 février 1820, on donnait à l'Opéra un spectacle composé du *Rossignol*, des *Noces de Gamache*, et du *Carnaval de Venise*. Quelques minutes avant la fin du ballet, Mme la duchesse de Berry qui assistait au spectacle avec son auguste époux, témoigna le désir de se retirer ; le duc l'accompagna jusqu'à sa voiture, lui donna la main pour y monter, et un valet de pied ferma la portière. Le prince se disposait à rentrer dans sa loge, lorsqu'un individu, qui avait dépassé le factionnaire de la garde royale, préposé à la surveillance de la porte, s'élance sur lui, le saisit fortement par l'épaule gauche, et levant le bras au-dessus de l'épaule droite, lui enfonce, entre la septième et la huitième côte, un instrument aigu à deux tranchants. Le prince fut porté à l'instant dans la salle de l'administration de l'Opéra, et le docteur Bougon lui donna les premiers soins. On avait été chercher M. Dupuytren, qui demeure sur la place du Louvre ; ensorte qu'il se passa une heure environ avant qu'il arrivât.

Aussitôt qu'il fut entré dans la chambre où le prince était étendu sur son lit, il ordonna la saignée aux bras et aux pieds ; à l'aide de ventouses, il fit extraire de la poitrine plusieurs livres du sang qui s'y était épanché, et la plaie extérieure débridée, laissant un libre passage à l'écoulement, le duc de

Berry éprouva un moment de soulagement. « Je suis bien touché de vos soins, disait le prince à M. Dupuytren ; mais ils ne sauraient prolonger mon existence, ma blessure est mortelle. » Hélas ! il n'était que trop vrai, et les médecins, qui voyaient de minute en minute approcher le moment fatal, pressaient avec les plus vives instances le Roi, qui assistait à cette scène de douleur, de s'épargner la vue du malheur qui se préparait. « Je ne crains pas le spectacle de la mort, répondit le Roi, j'ai un dernier devoir à rendre à mon fils. » Dans ce moment, le duc rendit le dernier soupir. Alors le Roi, prenant le bras de M. Dupuytren, s'approcha du lit et ferma les paupières de son neveu.

Le lendemain, vers deux heures, le procureur du Roi procéda au récollement et à la confrontation de l'assassin avec le corps de S. A. R., et l'ouverture fut faite par les docteurs Dupuytren, Bougon et Barone, en présence de MM. Portal, premier médecin du Roi ; Hallé, premier médecin de Monsieur, et de tous les médecins qui avaient donné des soins à l'infortuné duc de Berry.

Les parois de la poitrine, le poumon droit, le péricarde, l'oreillette droite du cœur et le centre nerveux du diaphragme, étaient traversés : plusieurs livres de sang étaient épanchées dans la poitrine, malgré tout ce qu'on avait déjà tiré au moyen des ventouses. M. Dupuytren a constaté que le poignard avait été plongé tout entier dans le corps du prince, et tous les gens de l'art se sont étonnés qu'il ait survécu six heures à une aussi affreuse blessure.

Depuis ce fatal événement, M. le baron Dupuytren n'a cessé de recevoir de la famille royale les marques de la plus grande faveur : son nom figure parmi les dignitaires des ordres de la Légion d'Honneur et de St-Michel ; sa recommandation, si l'on en croit la renommée, n'est jamais inutile à la cour, et pour terminer cette notice par un jeu de mots, nous dirons qu'au château des Tuileries, on considère les demandes de M. Dupuytren comme de véritables *ordonnances*.

M. ARMAND.

Artiste sociétaire du Théâtre Français, M. ARMAND, comme la plus grande partie des gens de sa profession, ne s'attendait pas à monter un jour sur les planches d'un théâtre. Son père occupait dans la maison du Roi une place honorable, que sans doute il espérait transmettre en héritage à son fils, lorsqu'arriva cette révolution, créatrice de tant d'existences nouvelles. Il n'y a guère moins de vingt-sept ans que cet artiste remplit au Théâtre Français les rôles de jeunes amoureux et de petits-maîtres. Parmi les sujets, qui se consacrent à cet emploi, beaucoup apportent à la scène les dehors nécessaires à leurs rôles, et n'ont oublié que le talent requis pour jouer la comédie : notre scène est si pauvre dans ce genre, tous nos jeunes gens ont tant de gaucherie, de roideur et de mauvais ton, que la première médiocrité venue devait obtenir un succès. Tel fut le sort d'Armand. Si je ne me trompe pas, un de ses premiers débuts fut celui de Dorbeuil dans le *Secret du Ménage*. Il s'agissait de représenter un de ces époux, aujourd'hui trop communs, enchaînés au char d'une coquette, tandis qu'une femme, mille fois plus aimable, gémit dans l'abandon. Le public parut goûter le jeune acteur (en 1808), et lui donna des applaudissements. Armand considéra ce succès comme un prix dû à son mérite, et non comme un encouragement donné à sa jeunesse ; il se négligea, se mit trop à son aise, joua, comme on dit, par dessous jambe, et par un ton de fatuité mal à sa place, indisposa contre lui les amis de l'art et de la décence dramatiques. Cependant le parterre conserva long-temps le souvenir des heureux débuts d'Armand, et des espérances qu'il avait données. Pendant plusieurs années, on pensa que pour être un bon amoureux, il suffisait d'avoir une figure capable d'inspirer de l'amour; erreur très-favorable à l'artiste dont nous parlons. Aujourd'hui que le temps a causé des ravages, et que même sous les cheveux d'emprunt, sous le blanc, le rouge et les veines peintes, on aperçoit les rides naturelles de l'acteur, le public pensant et payant commence à devenir plus sévère : la prononciation d'Armand lui paraît surtout insupportable. En effet, cet acteur a de l'intelligence, de bons principes, de la grâce, et un air de bonne compagnie, résultat de son éducation première, à ce que je pense; mais il n'a point de cette chaleur qui anime la scène, et que Michelot sait nous montrer avec des nuances si nombreuses dans la comédie et le drame tragique ; il se montre toujours le même ; le cercle de ses intentions comiques est aussi rétréci que possible : enfin, ce qui produit l'effet le plus désagréable, Armand mâche en sifflant toutes ses paroles, à peu près comme font les Anglais en prononçant les mots où se rencontre le *th*. Si Armand était plus jeune, nous l'engagerions à travailler sans cesse pour lutter contre la nature, et se débarrasser d'un défaut aussi fatiguant pour le public.

M. LEMERCIER.

Louis-Népomucène Lemercier naquit à Paris en 1770. A peine âgé de 17 ans, il fit représenter la tragédie de *Méléagre*. La verve et l'indépendance qui brillaient dans la composition de ce jeune homme décida le Théâtre Français à lui donner les honneurs de la représentation, bien qu'on ne doutât pas des imperfections dont sa pièce était remplie : aussi n'eut-elle qu'une seule journée d'existence. Quoiqu'il en soit, la conduite du théâtre en cette circonstance ne fut pas moins admirable que la précocité du jeune Népomucène. *Méléagre* fut suivie de la comédie de *Lovelace*, qui parut sur la scène le 20 avril 1792. Le titre de cette pièce indique suffisamment qu'elle était un extrait du roman de Richardson. Clarisse Harlowe pouvait-elle être ainsi resserrée dans un ouvrage dramatique ? il fallait renoncer aux beautés qui résultent de cette variété, de ces contrastes de trente caractères, tracés avec tant de vérité et de force ; il fallait perdre l'intérêt que produit une longue chaîne d'événements aussi singuliers qu'attachants. Enfin, il était difficile de ne pas rester au-dessous d'un modèle aussi vigoureux que Richardson.

Sans doute un sentiment profond de ses beautés avait fait perdre de vue à un jeune auteur le danger de l'imitation. Il commença son drame, intitulé *Lovelace*, au moment où Clarisse est chez la Saint-Clair. Elle s'enfuit et se réfugie à l'hôtellerie d'Holl-Born : Lovelace l'y suit et la ramène à Londres. C'est dans l'intervalle du quatrième au cinquième acte qu'il

7

emploie l'opium, pour venir assez brutalement à bout de ses amoureux projets. Clarisse s'enfuit de nouveau, meurt dans une prison où elle est mise pour une dette supposée. Le colonel Morgan arrive et tue Lovelace en duel. Cette pièce eut quelque succès. Ainsi que dans Richardson, on y rencontrait

<blockquote>L'orgueil de la vertu contre l'orgueil du vice.</blockquote>

M. Lemercier partagea les applaudissements du parterre avec l'acteur Fleury, qui contribua beaucoup à la réussite de ce drame. Il fut bientôt suivi de la tragédie, intitulée *le Lévite d'Éphraim*, représentée en 1795, et du *Tartufe révolutionnaire*, qui le fut dans la même année.

Deux ans après, c'est-à-dire dans le commencement de 1797, parut la tragédie d'*Agamemnon*, la plus belle gloire de M. Lemercier. Depuis long-temps on n'avait donné sur nos théâtres une tragédie aussi simple, aussi peu chargée d'incidents. Le poète avait suivi la fable avec fidélité : on sait les haines et les crimes de cette race de Tantale, qui a fourni tant de sujets de tragédies. Atrée, pour mieux se venger de son frère Thyeste, qui lui avait enlevé OErope, feignit, après vingt ans de haine, de se réconcilier avec lui ; mais dans le festin même qui devait sceller la paix fraternelle, il fit servir à Thyeste les membres de son fils qu'il avait fait égorger : le soleil, dit la fable, recula d'horreur, et refusa d'éclairer cet horrible repas. Egyste, autre fils de Thyeste, vint à son tour venger son père sur Agamemnon, fils d'Atrée. Tandis que le roi, nommé chef de la Grèce, est allé faire le siége de Troye, Egyste vient dans sa cour sous le nom de Plexippe ; il réussit à se faire aimer de la reine Clytemnestre, femme d'Agamemnon ; il se propose de la conduire de l'adultère au parricide.

Tandis que ces amants se livrent à leur coupable tendresse, Agamemnon arrive de Troye ; il amène avec lui prisonnière la fille de Priam, la malheureuse Cassandre. Victime de l'amour et du ressentiment d'Apollon, elle en obtint le don de

prédire l'avenir ; mais il y joignait le malheur de n'être jamais
cru dans les prédictions. Aussi Cassandre est-elle la patrone
des prophètes de nos jours. Quoi qu'il en soit, Agamemnon,
averti qu'un prince d'Illyrie, nommé Plexippe, se cache dans
sa cour, veut le voir et l'interroger ; l'épée de Thyeste lui fait
reconnaître son fils Egysthe. Après une scène dans laquelle ils
expriment leur haine réciproque, le roi lui ordonne seulement
de quitter Argos, et le fait conduire à bord d'un vaisseau qui
doit l'emmener : mais Egysthe revient la nuit ; les périls qu'il
court, la douleur d'une séparation éternelle, la jalousie même
qu'il sait inspirer à Clytemnestre contre Cassandre, sont les
moyens mêmes dont il se sert pour déterminer la reine à poi-
gnarder son époux. Agamemnon s'endort dans la plus parfaite
sécurité ; vainement Cassandre lui prédit la mort qui le me-
nace, il accomplit sa destinée, en méprisant les discours de la
prophétesse sa capture. Clytemnestre assassine Agamemnon
dans son lit ; Egysthe fait empoisonner Cassandre, et s'em-
pare du trône d'Argos.

Cette pièce eut beaucoup de succès, et pendant long-temps
attira la foule au Théâtre de la République. Peut-être que le
caractère d'Agamemnon et celui de Clytemnestre n'étaient pas
fortement tracés ; mais celui d'Egysthe, représenté par Talma,
était digne d'être confié à cet acteur célèbre. Cependant la
tragédie d'*Agamemnon* fut abandonnée au bout de quelque
temps, ou plutôt les événements politiques s'opposèrent à sa
représentation ; mais après quatre années de retraite elle fut
rendue à la scène, et cette reprise eut tout l'éclat d'une première représentation. Du reste, hâtons-nous de le dire, en se
traînant ainsi sur les modèles de ses devanciers, M. Lemercier
voulait démontrer à tout chacun qu'il était capable d'imiter
avec autant d'habileté que les poètes applaudis et sifflés au
théâtre depuis nombre d'années ; mais qu'en s'élançant à travers des terres inconnues, il ne faisait que céder aux besoins
du siècle, ainsi qu'aux exigences de son génie.

A la suite d'*Agamemnon* parut la tragédie d'*Ophis*, composition entièrement créée, et qui, selon nous, a passé trop naperçue, malgré son influence sur notre littérature. Je veux en tracer une rapide analyse. Cécrops régnait en Egypte ; l'aîné de ses enfants, Ophis, doué de tous les dons de la nature, guerrier magnanime, dont les qualités ont conquis tous les cœurs, étend par ses exploits les limites de son empire, et le défend contre des ennemis nombreux. Le second fils de Cécrops est ambitieux, passionné, sanguinaire ; la gloire de son frère l'importune, le trône de son père est l'objet de ses vœux, et Naïs, épouse adorée d'Ophis, est celui de son violent amour. Cédant à son ambition et aux perfides conseils de ses flatteurs, Tholus est devenu parricide. Depuis vingt jours Cécrops, empoisonné, a perdu la vie ; les dieux ont annoncé leur courroux par d'affreux présages : mais le crime de Tholus est inutile, si Ophis vient revendiquer son droit au trône. Ce héros cependant s'avance vers Memphis, suivi de son armée victorieuse ; il est prêt à y entrer chargé de gloire. Une seconde fois Tholus est entraîné au crime, il ordonne la mort de son frère ; la coupe solennelle qui lui sera présentée au moment où il entrera dans Memphis renferme un breuvage mortel.

Un soldat est chargé de ce message, il feint de l'accepter ; mais fidèle à la mémoire de Cecrops, il va révéler ce secret au grand-prêtre. Celui-ci fait changer le poison en un simple narcotique : Ophis, endormi, doit être transporté dans le temple où, renaissant bientôt à la clarté du jour, il pourra venger son père et rétablir ses droits ; mais Tholus, prêt à commettre un crime, éprouve de l'hésitation et de la crainte ; le grand-prêtre s'en aperçoit, et lui découvre le secret dont il est instruit : Tholus, épouvanté, renonce à son projet criminel, et puis l'ambition et l'amour reprenant tout à coup le dessus dans son cœur, il fait empoisonner son frère, etc.

Cette pièce, comme toutes les œuvres transitoires que l'on nous a données depuis vingt ans, est empreinte de l'esprit de terreur que fait éprouver un parterre habitué aux menottes de Thalie et à sa camisole de force, vulgairement appelée l'unité de lieu : c'est que le bien est très-difficile à faire, et que la médiocrité, qui n'a pas d'yeux et pas d'oreille, possède en revanche dans notre pays de France à peu près vingt-cinq millions de bouches prêtes à crier haro contre toute innovation.

Quelque temps après la représentation d'*Ophis*, en 1798, M. Lemercier écrivait aux rédacteurs de la *Décade philosophique :* « J'espère offrir bientôt au public une comédie, achevée depuis un mois ; elle porte le titre de *Pinto*. Mon soin en la composant a été de dépouiller une grande action de tout ornement poétique qui la dépare, de présenter des personnages parlant, agissant comme on le fait dans la vie, et de rejeter le prestige quelquefois infidèle de la tragédie et des vers. Heureux, après m'être efforcé dans *Agamemnon* à prouver mon respect pour les lois de Melpomène, si je pouvais ouvrir une route nouvelle au théâtre où l'on suit trop souvent les ornières des chemins battus. »

Pinto parut et produisit en France une vive sensation ; l'auteur y représentait, sous un aspect comique, les plus grands intérêts de l'état. Quelque grave que soit une conspiration dans son but, a dit un de nos devanciers, elle ne l'est pas toujours par ses moyens. Dans le mélange de gens rapprochés par ce grand intérêt, se trouvent des hommes de toutes les conditions, de tous les caractères, et leur rapprochement peut donner lieu aux effets les plus bizarres et les plus opposés. C'est de ces oppositions, saisies avec une sagacité singulière, que M. Lemercier a tiré les effets les plus neufs et les plus piquants. *Pinto* qui, par son but, est une véritable tragédie, devient une comédie des plus amusantes par ses moyens ; c'est la tragédie comme Beaumarchais l'eût décrite. Le succès de *Pinto* devait faire faire à la tragédie moderne de rapides progrès ; mais l'influence de la sottise est tellement puissante, le bon vieux temps trouve toujours de si nombreux par-

tisans dans les gens qui préfèrent un proverbe à un raisonnement, et ces bonnes vieilles gens sont en si grand nombre, que
le malheureux Pinto, véhémentement soupçonné d'hérésie
pour avoir eu de l'esprit, fut condamné par le tribunal des
routiniers à une prison perpétuelle dans les cartons du réper-
toire. Heureusement il se réfugia dans le souvenir des gens de
goût et de bon sens, où long-temps encore il occupera une
place honorable.

On a beaucoup parlé dans ces dernier temps d'une nouvelle
tragédie de M. Lemercier, intitulée *les Martyrs de Souli*, lue
au comité du Théâtre Français. On dit que M. Lemercier s'y
est élevé à une hauteur immense de philosophie et de talent ;
que la poésie en est simple et grandiose, que les caractères
sont tracés avec vigueur. Toutefois nous ne pouvons croire
qu'on puisse présenter sur la scène un colonel nègre qui parle
créole ; M. Lemercier a risqué cette innovation. On peut, ce
me semble, traduire en français le baragouinage du créole et
lui laisser son caractère, sa nature entière ; mais c'est de notre
part une simple objection, et nous ne sommes point assez fous
pour prononcer avant d'avoir vu.

M. Lemercier a publié un cours de littérature, dans lequel
il démontre à chaque pas l'inévitable révolution qui doit changer la face de nos théâtres. Sa *Panhypocrisiade* doit être aussi
comptée au nombre de ses ouvrages les plus remarquables ;
c'est une véritable Encyclopédie, dans laquelle l'auteur semble
avoir eu pour but de démontrer l'universalité de ses connaissances. Les démons, chargés de tourmenter les auteurs sur la
terre (autrement dit les censeurs) à force de tracasseries, ont
inspiré à M. Lemercier un petit tableau appelé *Dame Censure*,
qui sert d'introduction à sa comédie du *Corrupteur* ; mais les
bornes étroites dans lesquelles nous sommes renfermés, ne
nous permettent pas de porter un jugement séparé sur chacun
des ouvrages de M. Lemercier. Cependant nous ne voulons

pas terminer cet article sans dire un mot du drame intitulé : la *Fille apostate.*

Il y a quelques années, la *Gazette de France* annonça un crime affreux, commis par un magistrat de notre pays, et dont les terribles circonstances prêtaient singulièrement à l'horreur dramatique. Le père d'une jeune fille était chargé en même temps de la tutelle d'une nièce qui habitait avec lui. Les richesses de la pupille excitèrent l'ambition de cet homme ; il voulut s'en emparer, et pour venir à bout de ce projet criminel, il résolut de faire étouffer sa nièce. Déjà l'heure fixée pour le crime a sonné : un secret pressentiment agite le cœur de la nièce, restée seule dans la chambre qu'elle a coutume d'habiter. Quelque léger bruit, augmentant sa frayeur, elle va trouver sa cousine, et lui fait part de ses craintes. Celle-ci ne fait que rire de cette pusillanimité ridicule, et pour montrer par la force de l'exemple combien elle est peu fondée, elle offre à sa cousine de changer de chambre avec elle. La proposition est acceptée : minuit sonne ; les deux filles dorment en paix, tandis que le cruel tuteur apprête l'assassinat de sa nièce. Quatre hommes ont été payés ; la chambre, occupée ordinairement par la pupille, leur est indiquée ; ils y entrent, se précipitent sur le lit, étouffent les cris de la jeune fille sous un masque de poix, et encore palpitante, ils la précipitent dans une fosse préparée pour ce crime. Pendant ce temps, la nièce s'abandonne à un sommeil tranquille ; au lever du jour, elle s'empresse d'aller embrasser son amie, et ne la trouvant pas dans son lit, elle court savoir de ses nouvelles dans la chambre de son oncle. Quel dut être son aspect ! qu'on se figure la terreur de cet homme ! M. Lemercier a rendu avec un grand bonheur toutes les beautés de ce terrible sujet ; mais nous sommes restreints dans des bornes trop étroites pour analyser encore cette pièce, vraiment digne de nos premiers théâtres. Hâtons-nous de dire que nous venons de tracer la biographie de l'écrivain le plus fécond et le plus original de notre siècle.

Telle est la liste générale de ses nombreuses compositions :

1° *Méléagre*, tragédie, 1788 ; 2° *Lovelace*, comédie, 1792 ; 3° *le Lévite d'Éphraïm*, tragédie, 1795 ; 4° *le Tartufe Révolutionnaire*, comédie, 1795 ; 5° *Agamemnon*, tragédie, 1797 ; 6° *Ophis*, tragédie, 1799 ; 7° *les Quatre Métamorphoses*, poème, 1800 ; 8° *Pinto*, comédie en prose, 1801 ; 9° *Homère et Alexandre*, poème, 1801 ; 10° *les Trois Fanatiques*, poème, 1801 ; 11° *Ismail au Désert*, ou *l'Origine du Peuple Arabe*, scène orientale, 1802 ; 12° *Un de mes Songes*, ou *Quelques vers sur Paris*, 1802 ; 13° *Isule et Orovèse*, tragédie, 1803 ; 14° *Hérologue*, ou *Chants du poète-roi et l'Homme renouvelé*, récit moral en vers ; 15° *Traduction des Vers dorés de Pithagore et de deux Idylles de Théocrite*, 1806 ; 16° *Épître à Talma*, 1807 ; 17° *Essais poétiques sur la Théorie newtonienne*, 1808 ; 18° *Plaute*, ou *la Comédie latine*, comédie, 1808 ; 19° *Baudoin, empereur*, tragédie, 1808 ; 20° *Cristophe Colomb*, comédie historique en vers, 1809 ; 21° *Ode sur le doute des vrais philosophes, à qui les faux zélés imputent l'athéisme*, 1813 ; 22° *Épître à Bonaparte sur le bruit répandu qu'il projetait d'écrire des Commentaires historiques*, 1814 ; 23° *Épître à Bonaparte sur le bonheur de la vertu*, 1814 ; 24° *Réflexions d'un Français sur une partie factieuse de l'armée française*, 1815 ; 25° *Charlemagne*, tragédie, 1816 ; 26° *le Frère et la Sœur jumeaux*, comédie, 1816 ; 27° *le Faux Bonhomme*, comédie, 1817 ; 28° *la Panhypocrisiade*, poème, 1817 ; 29° *le Complot domestique*, ou *le Maniaque supposé*, comédie, 1817 ; 30° *Cours analytique de littérature générale, tel qu'il a été professé à l'Athénée*, 3 vol. in-8°, 1817 ; 31° *Saint-Louis*, tragédie, 1819 ; 32° *la Démence de Charles VI*, tragédie, 1820 ; 33° *Frédégonde et Brunéhaut*, tragédie, 1821 ; 34° *le Corrupteur*, comédie, 1822 ; 35° *les Voyages de Scarmentado*, comédie en quatre actes ; 36° *les Martyrs de Souli*, tragédie, 1825 ; 37° *Camille*, ou *Rome sauvée*, 1825 ; 38° *la Fille spectre*, 1826.

METTERNICH.

1er Ministre de S. M. François 11.
Empereur d'Allemagne

M. DE METTERNICH.

M. de Metternich a jeté la masse du peuple allemand en travers de la route que suivait le génie de la civilisation. Grâce à lui leschevaliers du Saint-Empire ne sont plus quedes bostandgis à la disposition du grand-seigneur. Ce turcophile est né le 18 mai 1773 du prince François-Georges-Charles de Metternich-Winebourg, ministre d'état et des conférences de l'Autriche, et membre du collége des princes à la diète de Ratisbonne. Ce dernier avait remplacé en 1791 le comte de Mercy d'Argenteau, ministre plénipotentiaire près du gouvernement des Pays-Bas, et malgré les difficultés qu'amenaient chaque jour les événements de la France, il avait conservé cette place jusqu'en 1795. A cette époque naquit le ministre actuel de François II, Clément-Wenceslas-Népomucène-Lothaire DE METTERNICH. Quelque temps après sa naissance, M. de Metternich père fut décoré de la Toison-d'Or, et en 1797 il accompagna M. de Cobentzel au congrès de Rastadt. En 1804, l'empereur François II l'éleva à la dignité de prince, et l'appela peu de temps après aux importantes fonctions de ministre d'état.

Cependant M. de Metternich le fils, qui était entré de bonne heure dans lacarrière de son père, y obtint de brillants succès. Le 27 septembre 1798, il fut marié à la fille du prince de Kaunitz, et cette alliance lui procura successivement les ambassades de Berlin et de Paris. En 1806, il présenta ses lettres de créance au roi de Prusse, à l'occasion du titre d'empereur d'Autriche pris par son souverain. Il quitta dans la même année cette ambassade pour celle de France, où il résida jusqu'au renouvellement de la guerre en 1809. Ce fut M. de Metternich qui négocia à cette époque les bases du traité de Vienne. Il reçut aussitôt après le portefeuille des affaires étrangères. En 1813, il fut envoyé à Dresde auprès de Bonaparte, et après plusieurs conférences, s'éloigna sans avoir rien conclu. Il signa peu de temps après pour son souverain, à Tœplitz, avec la Russie et la Prusse, un traité d'alliance, qui lui valut la dignité de prince, faveur qui fut accompagnée d'une lettre autographe de l'empereur, conçue dans les termes les plus honorables. Pour prix des services qu'il avait rendus en Styrie, les états de cette province lui conférèrent à la fin de la même année des lettres de naturalisation. Dans son ambassade en France, M. de Metternich s'était conduit de manière à mériter l'estime de Napoléon, qui lui en donna des preuves non équivoques. Nommé premier ministre, il se montra favorable aux intérêts de la France, et ne changea qu'avec la fortune, c'est-à-dire après la desastreuse campagne de 1812. Alors le diplomate autrichien n'hésita pas à se détacher entièrement de lui, pour se ranger au nombre de ses ennemis. Néanmoins il vint trouver Bonaparte à Dresde dans le courant du mois de juin 1813; sa mission, à ce qu'on assure, était de l'engager à des concessions que la fierté de Napoléon ne lui permit pas d'accepter; et l'inutilité de cette démarche décida sans doute le plan de conduite que suivit dans la suite le prince de Metternich. Il suivit l'empereur d'Autriche dans la campagne de France en 1814, se rendit avec Sa Majesté à Paris, eut une grande part à toutes les négociations de cette époque, et reçut alors, comme un témoignage de l'estime et de l'extrême reconnaissance de son souverain, le titre de prince *pour lui et ses descendants.*

Dans le mois de juillet, le prince de Metternich accompagna les souverains alliés en Angleterre, où l'université d'Oxford

lui conféra le grade de docteur. A son retour en Autriche, il reçut de son souverain l'importante donation de la seigneurie de Damvat en Hongrie, avec les quatre cantons qui en dépendent. Au mois de janvier suivant, le roi de Danemarck lui remit en personne la décoration de l'ordre de l'Eléphant. Appelé au congrès de Vienne comme ministre d'Autriche, M. de Metternich eut encore une grande influence sur les décisions de cette mémorable assemblée. Sur une communication qui lui fut faite par lord Castlereagh, concernant l'article 8 du traité conclu le 25 mars précédent entre les puissances alliées contre Bonaparte, alors échappé de l'île d'Elbe, le prince de Metternich répondit ainsi au ministre anglais : «... Quoique résolu à diriger tous ses efforts contre Napoléon et à agir avec ses alliés dans le concert le plus parfait, l'empereur mon maître n'en est pas moins convaincu, par ses propres principes, que son devoir envers ses sujets ne lui permettait pas de poursuivre la guerre *pour imposer à la France un gouvernement quelconque.* » Le 1er septembre suivant, le même ministre signa le papier d'état par lequel il était permis au roi Joachim (Murat) de résider en Autriche, comme simple particulier, sous le nom de comte de Lipano, qu'avait déjà pris sa femme, réfugiée dans les mêmes états. Quelque temps après, le prince de Metternich fut nommé commandeur des divers ordres de Naples, par le roi Ferdinand IV, qui lui conféra en même temps le titre de duc, avec une dotation de soixante mille ducats. Il avait déjà reçu du roi de Saxe l'ordre de la couronne, et, dans le mois de mars 1816, le régent d'Angleterre lui conféra celui des Guelphes. En 1817, ce ministre accompagna à Livourne, en qualité de commissaire pour la remise, l'archiduchesse Léopoldine, destinée au prince-royal de Brésil ; mission qui lui valut de la part du roi de Portugal, le cadeau de son portrait enrichi de diamants du plus grand prix. Il revint à Vienne pour la célébration du mariage de sa propre fille, la princesse Marie-Léopoldine, avec le comte d'Esterhazi de Galantha. Objet de la bienveillance et de l'estime constantes de ses souverains, le prince de Metternich offre l'exemple assez rare d'une carrière politique exempte de ces intermittences qui viennent presque toujours suspendre et traverser l'emploi des talents et les faveurs de la fortune. Il n'est presque point de princes ou d'états en Europe dont il n'ait reçu des marques d'estime.

Le prince de Metternich a assisté à tous les congrès qui ont eu lieu depuis 1814, et malgré les intrigues de cour, l'affaiblissement de sa vue, et d'autres infirmités qui l'obligent souvent à garder l'appartement, il ne cesse de diriger l'empire d'Autriche et d'entraver la marche du bonheur et de la liberté des peuples.

VIDOCQ.

Vidocq naquit à Arras en 1775, dans une maison voisine de celle où Robespierre avait vu le jour seize années auparavant. Il était si fort à sa naissance, qu'il avait l'air d'un enfant de deux ans, et déjà il annonçait cette stature athlétique, qui depuis a si souvent frappé de terreur les malfaiteurs les plus intrépides et les plus vigoureux. Il commença de bonne heure à exercer ses forces sur les enfants de ses voisins, et la maison de son père retentissait des plaintes continuelles, relatives à des têtes cassées, des nez sanglants, des yeux pochés et des habits déchirés. A l'âge de huit ans il était la terreur de tous les chiens, chats et enfants du voisinage. A 13 ans il était si habile dans l'art de l'escrime, qu'il ne redoutait pas les férailleurs les plus adroits de sa ville natale. Bientôt il commença l'apprentissage de boulanger, métier de son père. De concert avec son frère, il faisait de fréquentes visites au comptoir; mais son frère, ayant été pris sur le fait, fut envoyé finir son apprentissage chez un boulanger d'une ville voisine, et le comptoir fut de ce moment surveillé attentivement. A la suggestion d'un de ses camarades, Vidocq chercha à piller le coffre, en y introduisant un tuyau de plume, trempé dans de la glu; mais cette méthode ingénieuse ne lui procurant que les plus petites pièces d'argent, il eut recours à une fausse clé, et le produit de ce vol fut dépensé dans une maison publique de la ville, où se réunissait toute la canaille. Le père de Vidocq, ayant découvert l'action infâme de son fils, le fit arrêter et conduire en prison ; il y resta pendant dix jours, et n'en sortit qu'à l'intercession de sa mère. Quelques jours après, il reprit ses habitudes de dissipation, et d'accord avec un de ses camarades, résolut de voler à son père tout l'argent que celui-ci possédait. Un dimanche, ayant fait sortir sa mère de la maison sous un faux prétexte, s'étant rendu au coffrefort et l'ayant ouvert, il fut tout à coup frappé de violents remords : déjà il renonçait au vol, lorsque, décidé par les reproches et les plaisanteries de son complice, il s'empara de deux mille francs qu'il partagea avec ce dernier, et partit pour Dunkerque. De là il se rendit à Calais, afin de s'y embarquer pour l'Amérique ; mais le capitaine de vaisseau lui ayant demandé huit cents francs pour son passage, il se rendit à Ostende. Voici en quels termes il raconte ce qui s'est passé dans cette dernière ville : « Tandis que je me promenais sur le port, cherchant un vaisseau destiné pour les Antilles, je fus acosté par un individu qui se disait courtier de marine, et qui me promit de me faire avoir promptement ce que je désirais : en même temps il m'engagea à l'accompagner à une partie de plaisir à Blakenberg. J'acceptai. Nous dînâmes à Blakenberg avec une nombreuse société, dans laquelle se trouvaient quelques jolies femmes. Nous restâmes très-long-temps à table ; mais il me serait impossible de dire jusqu'à quelle heure, car tout à coup un sommeil irrésistible s'empara de mes sens, et en me réveillant je me sentis transi de froid. Au lieu des rideaux jaunes du lit où je me rappelais avoir été placé, je vis une forêt de mâts : les cris des matelots vinrent frapper mes oreilles, et quand j'étendis mes mains, je rencontrai une pile de boulets de canon contre laquelle on m'avait appuyé. Lorsque je racontais cette aventure au propriétaire de l'hôtel où j'étais logé, il me dit que l'on m'avait conduit dans un de ces fameux *musicos*, où tant de héros tarés avaient perdu non seulement leur argent, mais même leurs oreilles. Il est inutile d'ajouter que l'argent que je possédais avait disparu de mes poches, à l'exception de deux pièces de six francs. » De ce moment, Vidocq, jeté dans le monde, sans aucune ressource, entre au service du propriétaire d'une ménagerie ambulante ; mais le rôle de paillasse qui lui fut adjugé, n'étant pas de son goût, il quitta l'entreprise et se mit à la solde d'un charlatan pour l'aider dans ses conjurations, ainsi qu'à vendre ses spécifiques miraculeux, ses poudres et ses opiats, destinés à la guérison des maladies des hommes et des bêtes. Toutefois cette liaison dura peu ; car arrivé à Lille, Vidocq quitta subitement son charlatan, et résolut de retourner à Arras pour y implorer le pardon de ses parents. Sur les vives sollicitations de sa mère, appuyées des instances d'un ecclésiastique, son père, après lui avoir adressé de vives réprimandes et des menaces très-graves, consentit à oublier le passé ; mais le changement de Vidocq ne fut pas de longue durée, car quelque temps après sa rentrée dans la maison paternelle, il partit pour Lille avec une actrice. A cette époque, il n'avait pas encore quinze ans. Après une absence de trois semaines, il revint à Arras et obtint de son père la permission de s'enrôler dans le régiment de Bourbon, alors en garnison dans cette ville. Sa jolie figure, son air distingué, et son habileté à manier l'épée, le firent bientôt admettre dans la compagnie des bretteurs. Quelques soldats de cette compagnie ayant murmuré de cette promotion si rapide, il en envoya deux à l'hôpital, où il fut ensuite obligé de se rendre lui-même, par suite d'une blessure qu'il reçut dans un troisième duel. Ce début le fit considérer comme un homme distingué, et les querelles où il se trouva engagé, se succédèrent si rapidement, que six mois ne s'étaient pas encore écoulés, qu'il avait eu quinze duels et avait tué deux de ses adversaires. Le régiment de Bourbon reçut l'ordre de marcher contre les Autrichiens qu'il rencontra près de Tournai ; mais il se retira sans brûler une amorce par l'ordre du général Dillon, que les soldats soupçonnèrent d'être d'intelligence avec l'ennemi. Vidocq raconte ainsi la mort de cet infortuné général : « En passant près de la porte de Fives (à Lille), je vis arriver une voiture, entourée d'une populace qui criait : *C'est lui, le voici, qu'il périsse, qu'il soit pendu à la lanterne.* Un groupe furieux, dans lequel se trouvaient plusieurs soldats des régiments de Chartres et de Brie, se précipita vers la voiture, et en arracha l'homme qui s'y trouvait. On voyait à son attitude et à ses vêtements ensanglantés qu'il était blessé ; c'était le général Dillon. Il avait effectivement été frappé au bras pendant la retraite par un soldat du régiment de Languedoc.

Les assassins l'assaillirent alors avec une rage frénétique : son corps ne fut bientôt qu'une plaie. De sa bouche sortaient des torrents de sang. Dans ce triste état, il fut traîné par la populace dans les rues de Lille, pendu à une lanterne, mis en pièces et brûlé sur un bûcher composé d'objets et de marchandises qui portaient des emblêmes royaux. Au même instant plusieurs soldats tyroliens qui avaient été faits prisonniers la veille, furent massacrés de sang froid. Berthon, colonel du génie, soupçonné d'avoir été le complice du général Dillon, fut pendu, ainsi que le curé de la paroisse de Sainte-Madelaine, qu'on avait surpris au moment où il se destinait à fuir. Après la bataille de Jemmapes, dans laquelle il dit qu'il se signala, Vidocq ayant appris de son capitaine qu'on avait l'intention de le traduire devant un conseil de guerre, comme déserteur de son premier régiment, monta à cheval à la nuit tombante, passa à l'ennemi, et fut incorporé dans le régiment des cuirassiers de Kinski.

(La suite au numéro prochain.)

VIDOCQ.

(Suite.)

À peine entré au service, il menaça un brigadier de le souf-fleter. Il fut condamné pour ce fait à recevoir vingt-deux coups de bâtons, qui lui furent administrés à la parade avec les formes d'usage. La Schlag le dégoûta du service dans l'ar-mée autrichienne. En conséquence, il profita de la première occasion favorable de déserter, et se rendit à Landrecies, alors au pouvoir des Français; il se donna pour un Belge, qui avait été au service de l'Autriche. Ses offres furent acceptées, et il entra dans le quatorzième régiment d'infanterie légère. La compagnie à laquelle il appartenait ayant reçu l'ordre de rejoindre à Rocroy le 11me régiment, dont il avait précédemment fait partie, il fut reconnu par son capitaine, qui, voulant s'en emparer, le ca-cha dans sa propre maison, jusqu'à ce que la compagnie du quatorzième régiment eût quitté Rocroy. Une cuisinière qui avait pour Vidocq une prédilection particulière, ayant volé son maître, les camarades de Vidocq, firent à ses dépens mille plaisanteries qui donnèrent lieu à tant de disputes et de duels, que le colonel du régiment voulant y mettre fin, donna à Vidocq un congé d'un mois pour aller voir ses parents. À son retour, il reçut dans un combat une blessure à la jambe, et fut envoyé à l'hôpital. Il y rencontra un officier de la légion germanique, s'enrôla dans ce corps et partit pour la Flandre. La blessure de Vidocq s'étant ouverte de nouveau, il fut con-traint de quitter le régiment, et de retourner à Arras, sa ville natale, qui était alors soumise au régime sanguinaire de l'infâme Joseph Lebon. Là, Vidocq, soupçonné de n'être pas un franc républicain, fut jeté dans un cachot, et il eût probablement terminé sa carrière sur l'échafaud, sans les bons offices d'une demoiselle Chevalier, sœur d'une des créatures de Lebon, à qui ses formes athlétiques avaient plu. Bientôt après, Vidocq épousa cette femme, non par amour, car elle était laide, mais pour sauver sa tête, car il avait à opter entre le mariage ou la guillotine. Quelque temps après son mariage, ayant fait une absence de quelques jours, il revint tard dans la nuit et frappa à la porte de l'appartement de sa femme; mais au lieu de la porte, ce fut la fenêtre qui s'ouvrit, et un adjudant-major de cavalerie, que Vidocq poursuivit et reconnut, en sortit en chemise. Il résolut alors de divorcer; mais il se laissa détourner de ce projet par la crainte d'offenser le frère de sa femme, qui était tout-puissant près du terrible Joseph Lebon. Sur un avertissement de ce dernier, il quitta Arras et sa femme; il alla à Bruxelles, où il vécut de ses menées et de ses intrigues, ligué avec une troupe de filous et de coupe-jarrets. Ayant fixé sur lui l'attention de la police, et se trouvant sans papiers, on l'envoya avec sa maîtresse, et sous l'escorte de deux gendarmes, à Lille : il avait dit qu'il y était né, et que son nom était Rousseau. Pendant le voyage, il enivra les gendarmes et s'échappa avec sa maîtresse, en attachant les draps de son lit, et se laissant glisser avec elle du haut des fenêtres.

Aussitôt après sa fuite, notre aventurier fut de nouveau conduit en prison à Lille. On le confina dans la tour de Saint-Pierre. Trois jours après son arrivée dans cette nouvelle prison, il forma, de concert avec plusieurs prisonniers condamnés aux galères, le projet de s'évader, en pratiquant une ouverture dans le mur de la prison. Voici comment il raconte les détails de cette tentative d'évasion : « La troisième nuit, tout étant prêt, nous résolûmes de partir. Huit des condamnés passèrent par l'ouverture, et s'échappèrent sans attirer l'attention de la sentinelle. Il en restait encore sept, et nous tirâmes à la plus courte paille pour voir qui partirait le premier. Le hasard me favorisa, et j'ôtai mes habits, afin de rendre plus facile mon passage à travers l'ouverture qui était très-étroite ; mais lorsque j'eus passé la moitié de mon corps, il me fut tout à coup impossible d'avancer, et mes camarades, malgré tous les efforts qu'ils firent, ne purent me retirer. A la fin, mes souffrances devinrent si vives, que je fus forcé de crier à la sentinelle, qui se précipita vers moi en alarme, et la baïonnette appuyée contre ma poitrine, me menaça d'une mort prompte si je faisais le moindre mouvement. Elle appela ensuite la garde, qui arriva sur le champ, suivie des geôliers et des guichetiers portant des flambeaux. Après de longs efforts, on me tira de l'horrible position où j'étais, mais non sans laisser derrière moi une partie considérable de ma peau. Je fus transporté sur le champ, meurtri et sanglant comme j'étais, dans une partie de la prison appelée le *petit hôtel*, et plongé dans un cachot avec des fers aux pieds et aux mains. Après dix jours, et des promesses réitérées de ne point faire une nouvelle tentative d'évasion , on me permit de sortir de mon cachot et d'entrer dans la chambre commune aux prisonniers confinés dans cette partie de l'édifice. Jusque-là je n'avais vécu qu'avec des voleurs, des escrocs, des vagabonds, des faussaires ; mais alors je me trouvai au milieu des malfaiteurs les plus consommés et les plus atroces, qui racontaient avec orgueil leurs crimes et leurs forfaits, et parlaient de leur être avec l'indifférence et la gaîté la plus parfaite, disant qu'un jour on en ferait de la chair de saucisse avec la guillotine. Parmi mes nouveaux compagnons, se trouvaient plusieurs individus qui avaient fait partie de la fameuse bande de brigands et d'assassins, commandée par le célèbre Sallambier, qui avait répandu la terreur dans le pays, et connue sous le nom des *chauffeurs*. Ce nom leur venait de ce qu'ils mettaient dans le feu les pieds des habitants des maisons qu'ils attaquaient, et les tenaient dans cet état jusqu'à ce qu'ils déclarassent où leur argent était caché. Parmi les chauffeurs renfermés dans cette prison, le plus remarquable était Brunellois, surnommé l'*Intrépide*, nom que plus tard il justifia complètement par un acte de courage, tel qu'on n'en trouve pas de semblables dans les plus fameux bulletins d'armée. Un jour que Brunellois cherchait à commettre des vols dans la maison d'un fermier, il passa sa main dans une ouverture pratiquée dans le volet d'une des fenêtres, afin de détacher le crochet. Lorsqu'il voulut retirer sa main, il sentit que son poing était pris dans un nœud coulant; il fit d'inutiles efforts pour la retirer: le bruit qu'on faisait dans la maison annonçait que les habitants avaient pris l'alerte; et Brunellois s'étant aperçu que ses complices échangeaient entre eux des regards sinistres, il pensa qu'ils avaient l'intention de le tuer, afin d'empêcher qu'il ne les trahît lorsqu'il serait pris, ce qui devait infailliblement arriver. Dans cette perplexité, Brunellois sans hésiter un seul instant, tira de sa poche un couteau à double tranchant, se coupa le poing, et s'enfuit avec ses compagnons. Ce singulier trait eu lieu dans le voisinage de Lille. Il était bien connu dans le département du Nord, dont plusieurs habitants se souviennent d'avoir vu exécuter le héros, qui n'avait qu'une main. »Enfin, Vidocq accusé de faux en écriture authentique, fut déclaré coupable et condamné à huit années de travaux forcés; il ne parle point du carcan et de la flétrissure qu'il doit nécessairement avoir subis. Vidocq fut conduit avec plusieurs autres condamnés à Bicêtre, pour être transféré de là au bagne de Brest. Pendant la route, ils firent une tentative désespérée pour s'échapper. « Hurtrel, un des gardiens de la prison, qui nous accompagnait, ajoute Vidocq, avait employé dans cette occasion des fers préparés tout exprès. Outre que chaque condamné était attaché à un de ses camarades, avec un fort anneau de fer, il avait à la jambe un boulet pesant quinze livres. De plus la surveillance était si active qu'on ne pouvait songer à s'échapper par adresse ou stratagème. En conséquence, je proposai d'employer la violence, et mes quatorze compagnons d'infortune y consentirent.

» Desfaneux, l'un d'eux, homme expérimenté, qui portait toujours sur lui une boîte de petites scies, faites avec des ressorts de montres, nous fournit les moyens de couper nos fers. Afin d'échapper à l'œil vigilant de nos gardes, nous remplîmes d'une espèce particulière de mastic les traces des incisions. Arrivés dans un lieu solitaire de la forêt de Compiègne, le signal fut donné ; nos fers tombèrent comme par enchantement, et nous nous élançâmes aussitôt de la charrette où nous étions placés, et nous nous dispersâmes. Les cinq gendarmes et les huit dragons dont l'escorte se composait, nous chargèrent le sabre à la main. Nous nous plaçâmes derrière les arbres, et saisissant de larges pierres qui étaient dans notre chemin, nous nous disposâmes à résister. Les soldats hésitèrent un moment ; mais comme ils étaient bien montés et bien armés, ils eurent bientôt repris courage : ils font feu sur nous, tuent deux hommes, et en blessent grièvement cinq autres. Le reste se met à genoux et demande grâce. Quelques-uns de nous étaient déjà remontés sur la charrette, lorsque Hurtel qui, pendant le tumulte, s'était tenu à distance, voyant un condamné qui ne marchait pas aussi lestement qu'il l'eût désiré, se précipite sur ce malheureux qui était sans armes, et lui passe son épée à travers le corps. A cet acte lâche et cruel, ceux qui n'étaient pas encore remontés dans la charrette devinrent furieux ; ils saisirent de nouveau des pierres, et sans les dragons, ils eurent fait prompte justice de Hurtel. Les dragons nous ayant annoncé que si nous persistions à résister, un massacre général aurait lieu, tout rentra dans l'ordre. Lorsque nous arrivâmes à Senlis, nous fûmes jetés dans une prison, dont l'horreur surpassait tout ce que j'avais vu précédemment. Comme le geolier était un ouvrier qui travaillait dans les chantiers, la prison était sous la direction de sa femme ; et, bon Dieu, quelle femme! Elle voulut voir si nous n'avions pas sur nous des instruments qui pourraient favoriser notre évasion, et nous soumit en conséquence à une perquisition dont je ne saurais décrire les détails. » Vidocq n'était que depuis dix ou douze jours à Bicêtre, lorsqu'il organisa une des tentatives d'évasion les plus hardies qui aient jamais eu lieu dans cet établissement. En pratiquant une excavation dans le cachot, il s'introduisit, avec un grand nombre de condamnés, dans l'aqueduc construit sous le bâtiment, et de là, dans les cours destinées aux aliénés. Ils étaient sur le point d'en escalader les murs, lorsqu'un énorme chien de garde s'élança de sa loge, et fit entendre de terribles aboiements, auxquels se joignirent aussitôt tous les autres chiens de l'établissement, et en outre les cris des aliénés. Dans un instant la cour fut remplie de soldats, de geoliers, de guicheliers. Les condamnés furent saisis et reconduits dans leur cachot. Le 20 octobre, la chaîne des condamnés, dont Vidocq faisait partie, se mit en route pour le bagne de Brest. Vidocq fait un tableau trop révoltant de la dépravation qui régnait dans ce séjour de l'infamie, pour que nous en donnions des détails. Six jours après son entrée au bagne, Vidocq chercha à s'échapper sous le déguisement d'un matelot. «Je passai sans obstacle, dit-il, la porte de fer, et me trouvai dans Brest que je ne connaissais point. Après avoir erré çà et là, j'arrivai enfin à la porte de la ville. Un vieux gardien du bagne, nommé Lachique, y était continuellement posté. Il était impossible qu'un condamné, qui avait été pendant quelque temps au bagne, échappât à son œil vigilant. Non-seulement il découvrait ou prétendait découvrir chaque condamné au regard et au geste qui lui était propre, mais il y avait encore une autre particularité qui l'aidait en cela. En effet les condamnés, sans y faire attention, traînent toujours la jambe à laquelle le boulet a été attaché. Il fallait cependant passer devant ce redoutable personnage qui était assis près de la porte, fumant tranquillement sa pipe, et fixant ses yeux d'aigle sur tous ceux qui entraient et sortaient. On m'en avait averti : je pris en conséquence mes précautions pour rendre mon déguisement plus complet; je m'étais pourvu d'un pot de crême; je m'approchai de lui sans crainte, et après avoir déposé à ses pieds le pot de crême que je portais, je tirai ma pipe de ma poche, la remplis et lui demandai la permission de l'allumer à la sienne; il y consentit gaîment, et lorsqu'elle fut allumée, je repris mon pot de crême, et sortis tranquillement de la ville. J'avais à peine fait trois quarts de lieue, lorsque j'entendis les trois coups de canon, qui annoncent aux paysans l'évasion d'un condamné. Il faut observer qu'une récompense de cent francs était promise à celui qui m'arrêterait.

Dans quelques instants les champs furent couverts d'hommes armés de fusils, de faux et battant les buissons pour découvrir le fuyard. Je passai à côté de plusieurs d'entre eux, mais comme j'avais un costume de matelot complet, et portais mes cheveux en queue (tous les condamnés ont la tête rasée) ce que j'eus soin de leur faire voir en tenant mon chapeau à la main, je ne fus pas inquiété. A la nuit tombante, je rencontrai deux femmes, à qui je demandai quel chemin il me fallait suivre; mais comme elles me répondirent dans un patois dont je ne comprenais pas un mot, je tirai quelques pièces d'argent, et leur indiquai par un geste que j'avais besoin de manger; elles me conduisirent dans un village où j'entrai dans un cabaret. Le maître du cabaret qui était garde champêtre, était devant le feu dans son costume à moitié militaire. J'hésitai un moment, mais reprenant courage, je lui dis que je désirais parler au maire du village; c'est moi le maire, dit un vieux paysan, en bonnet de laine et en sabots, qui mangeait un gâteau d'orge sur la table. Ce nouvel incident me surprit; car j'avais espéré m'échapper du village, sous prétexte d'aller à la maison du maire. Cependant je pris un air hardi, et je dis à ce fonctionnaire en sabots, qu'ayant pris un chemin de traverse pour aller de Morlaix à Brest, je m'étais égaré et que je venais lui demander mon chemin, comme à la seule personne que je présumais devoir bien comprendre le français. Je lui demandai s'il était possible d'arriver à Brest dans la soirée; il me répondit que c'était impossible d'y arriver avant la fermeture des portes; mais qu'il me donnerait un peu dep aille dans sa grange, et que je pourrais aller le lendemain à Brest avec le garde champêtre qui devait y conduire un forçat échappé, et arrêté la veille. Le lendemain Vidocq fut reconnu, et reconduit au bagne. A peine y fut-il rentré, qu'il s'échappa de nouveau avec plus de succès et plus d'adresse que la première fois. Tels sont à peu près les termes dans lesquels il raconte une seconde évasion: « Comme il entrait dans mes vues de passer quelque temps à l'hôpital, je me rendis malade avec du jus de tabac, et j'y fus transféré. Mais comme ma maladie ne dura que trois ou quatre jours, et que je ne pouvais me procurer d'autre jus de tabac dans cet hôpital, je fus obligé d'avoir recours à un autre expédient. A Bicêtre, j'avais été initié dans tous les secrets de faire ces inflammations et ces ulcères au moyen desquels les mendiants excitent la pitié publique. Parmi tous ces expédients, je choisis celui dont l'effet est de rendre la tête grosse comme un boisseau, d'abord parce qu'il devait naturellement embarrasser les médecins, et en outre parce qu'il ne pouvait me causer aucune souffrance, et qu'il m'était facile de m'en débarrasser dans une demi-journée. » En effet, Vidocq se fit enfler la tête d'une façon prodigieuse, et les médecins, qui lui crurent une hydropisie du cerveau, donnèrent des ordres pour qu'il restât à l'hôpital. Pendant ce temps, notre héros se procura un habit de sœur hospitalière, et s'échappa à la faveur de ce déguisement. Arrivé près de Rennes, un bon curé engagea la sœur Vidocq à déjeuner avec lui, et la quitta, en se recommandant à ses prières. Le soir même, cette incroyable sœur fut reçue dans la maison d'un paysan, qui la fit coucher avec ses deux filles, fraîches et jolies, âgées de quinze à dix-huit ans. Vidocq assure qu'il put se contenir, et qu'il sortit du lit de l'innocence en véritable sœur de charité.

Léon. XII.

LÉON XII.

Annibal DE LA GENGA naquit à Rome le 2 août 1760. Il portait le nom d'un fief de sa famille, la terre de la Genga, près de Spoleto. Il fit ses études élémentaires avec le plus grand succès, et à l'âge de 18 ans, il entra à l'Académie ecclésiastique, espèce d'école préparatoire dans le genre de l'École polytechnique ou normale, à laquelle on envoye les jeunes gens de familles nobles qui se destinent à suivre la carrière de l'église. Le plus grand nombre de ces jeunes gens est admis à la prélature; on ne les considère plus comme des écoliers, et par conséquent ils peuvent jouir d'une liberté restreinte dans de sages limites. Le jeune della Genga donnait à l'étude ou à des actes de bienfaisance les loisirs que ses jeunes amis consacraient au repos ou aux divertissements. Pie VII, qui avait distingué son noble caractère et ses heureuses dispositions, l'honorait d'une amitié toute paternelle, et le cabinet du souverain pontife lui fut souvent ouvert.

M. della Genga n'avait point encore atteint sa trentième année, lorsqu'il fut nommé chanoine de Saint-Pierre, et quelque temps après chargé de la nonciature de Bavière. Dans les différents honneurs qui lui furent confiés, il se comporta toujours avec la plus grande modération, le désintéressement le plus complet, et montra toutes les qualités qui font le diplomate habile et le digne représentant du chef de l'église romaine.

En 1815, tandis que toutes les puissances de l'Europe étaient réunies à Paris, Pie VII envoya della Genga pour son ambassadeur près le roi de France, et ce fut le pape actuel qui vint, pour ainsi dire, apporter la sanction de l'église à la

10

grande œuvre de la restauration. Louis XVIII accueillit le nonce avec tous les égards dus à son rang, et toute l'affabilité que méritait sa personne; mais le climat de France ne pouvait convenir au tempérament de M. della Genga : il tomba malade au bout de quelques mois, et cette maladie prit un caractère tellement sérieux, que les médecins lui conseillèrent de retourner en Italie, comme le seul moyen de sauver ses jours. En conséquence, il retourna à Rome, où Pie VII lui donna le chapeau de cardinal, puis le nomma évêque de Sinigaglia.

Le souverain pontife, voulant récompenser les vertus et les talents du cardinal della Genga, l'attacha à sa personne par les liens les plus flatteurs et les plus honorables. A la qualité de chef universel de l'église, comme successeur de saint Pierre, le pape joint celle d'évêque de Rome, et en exerce les augustes fonctions d'une manière toute spéciale ; en conséquence, il s'adjoint dans cette dignité deux grands-vicaires qui exercent la même jurisdiction que les grands-vicaires des autres diocèses de la chrétienté. Le cardinal della Genga fut nommé à cette dignité, et il en remplissait les devoirs avec toute la sainteté et la prudence qu'il a montrées depuis, lorsque le vénérable Pie VII succomba sous le poids des années et des fatigues de son pontificat. Le conclave jeta les yeux sur le vicaire de l'évêque de Rome, et d'une commune voix il eût été appelé au trône des Romains, si le mauvais état de sa santé n'eût inspiré la crainte d'avoir bientôt à faire une élection nouvelle. On hésita; mais la sagesse, l'habileté, la douceur de l'auguste candidat rompirent tous les obstacles, lorsque le nouveau pape pouvait faire beaucoup de bien : sûrs même qu'il dût vivre un petit nombre d'années, les cardinaux appelèrent le cardinal della Genga à la chaire du souverain pontificat. Le 28 septembre 1823 est la date de son avénement. A peine sur le trône, il s'occupa de purger les campagnes de Rome des brigands qui les infestaient, et fit réparer les mo-

numents mutilés par le temps ou par la barbarie des troupes républicaines (1). Ami des lettres, que dans sa jeunesse il a cultivées avec trop de succès pour que le secret ait toujours été respecté, il leur accorde aujourd'hui sa protection : l'Académie des poètes arcades a reçu de sa munificence un superbe local dans le Capitole.

Le pape ne demeure pas au Vatican, mais occupe un palais sur le Mont Quirinal, point fastueux, mais jouissant d'un air salubre et d'une fort belle vue. On voit sur la place Quirinale, devant le palais. une belle fontaine jaillissante, dont les eaux sont reçues dans un bassin de granit oriental, formé d'un seul bloc et ayant 76 pieds de circonférence, et près de là s'élève, plus haut que le palais Quirinal, un obélisque égyptien de granit rouge. Les deux chevaux, de dimensions colossales, d'où vient le nom de *Monte Cavallo*, sont placés

---

(1) On peut se faire une idée de l'opinion que les Italiens avaient conçue de nous relativement à notre goût pour les beaux-arts. Les soldats de Bonaparte qui dans cette campagne moissonnèrent de si beaux lauriers avaient entaché notre gloire nationale sous ce rapport. Le tableau de *la Sainte-Scène* par Léonard de Vinci, est peint à l'huile sur le mur d'une salle basse, qui faisait autrefois partie du couvent des Dominicains à Florence, et en occupe tout un côté d'environ 3o pieds de longueur sur 15 d'élévation. La peinture, noircie par le temps, s'écaille, et, quoique l'on devine encore ce que ce tableau a pu être il y a trois cents ans, bientôt il n'en restera pas trace. Les Français sont accusés de s'être exercés au pistolet contre ce mur, visant à Notre-Seigneur et à ses apôtres. J'ai en effet reconnu des empreintes de balles sur le mur, ainsi que des marques de coups de pierre ou de brique, et une femme qui depuis nombre d'années demeure tout à côté du local, m'a dit qu'on y avait logé des prisonniers de guerre, gardés par des soldats du 6° régiment de hussards français, et qui, les uns et les autres, ignorant le mérite du tableau, avaient en effet été coupables du sacrilége dont il est question. Bonaparte, étant à Milan, vint voir le chef-d'œuvre de Léonard de Vinci, et, le trouvant en si mauvaises mains, *il leva les épaules*, dit la bonne femme, *frappa du pied*, fit évacuer le local, murer une des portes, et enfin placer la balustrade que l'on voit à présent.

des deux côtés de l'obélisque, et conduits par deux hommes de taille également colossale, ayant dix-sept pieds de hauteur. Quand le pape est en voiture, il est escorté d'une belle troupe de chevau-légers ; mais les portes de son palais ne sont gardées que par des personnages sans armes qui ressemblent aux valets d'un jeu de cartes. Autrefois ils étaient choisis parmi les habitants d'une petite ville nommée *Castello de Vitorchiano*, près *Viterbo*, qui étaient restés fidèles au pape à une époque (le douzième siècle) où il s'était vu abandonné de tout le monde. Les gardes suisses de sa sainteté portent à peu près le même costume antique.

Le portique, qui entoure la grande cour du palais Quirinal, abrite les équipages de ceux qui vont chez le pape, et un bel escalier conduit à de vastes appartements, meublés avec une élégance peu commune à Rome, mais surchargés de dorures. Ces appartements étaient destinés au roi de Rome sous Bonaparte, et ont dernièrement été préparés de nouveau pour la réception du grand père, l'empereur d'Autriche, qui était attendu.

Les fenêtres donnent sur un jardin, où les armoiries du pape se voient dessinées sur la terre, au moyen de menus fragments de diverses couleurs distribués en compartiments; pas un brin d'herbe, pas la plus petite plante ne dégrade la majesté de ce parterre, dont l'ordonnance est purement architectural.

Quant à la personne du pape, elle est remplie de majesté et commande le respect même aux voyageurs d'un culte différent. Je le vis naguère officier à Santa-Maria-Maggiore. Une douce et belle musique, qui se faisait entendre au loin, annonça l'approche de Sa Sainteté; elle parut bientôt à l'autre extrémité de l'église. Son siége pontifical était porté sur un brancard élevé au-dessus du niveau des têtes, et entouré de ses cardinaux et de ses gardes. Sa Sainteté mit pied à terre, près du grand autel; soutenue de chaque côté, elle s'avança vers le trône qui lui était préparé, et monta les degrés pour y prendre place. Elle était revêtue d'une ample robe de satin brodée d'or, et la tiare placée sur sa tête, en or mât, était marquée de trois rangs ou couronnes de pierres précieuses. Deux personnages, revêtus de drap d'or, debout à ses côtés et attentifs à ses moindres mouvements, avaient soin de croiser sa robe sur ses genoux lorsqu'elle se dérangeait, de la soutenir lorsque le saint père se levait, et de placer un coussin de satin blanc par terre, lorsqu'il se mettait à genoux. Les cardinaux, revêtus d'amples robes d'un rouge terne, d'une sorte de manteau court ou scapulaire d'hermine, étaient assis aux deux côtés d'un carré, dont le trône pontifical formait le troisième, et le grand autel le quatrième. Les étrangers étaient placés le long du mur, derrière les cardinaux. Ceux-ci allèrent, les uns après les autres, rendre hommage à Sa Sainteté, et la longue queue de leur robe était portée par un personnage en soutane noire. Le pape ne présentait pas toujours la main que l'on venait baiser, quelquefois il la tenait cachée sous sa robe, et l'éminence alors saluait profondément Sa Sainteté et se retirait. Quelques-uns des cardinaux embrassèrent le pape, mais je ne sais ce qui leur donnait droit à cette distinction; et une ou deux autres personnes, qui ne faisaient point partie du sacré collége, baisèrent la mule. Enfin le souverain pontife, descendant de son trône, s'avança vers l'autel, et, s'agenouillant sur des coussins, resta quelque temps en prière; il reprit ensuite son siége dans le grand fauteuil, fut élevé au-dessus de nos têtes, et s'en retourna avec les gardes et les cardinaux.

Léon XII fait travailler un grand nombre d'ouvriers qu'il emploie à l'achèvement de la place del Popolo et de la magnifique promenade del Piucchio. La basilique de Saint-Paul, qui avait été détruite par un incendie sous le Pontificat de Pie VII, sort de ses décombres et paraîtra bientôt dans Rome construite sur le même plan et non moins belle qu'elle était d'abord. Le pape s'occupe spécialement de répandre l'instruction dans ses états : il a créé une commission de cardinaux chargée de surveiller et de protéger l'instruction publique ; souvent il se charge de présider lui-même cette commission. Il a créé une école des arts et métiers, dans laquelle les pauvres sont obligés de se rendre lorsqu'ils n'ont pas d'ouvrage : le gouvernement les occupe dans cette maison et fait apprendre un métier à leurs enfants. Les impôts sont diminués, et les coffres de l'état sont remplis ; la justice se rend partout sans acception de personnes ; enfin les hommes de toutes les religions et de tous les partis conviennent d'une chose, c'est que le gouvernement de Léon XII est le plus doux de la terre. Nous devons citer à l'appui de cette assertion un extrait de l'ouvrage publié ces années passées par M. Artaud.

« Léon XII a diminué les impôts fonciers d'un quart. Il a rempli le trésor d'économies qui excèdent le huitième des revenus de l'état. Il a détruit toutes les bandes de voleurs qui dévastaient les environs de Rome.

» Le résultat des deux premières opérations a été le soulagement des cultivateurs, et le rétablissement du crédit : les fonds consolidés qu'il a trouvés à 74, il les a élevés à 95. Le résultat de la dernière opération a appelé, plus que jamais, les étrangers à visiter ce beau pays.

» Léon XII est un prince d'une taille élevée ; ses manières, formées dans les habitudes des nonciatures et de la diplomatie, sont polies et affectueuses ; il aime les arts que l'on cultive dans ses états ; il est curieux de beaux livres, et il a acquis de ses deniers, et pour ses propres études, la bibliothèque du comte de Cicognara de Venise. Les voyageurs qui approchent ce prince vantent la gravité de sa conversation tempérée par un sourire encourageant. Ses traités avec les Pays-Bas et les États-Unis attestent sa profonde sagesse, son esprit de modération et de prudence. Ce qui met le comble au mérite du souverain pontife, c'est que les hommes qui n'appartiennent pas à la communion romaine sont eux-mêmes obligés de reconnaître dans l'administration une direction plus convenable donnée aux usages de la nation, un système d'amélioration sagement conçu, et suivi avec insistance ; et, pour dernier trait à ce tableau, bien que presque toujours dans un état de santé affaiblie, ce prince infatigable n'en poursuit pas moins avec courage et toute l'ardeur d'une âme forte, la pensée du bien qu'il médite, et la pratique des vertus dont il doit le premier exemple. »

Le grand hôpital (*Spirito Santo*) a seul un millier de lits formant quatre rangs, le long d'une immense salle, et l'on y reçoit tous ceux qui s'y présentent, de quelque pays qu'ils viennent ou quelle que soit leur religion pourvu qu'en leur tâtant le pouls on leur trouve de la fièvre. Si le malade ne peut pas venir, ni se faire transporter, on lui envoie une voiture. Cet hôpital entretient dans différentes parties de Rome des dispensaires, où les pauvres reçoivent gratis les secours médicaux dont ils ont besoin. Les autres hôpitaux sont, la plupart, institués pour des maladies spéciales. L'hospice des enfants trouvés a 300 nourrices à demeure, outre un beaucoup plus grand nombre d'externes. Les enfants parvenus à l'âge convenable sont mis en apprentissage, ou employés dans l'hôpital même, et à vingt ans ils reçoivent une somme de cinquante piastres, pour aider à leur établissement.

Grâce à l'administration de Léon XII, les rues de Rome ne seront bientôt plus encombrées de cette multitude de mendiants qui donnaient aux voyageurs une opinion si défavorable du gouvernement romain (1). Le pape offre partout un asile à

____

(1) Dès l'aurore vous êtes assaillis par ces chevaliers de l'aumône qui ne vous épargnent ni les supplications, ni les *orémus*, ni les titres honorifiques. Ils vous entourent, ils vous pressent. Ce qu'ils demandent, on dirait qu'ils le réclament. On reconnaît à cette assurance et à cette importunité une caste bien établie, bien invétérée, une habitude des mœurs romaines consacrée par l'état des choses et le laps du temps, enfin, une véritable institution qui a pris force de loi.

En général ces messieurs exercent deux métiers ; ils sont gueux de prola misère, soit dans les maisons de travail, ainsi que nous l'avons dit, soit dans les hôpitaux qu'il a fondés et qu'il surveille lui-même. Souvent après minuit Léon XII, accompagné d'un seul domestique, se présente inopinément dans les salles de l'hôpital, il les parcourt, visite les malades l'un après l'autre, et le lendemain matin l'administration est changée si les choses n'ont pas été trouvées en bon état.

Le souverain pontificat de Léon XII sera un monument éternel de charité, de sagesse et de tolérance. Un Anglais a remarqué avec raison qu'en Angleterre on assommerait à coups de poings un étranger qui se permettrait, dans un temple de Londres, les airs libres et les lourdes plaisanteries dont les dames anglaises font parade dans les églises de Rome, sans encourir la sévérité du gouvernement papal. Le concordat passé avec le roi des Pays-Bas, et la lettre adressée aux évêques de France par le cardinal Bernetti, font honneur aux talents et au caractère du souverain pontife.

---

fession et posent de temps en temps dans les ateliers des peintres. Oisifs, mais non voleurs, insolents dans leur saleté, fiers dans leurs haillons, ils ont les vices de la paresse, mais non cette intrigue habile, active et plus dangereuse, dont les Lazarille de Tormès offrent le type. La nature a donné aux mendiants-modèles qui pullulent à Rome des visages altiers, des corps vigoureux, une démarche noble, un air de commandement, qui semblent révéler encore le génie des anciens *Quirites* leurs pères. Les mépriser est impossible. Non seulement on les tolère, mais on les traite avec les égards dus à leur indépendance et à leur fierté.

Le chef de l'honorable troupe est aujourd'hui le célèbre *Barbone*. Que d'artistes français lui doivent leurs succès au salon du Louvre! Il est à lui seul, saint Pierre, saint Jacques, saint Paul, Bélisaire, Polyeucte ; Satan, Caron, Pluton, saint Dominique, Jules César, Pélopidas, Epaminondas ; il représente l'histoire universelle dans ce qu'elle a de plus imposant. Quand il m'arrêta, au milieu de la *scala*, pour me demander *la bonne manche*, je crus saluer en sa personne le résumé des annales anciennes et modernes. Sa réputation est grande, et contre la coutume ordinaire, il vaut sa réputation ; il soutient l'examen, et c'est peut-être le seul héros du monde que l'on puisse voir de près sans qu'il y perde.

M. BROUGHAM.

Brougham (Henri) est né à Londres vers 1779. On remarqua en lui, dès son jeune âge, une grande aptitude au travail, une facilité peu commune à vaincre les difficultés qui embarrassaient ses condisciples. A son entrée dans le monde, sans naissance, sans protecteurs, il fut le seul artisan de son élévation. Quelques articles spirituels qu'il composa pour l'*Édimbourg Review* le classèrent bientôt au rang des écrivains les plus élégants ; la variété de son style, sa saine érudition, lui permettaient d'aborder tous les sujets. Il ne tarda pas à se faire recevoir avocat, et dans la carrière du barreau il obtint, dès son début, de nombreux succès. Ses premiers pas décelèrent un esprit vaste, une grande entente des affaires, et une connaissance approfondie du droit de son pays.

Devenu membre du parlement, il n'avilit point son caractère, et ne vendit pas au pouvoir l'indépendance de son talent. L'injustice trouve toujours en lui un adversaire d'autant plus redoutable que, sans cesse maître de lui-même, il soutient la cause qu'il embrasse avec l'énergie que donne une bonne conscience. Un des traits les plus hardis de sa carrière est la défense de la princesse de Galles. Rien ne put le rebuter dans cette entreprise délicate. Abreuvé de dégoûts, en butte à la persécution des hommes du pouvoir, son caractère ne se démentit jamais ; aucun soin, aucune démarche ne furent négligés : conseil de la princesse, il la défendit pied à pied contre les attaques dont elle était l'objet. C'est dans cette occasion qu'il déploya toutes les ressources de son beau talent. Le peuple vit en Brougham non-seulement un homme indépendant dans ses opinions, mais encore un être extraordinaire : son admiration pour sa noble conduite alla jusqu'à l'enthousiasme. La rareté du fait est peu honorable pour le siècle présent : si la vertu excite une pareille vénération, c'est une preuve qu'elle est loin d'être commune ; le pouvoir exerce sur les hommes d'état une telle influence, que la moindre exception est citée comme un modèle étonnant de grandeur d'âme. Nous pourrions nous livrer à ce sujet à des réflexions qui nous entraîneraient trop loin ; renfermons-nous dans les limites que nous nous sommes imposées, en donnant à nos lecteurs la biographie des hommes célèbres de tous les pays.

En 1816, le jurisconsulte anglais vint en France et y fit des observations sur le despotisme ministériel. Quelque temps après, son retour en Angleterre fut nécessité par la mort de Georges III. La princesse de Galles, devenue reine, eut recours une seconde fois aux lumières de son intrépide avocat. Chacun connaît l'histoire du procès scandaleux qui excita l'indignation de tout un peuple. D'autres accusations, renouvelées avec force, des témoins mercenaires arrivés par cargaison, l'influence d'un époux devenu roi, tout rendait la tâche du défenseur extrêmement difficile. Cette circonstance, au lieu d'être défavorable à Brougham, fit ressortir de nouveau toute la supériorité de son talent. Loin d'être accablé par des difficultés sans cesse renaissantes, il s'éleva à un nouveau degré de force et de génie. Son dernier plaidoyer pour la reine est un des plus beaux modèles d'éloquence.

Ce n'est pas seulement au barreau, et lorsqu'il fut nécessaire de défendre les intérêts de sa patrie, que Brougham brille au milieu de ses nombreux concurrents : versé dans les sciences physiques, habile dans l'économie politique, écrivain à la fois profond et brillant, il a publié, outre plusieurs discours imprimés et quelques brochures sur les circonstances, deux ouvrages qui ont eu plusieurs éditions. Le premier : *De l'État de la Nature*, abonde en vues neuves et utiles ; le second : *Recherches sur la Politique coloniale*, se distingue par la finesse des aperçus et l'élégante concision du style.

Maintenant que nous avons jeté un coup d'œil rapide sur les principaux événements de la vie de Brougham, apprécions son talent comme orateur. Sans avoir une haute naissance, une grande fortune ou des rapports intimes avec l'aristocratie, il s'est élevé par la seule influence de son talent à la tête du parti de l'opposition parlementaire. Aujourd'hui il recommence à se livrer avec plus d'ardeur à sa première profession d'avocat. Cependant, malgré la variété et l'étendue de ses connaissances, il ne possède pas cette grande et puissante faculté qui éclipse toutes les autres, nous voulons parler de l'imagination. Ses moyens variés ne sont pas combinés de manière à se prêter un mutuel appui ; mais ils semblent au contraire agir isolément : le même discours offre la réunion de plusieurs genres de talent ; on y remarque à la fois une dialectique serrée, une chaleur pathétique, un esprit vif et brillant, une narration élégante et facile ; mais ces beautés sont éparses çà et là et ne sont pas fondues avec art. Le sarcasme est son arme la plus redoutable ; c'est le mépris qui lui inspire tout à coup un beau mouvement, qui brille comme un éclair au milieu d'une nuit sombre ; il sait mieux exciter la terreur et la honte que l'attendrissement et l'enthousiasme : chez lui tout est dirigé vers le positif ; c'est un géant qui frappe avec sa massue, plutôt qu'un magicien qui opère des prodiges avec sa baguette ou à l'aide de son grimoire. Il peut faire marcher de front vingt choses à la fois, traiter vingt sujets différents ; mais il est incapable d'une conception grande. Il ne faut pas attendre de lui une de ces inspirations soudaines et sublimes qui étonnent par un caractère nouveau de vérité et de grandeur ; il déploie une activité peu commune dans la sphère étendue de ses occupations, et il est essentiellement l'homme de chacune d'elles. A trois heures du matin on l'entend faire au parlement une sortie foudroyante contre ses adversaires, et à neuf heures on est tout étonné de le rencontrer au palais, plaidant avec chaleur une affaire de cinq guinées. Cette diversité d'occupations, cette étonnante flexibilité de talent, dépendent beaucoup de son caractère et de son tempérament; non-seulement il se livre chaque jour à un plus grand nombre de travaux qu'aucun autre homme, non-seulement on le voit au milieu des plus vifs débats politiques composer un article pour la *Revue d'Edimbourg*, et préparer un nouveau système d'éducation pour le peuple, mais il fait tout cela avec tant de naturel et de simplicité, qu'un étranger le prendrait facilement pour un gentilhomme maître absolu de son temps et de ses plaisirs. Le feu qui anime son intelligence ne paraît point accélérer les pulsations de son pouls, ni donner à son sang plus d'ardeur que sa chaleur naturelle; c'est un homme tout différent à la chambre des communes, dans un cabinet d'affaires, dans un comité et au barreau : jamais il n'est au-dessous des devoirs qui lui sont imposés. Quoique digne en un mot d'être rangé parmi les plus illustres hommes d'état, ce n'est qu'avec les plus grands efforts qu'il parvient à soutenir le poids d'une réputation, sous lequel tout autre aurait succombé..... vigoureux athlète qui conserve sa supériorité, malgré les nouveaux combats qu'il est forcé de soutenir.

Nous terminerons ici une notice biographique qui permet à nos lecteurs d'établir une comparaison entre les orateurs français et les jurisconsultes anglais. Il sera cependant difficile de trouver dans notre chambre des députés un homme qui réunisse tant de qualités si opposées : c'est à la fois Benjamin Constant pour la clarté et l'énergie, Dupont de l'Eure pour la force et la logique, Casimir Périer pour la

finesse des réparties ; enfin Brougham trouve dans ses propres moyens une telle facilité à changer d'allure et de logique, qu'on peut le comparer à un véritable *Protée*, qui
n'est constant que dans sa haine pour les injustices et son
dédain pour les empiétements du pouvoir : noble et louable
apanage de tout citoyen animé d'un beau feu patriotique !

M. MOLÉ.

S'il est des hommes en qui les brillantes facultés du génie tardent à percer au grand jour, très-souvent on en rencontre d'autres chez qui la nature se plaît à manifester de bonne heure le germe des heureuses dispositions pour l'art auquel ils seront redevables un jour de leur fortune et de leur célébrité; c'est sous ce beau point de vue que s'est montrée l'enfance de l'artiste distingué et du philanthrope estimable dont nous allons retracer la vie.

M. MOLÉ (Joseph) naquit à Paris en 1775; dès sa plus tendre enfance il semblait concentrer ses jouissances dans l'exercice des beaux arts : c'est ce qui, dès l'âge de neuf ans, le mit à même d'enseigner à de jeunes enfants un art dans lequel il n'avait eu pour maître que ses propres inspirations. Quelques années après, son père lui donna la direction d'une très-petite fonderie en caractères : elle avait d'abord été achetée pour son frère aîné, mais celui-ci en fit si peu de cas, qu'il en abandonna la possession. Cette fonderie ne contenait que trois caractères gravés par Fagnon. Leurs formes peu gracieuses devaient nécessairement choquer l'œil du jeune Molé qui, doué du sentiment du beau, et plein d'ardeur pour en donner l'empreinte à son travail, résolut de perfectionner l'art du fondeur en caractères. Tout étranger qu'il était à l'art de la gravure, il s'occupa à graver lui-même, et comme il était devenu dessinateur sans autre secours que ceux d'un travail assidu et d'une force de volonté peu commune, aidé des mêmes moyens et encouragé par les succès qu'ils lui avaient mérités, il put aussi arriver promptement à signaler sa supériorité dans le nouvel art qu'il venait d'embrasser. A l'exemple de Schœffer, son maître dans cet art, il conçut l'idée de graver lui-même tous les caractères d'une fonderie, et déjà il avait eu la satisfaction de voir plusieurs imprimeries faire usage de caractères fondus sur ses nouveaux types lorsqu'il atteignit la dix-huitième année de sa vie. A cette époque, comme on le sait, la France était en proie à l'anarchie révolutionnaire : tandis que ses enfants tremblaient sous la hache des bourreaux, ils avaient encore à courir à la défense des frontières menacées d'être envahies par des troupes étrangères. Alors M. Molé fut compris dans la fameuse réquisition. Il partit comme officier, recevant dans cette circonstance une preuve bien flatteuse de l'estime de ses camarades qui l'élevèrent à ce grade à l'unanimité des suffrages. Arrivé à l'armée, il fut, ainsi que tous les officiers *requisitionnaires*, incorporé comme simple soldat dans une demi-brigade d'infanterie ; mais il obtint de passer dans le 6me régiment de chasseurs à cheval, où il fut nommé brigadier. Plusieurs combats auxquels il assista lui fournirent l'occasion de déployer son courage et son sang froid. De nombreuses blessures reçues dans des actions d'éclat lui procurèrent l'honneur d'être créé officier sur le champ de bataille. Il ne s'était pas encore écoulé un an depuis son départ de Paris, lorsqu'il fut rappelé par le gouvernement en qualité d'artiste. Il reprit alors avec une nouvelle ardeur ses travaux typographiques, et après trente années d'étude et de travaux assidus, il fit paraître à l'exposition des produits de l'industrie française en 1819, les épreuves générales d'un spécimen composé de deux cent six caractères *français*, *grecs*, *hébreux*, *rabbiniques*, *arabes*, *syriaqeus* et *samaritains*, *titres pour affiches*, *lettres de deux points ornées*, *vignettes*, *fleurons*, *filets anglais*, *accolades*, *tremblés*, *filets en lames et garnitures à jour* (1).

---

(1) Tous les imprimeurs s'accordent à regarder l'invention des garnitures à jour de M· Molé comme un véritable service rendu à la typographie. Aussi les garnitures sont elles aujourd'hui généralement adoptées non-seulement en France, mais encore à l'étranger.

Il est sans exemple de voir une collection aussi considérable, gravée par la même main ; on n'en trouve pas de plus complètes en typographie : aussi a-t-elle placé M. Molé au premier rang des artistes de ce genre.

A l'exposition de 1823, M. Molé présenta de nouvelles épreuves de caractères arabes, gravés sous la direction de M. de Langlès, d'après des manuscrits fournis par le savant académicien, mort en 1824. Louis XVIII, qui sut apprécier le mérite de ces caractères orientaux dont s'enrichissait la typographie française, décerna à M. Molé une médaille d'or et le nomma chevalier de la Légion-d'Honneur : on ne put qu'applaudir à cette noble récompense, par laquelle le souverain honorait et encourageait l'art de la typographie dans la personne de M. Molé. Le perfectionnement de cet art concourra de plus en plus au progrès des lumièr es.

M. Molé, dont les talents ont été si utiles à l'industrie nationale, devait naturellement occuper une place parmi ceux qui ont mission du gouvernement pour veiller à son développement : aussi fait il partie du conseil des manufactures. Plus heureux que la plupart des artistes, il est venu à bout d'acquérir une fortune considérable ; il la doit presque uniquement à son génie et à son travail : le noble usage qu'il en fait témoigne qu'il était digne de la posséder. Simple dans ses manières, d'un abord facile, M. Molé met son bonheur dans la protection qu'il accore aux jeunes talents : il emploie une partie de ses revenus à encourager les lettres et les arts La peinture qui enflamma son jeune cœur, dans l'âge où les autres ne pensent encore qu'à s'entourer de frivoles amusements, fait les délices de l'automne de sa vie. La mo destie de M. Molé ne nous permet pas de nous étendre sur ce genre de talent, et nous empêche de citer ses différentes compositions ; nous espérons qu'il cédera aux sollicitations nombreuses de ses amis, et que l'exposition prochaine fera connaître le mérite de cet artiste dans toute son étendue.

Mme Lavalette

MADAME LAVALETTE.

Emilie-Louise, fille unique du marquis de Beauharnais, frère aîné du premier mari de Joséphine, et petite fille par sa mère de la célèbre Fanny de Beauharnais, naquit à Paris le 18 janvier 1780, la même année qu'Eugène Beauharnais, son cousin germain.

Madame de LAVALETTE goûta peu les délicieuses jouissances que procure au jeune âge la présence de tendres parents. Les violentes secousses politiques dont la France était alors agitée, avaient contraint son père d'aller chercher un asile sur un sol étranger, tandis que sa mère fut jetée dans une prison comme femme d'émigré. Pendant le temps de cette cruelle séparation, madame de Lavalette eut à supporter les mauvais traitements d'une gouvernante inhumaine à laquelle elle avait été confiée. Ainsi que Hortense de Beauharnais, sa cousine germaine, on l'avait d'abord destinée à l'état de couturière; mais Joséphine la mit en pension avec sa fille, chez madame Campan, d'où elle sortit à l'occasion de son mariage avec M. Lavalette : ce mariage eut lieu sous les auspices de Napoléon, alors époux de Joséphine et général en chef de l'armée d'Italie. Il avait distingué entre les aides-de-camp M. de Lavalette : en le présentant à Mlle Beauharnais, il lui dit devant ses compagnes réunies, et qui sans doute enviaient toutes le sort de la jeune fiancée : « Recevez les hommages d'un parfait honnête homme et d'un des officiers les plus braves de l'armée que je commande ». Mais le noble époux qui venait de lui être donné et qui s'applaudissait chaque jour du bonheur de son hymen, fut presque aussitôt forcé de s'éloigner d'elle pour suivre l'expédition d'Egypte, d'où il ne revint qu'après deux ans d'absence. Bonaparte devenu premier consul, l'investit de hautes fonctions administrative. A la même époque, Madame de La-

valette fut nommée première dame d'atours de l'impératrice :
elle ne s'enorguellissait point d'un emploi aussi distingué,
car sans chercher à profiter de l'avantage que lui donnaient et
son esprit et sa beauté pour se produire et prendre ascendant
à la cour, elle n'y paraissait que quand son devoir l'y appelait.
Les cercles bruyants du monde n'avaient pas d'attraits pour
elle. Ses goûts autant que son tempérament la portaient vers
la vie simple et tranquille où elle trouvait le plus grand charme.
La noblesse de son port, l'élégance de ses manières et les
grâces de sa physionomie la faisaient beaucoup admirer à la
cour, où elle était d'une belle représentation : aussi dans les
réunions d'apparat, Napoléon ne remarquait jamais l'absence
de madame de Lavalette sans en manifester des regrets et souvent de l'humeur. D'une piété douce et éclairée, sévère pour
elle-même, indulgente pour autrui, madame de Lavalette
fait l'agrément d'une conversation par les charmes d'un esprit
cultivé et délicat. Douce, sensible, amie fidèle, elle a su dans
la prospérité se montrer reconnaissante envers ceux qui lui
furent utiles au temps du malheur. Comme la fortune de son
mari avait subi les phases de celles de Napoléon, il arriva
qu'au retour de celui-ci de l'île d'Elbe, il fut accusé d'avoir
profité de l'influence que lui donnait sa qualité de directeur
général des postes pour que Louis XVIII ne trouvât pas sur
sa route de chevaux qui le conduisîssent dans sa fuite hors du
territoire français. Au retour des Bourbons, M. de Lavalette
fut condamné à mort par suite de ce délit politique. Le jour
de son exécution approchait, mais la tendresse de sa femme
devait le sauver par un acte de dévouement qui l'a rendue à
jamais célèbre. Quoiqu'en proie aux plus cruelles anxiétés, elle
eut assez de sang-froid et de présence d'esprit pour conduire
et exécuter avec énergie et à temps oportun le hardi projet de
sauver son mari. Elle obtint la permission d'aller le voir dans
sa prison et de rester quelques instants seule avec lui pour lui
faire ses derniers adieux. Alors, après lui avoir donné la carte
de l'itinéraire de son évasion, elle le presse de substituer ses

vêtements aux siens , et de sortir promptement. Déjà il y avait
quelques instants que le prisonnier était disparu à la faveur
du déguisement, lorsque le guichetier de la conciergerie entra,
et croyant s'adresser à M. Lavalette qu'il voyait assis, le visage caché dans son mouchoir, et appuyé sur ses mains, le
sollicite vivement de s'armer de ce courage qu'il avait montré
jusqu'alors, et de prendre des aliments. Voyant que madame
de Lavalette restait immobile, et s'obstinait à ne pas répondre,
il la secoue rudement et la force à découvrir son visage. Qu'on
juge de son étonnement, lorsqu'il vit ce visage de femme ; il
allait se précipiter vers la porte de la prison pour répandre
l'alarme, mais madame de Lavalette le saisit, l'arrête et lutte
victorieusement pendant plus d'un quart-d'heure contre ce
robuste adversaire, temps après lequel ses forces s'étant
épuisées, elle abandonna la partie. Sans cet héroïque effort,
son mari eût peut-être été arrêté dans la chaise a porteur qui
le reçut à la grille du palais de justice, et qui, par l'absence d'un
des porteurs, demeura plusieurs minutes stationnaire au milieu
de la foule assemblée.

Sortie de sa prison, et rendue aux affections de sa fille,
madame de Lavalette regrettait pourtant le dénuement et la
solitude de sa triste prison.

LAMBRUSCHINI.

Il est des hommes chez lesquels l'esprit et la science se
trouvent recouverts d'un voile de modestie si impénétrable
que le temps seul peut révéler leurs talents et leurs vertus.
La simplicité de manières, la bonté, la franchise, marques
distinctives d'un esprit supérieur, sont bien souvent confon-
dues dans l'esprit du vulgaire avec cette gaîté insouciante,
cette facilité de vivre qui accompagnent ordinairement l'heureuse médiocrité. C'est une erreur qu'il importe de réformer.

Les hommes les plus distingués sont aussi les plus modestes, les plus simples dans leur conversation comme dans tout le reste de leur vie, et quand M. de Châteaubriand a dit que les grands hommes avaient la candeur de l'enfance, il n'a fait que publier une observation confirmée par l'expérience de chaque jour, ainsi que par tous les témoignages de l'histoire. Un esprit vain et superficiel a besoin d'appeler à son aide tout le charlatanisme du discours et des grandes manières, de même que pour attirer la foule et mériter l'admiration des sots, le marchand d'orviétan a besoin de grands tableaux, d'habits brodés, de trompettes et de tambours; mais le véritable esprit, le talent et la science méprisent ce ridicule étalage. Trouvant dans leur propre mérite et dans l'estime d'un petit nombre d'hommes choisis, une satisfaction plus digne d'envie, ils rejettent toute affectation; et qu'ils habitent un palais ou la plus humble demeure, ils se montrent à l'égard de tout le monde, doux, simples et remplis d'affabilité : voilà pourquoi les esprits les plus élevés sont en même temps les plus aimables.

La vie entière de Son Exc. le nonce actuel du Saint-Siége, vient à l'appui de cette réflexion, et parmi toutes les personnes qui ont eu l'occasion de le connaître et de l'apprécier, il en est peu qui n'aient su admirer en lui ce mélange d'esprit, de bonté, de profondeur, de simplicité et de noblesse qui fait le charme de ses manières et de sa conversation.

Louis Lambruschini, Génois, naquit le 16 mai 1776. Il fit avec de brillants succès ses études de latinité à Gênes, au collége *del Benè*, d'où sont sortis plusieurs personnages non moins célèbres par leur science que par leurs vertus. Non pas que nous regardions les succès de collége comme prophétisant d'une manière quelconque l'avenir d'un écolier, mais nous citons ce fait comme un souvenir agréable pour l'âge mûr de M. Lambruschini; car on dit que la gloire de collége est remplie de charmes et qu'elle seule n'est point amère. Quoi qu'il en soit, le jeune lauréat sortit de la maison del Benè pour entrer dans la congrégation des barnabites, autrement dits les clers réguliers de saint Paul. Cette association a pour but de former des professeurs destinés à l'enseignement des sciences naturelles, des lettres et de la haute théologie. Ce fut dans la maison de Saint-Charles à Catinari que le jeune Lambruschini mérita l'amitié de l'un des plus grands savants qui aient illustré l'Italie, le cardinal Gerdil qui, remarquant dans ce jeune homme les plus heureuses dispositions, l'admit à l'honneur de sa familiarité. M. Lambruschini n'avait point encore atteint sa vingt-deuxième année, et déjà il était nommé à une chaire de belles-lettres à Boulogne au collége de Sainte-Lucie. Quelques temps après, il fut appelé à Macerata en qualité de professeur de philosophie et de mathématiques. La variété de ses connaissances, la sagesse de ses conseils qui devançait l'âge ordinaire de la maturité, sa douce piété, la pureté de sa vie avaient fixé sur lui les regards du saint évêque Strambi, qui lui donna toute sa confiance (1).

C'était dans la capitale des Etats Romains que M. Lambruschini était appelé par son érudition et les grâces de son esprit. En 1814, il vint y professer la théologie au collége de Saint-Charles à Catinari, et grâce à l'universalité extraordinaire de ses connaissances, celui qui était en état d'enseigner avec distinction la rhétorique, les mathématiques et la théologie, fut chargé quelque temps après dans ce collége de faire le cours de littérature grecque et celui de langue hébraïque. Il s'acquitta de cette nouvelle obligation au grand contentement de tous ses élèves, et mérita les applaudissements des savants les plus distingués de Rome. Tout jeune qu'il était encore, déjà il avait le titre de consulteur près de plusieurs cardinaux, parmi lesquels nous devons citer Son Emin. le cardinal Antonelli, doyen du Sacré-Collége, mort en exil à Sinigaglia.

______

(1) Dans la congrégation des rites, on travaille actuellement à l'introduction de la cause de ce vertueux prélat mort il y a quelques années.

Cependant Pie VII, protestant contre la spoliation de ses états, avait lancé une bulle d'excommunication contre les auteurs des violences exercées contre lui. Le général Radet, d'après les ordres de Napoléon, fut chargé d'enlever le pape et de le conduire à Savone ; le plus grand nombre des cardinaux furent obligés de quitter Rome. Craignant que dans le cas où le Saint-Siége viendrait à vaquer, ils ne pussent se réunir dans quelque ville et procéder à l'élection d'un pape , Bonaparte les fit venir à Paris, et ne laissa en Italie que ceux auxquels leurs infirmités défendaient un aussi long voyage (1). M. Lambruschini, dont les talents avaient excité l'ombrage du gouvernement impérial , reçut l'ordre de quitter Rome et se retira à Gênes, où il fut soumis à toutes les tracasseries de la police : chaque jour il devait assurer l'autorité de sa présence, en se présentant dans les bureaux. Enfin arriva la restauration de 1814, et M. Lambruschini retourna à Rome, où l'appelait la volonté du pape. Entré aux affaires, il s'acquittait avec succès des travaux qu'on lui avait confiés, lorsqu'arriva la révolution militaire de 1815, et le pape, obligé de quitter Rome une seconde fois, admit au nombre des compagnons de sa retraite, M. Lambruschini.

De retour à Rome, le Saint Père ne cessant d'accorder à M. Lambruschini la protection la plus bienveillante, l'envoya à Florence, pour quelques négociations ecclésiatiques entamées avec la cour de Toscane, et le nomma consulteur, puis secrétaire de la commission des affaires ecclésiastiques extraordinaires (2). M. Lambruschini fut adjoint au cardinal Consalvi , lorsque, chargé du concordat de Naples, il se rendit à Terracina. Depuis cette mission, où M. de Consalvi avait eu l'occasion d'apprécier l'habileté de ce savant ecclé-

---

(1) A la mort de Pie VI, les cardinaux s'étaient réunis à Venise et avaient élevé Pie VII sur la chaire pontificale.
(2) Almanach de la cour de Rome , année 1817.

siastique , il ne cessa de lui donner des preuves de son attachement et de son estime.

A cette époque, l'archevêché de Gênes étant venu à vaquer par la renonciation du cardinal Spina, M. Lambruschini y fut promu le 27 septembre 1819, et s'empressa d'aller prendre la direction du diocèse confié à ses soins. Tout occupé de faire du bien , le nouveau prélat donnait à l'étude le peu de moments que lui laissaient les devoirs de son état, et ajoutait par des écrits remarquables une nouvelle sanction aux beaux exemples dont chaque jour sa conduite édifiait le diocèse. C'est ainsi qu'il publia un recueil d'*Homélies* où l'Italie admire la douceur et la simplicité évangéliques, réunies à la science des docteurs et rendues dans un style facile et pur. Toute modeste qu'était la vertu de M. Lambruschini, sa réputation pénétra jusqu'à la cour, et le roi Victor-Emmanuel honora de ses bontés particulières l'archevêque de Gênes; mais la faveur n'était aux yeux de ce prélat qu'un moyen de plus pour faire des heureux et venir au secours de l'infortune. Il eut bientôt une occasion éclatante de prouver la vérité de cette assertion. Au mois de mars 1821, les Piémontais et la ville de Gênes furent agités par une commotion politique dont les journaux du temps ont assez parlé. On assure que les jours du comte des Geneys, alors gouverneur de Gênes et maintenant grand-amiral de Sardaigne, couraient quelques dangers , lorsque l'archevêque de Gênes (si l'on s'en rapporte aux Mémoires publiés à cette époque dans le Piémont) se montra au milieu du peuple et rendit à la ville par sa présence le calme que tout le monde désirait. Cet acte de courage de M. Lambruschini , et l'imposante autorité dont il jouissait dans la ville de Gênes, rappellent ce beau passage du poète :

> . . . . *Si forte virum quem*
> *Conspexere silent.*

Quelques jours s'étant écoulés, d'après le vœu des Génois, l'archevêque se rendit à Modène pour complimenter le nouveau

roi Charles-Félix, et mettre à ses pieds l'expression de la fidélité de leur ville. Il reçut de Charles-Félix l'accueil le plus
favorable, et ce monarque, pénétré des bons sentiments des
habitants de Gênes, ne cessa de témoigner à cette ville une
bienveillance toute particulière. On ajoute que le roi conçut
de ce moment une profonde estime pour le vertueux archevêque, et que la ville de Gênes lui devint un séjour agréable.
En effet, chaque année le roi Charles-Félix va passer plusieurs mois à Gênes.

A la mort du roi Victor-Emmanuel, arrivée en 1823,
M. Lambruschini fut chargé par Charles-Félix de l'éloge fu-
nèbre de son frère; en conséquence, il prononça à Turin un
discours qui mérita l'admiration générale. Les larmes qu'il
répandit sur la tombe du roi défunt, le firent connaître digne de
l'amitié de son successeur. Aussi les sentiments du roi Charles-
Félix pour l'archevêque de Gênes ne laissent-ils aucun doute
à cet égard.

En 1821, un orage terrible qui fondit sur la ville de Gênes,
fit éprouver de grandes pertes à plusieurs familles et fournit à
l'archevêque un nouveau moyen de s'abandonner à son zèle
pour les malheureux. Il publia une lettre pastorale qui dès le
lendemain de l'orage, répandue dans la ville et ensuite par
toute l'Italie, attira d'abondantes aumônes aux victimes de ce
fléau et prévint le désespoir de la misère.

Le noble caractère et les talents de M. Lambruschini devaient être appréciés par Léon XII qui, en 1826, l'a nommé
à la nonciature de France, en remplacement du cardinal Mac-
chi. Si l'Italie avait su apprécier le mérite de l'archevêque de
Gênes, le gouvernement de France et tous les hommes distingués de ce pays ne se sont pas montrés moins équitables que
l'Italie. Estimé des savants, cher à la religion, protecteur éclairé
des arts et des lettres, diplomate habile et prélat vénéré,
Mgr. Lambruschini a réuni tous les suffrages.

M. DEBELLEYME.

Fatale à la religion qu'il compromettait par son patronage,
traître à la liberté qu'il attaquait avec hypocrisie et lâcheté,
odieux aux royalistes dont il avait trahi la cause, le ministère
déchu n'avait pour tout appui que les ruses de M. Joseph de
Villèle, et cet amour de paix et de stabilité qui remplit le
cœur paternel de notre roi. M. de Pompières, en voulant faire
couler le sang d'un ministère digne de réprimandes, mais
non digne de mort, a fait lever les épaules à tout chacun, et
la France un peu rieuse s'est mise à plaisanter sur une accusation qui, présentée avec modération, eût peut-être été ac-
cueillie fort sérieusement. En effet une grande faute avait été
commise par l'administration Villèle; elle avait employé la
religion a des moyens humains; elle avait jeté la religion
dans la police, en faisant des emplois publics la récompense
des actes extérieurs de dévotion; elle avait présenté l'hypocrisie comme une voie nouvelle offerte à l'ambition. En fait,
la conduite de M. Delaveau était coupable; mais il serait très-
possible que sa conscience ne le fût pas. Quoi de plus digne
de notre confiance en effet qu'un homme sincèrement religieux! J'en appelle à la bonne foi de tous, quelle garantie
plus solide de la moralité, qu'une dévotion éclairée et sincère? Un bon chrétien n'est-il pas toujours un homme probe,
un administrateur zélé, un magistrat intègre? Voilà sans
doute ce qu'avait dit M. Delavau, et d'après ce système
il s'en allait cherchant partout de la dévotion pour la mettre

en œuvre. M. Delavau se trompait ; le cœur de l'homme est
un sanctuaire où Dieu réside, nul n'a le droit d'y pénétrer,
quels que soient ses projets : si ce n'était un attentat de violer
la conscience, ce serait au moins une sottise ; car si rien n'est
plus difficile à connaître que la véritable dévotion, rien n'est
plus facile à imiter. Voilà pourquoi, du moment où M. Delavau se fut déclaré l'agent de la congrégation et le soutien des
hommes de piété publique, il se vit circonvenu par une nuée
d'ambitieux et de misérables dont il ne pouvait distinguer
l'hypocrisie.

L'administration de la police était encombrée de ces spécu-
lateurs sacriléges, lorsque M. Debelleyme fut chargé de la
régir. En voyant arriver un préfet qui renonçait à cet affli-
geant scandale, tous les hommes qui n'étaient point aveuglés
par l'intérêt ou par l'esprit de coterie, éprouvèrent une véritable satisfaction. On pensa que M. Debelleyme, non moins
religieux que son prédécesseur, montrerait un respect plus
délicat pour la religion, en ne la mêlant pas aux intrigues de
la police.

Louis-Marie DEBELLEYME, issu d'une famille noble du Péri-
gord, naquit à Paris le 15 janvier 1787. Officier dans le génie-
géographe, son père remplissait en même temps à Paris les
fonctions de chef de la division topographique aux archives
du royaume. Après avoir fait ses études à l'Ecole centrale des
Quatre-Nations, il suivit les cours de l'Académie de législation
et montra, dès cette époque, les dispositions heureuses que
depuis il a réalisées avec tant de succès. Reçu avocat à la Cour
royale de Paris, le 17 juillet 1807, il continua ses études de
législation, et se fit remarquer au barreau par la facilité de
son élocution, sa rigidité à observer les convenances oratoires
et particulièrement par la justesse de son jugement. Les avocats, en général, ont quelque chose de diffus et de bavard
dans le développement de leurs moyens ; ils tiennent à honneur d'avoir conservé long-temps la parole, et croient faire

l'éloge d'un beau talent, lorsqu'ils disent : Maître un tel a parlé deux heures, trois heures sur cette affaire. M. Debelleyme évita cette ridicule affectation ; il pensait au contraire que la plus grande précision devait convenir à l'exposé des faits, ainsi qu'à la discussion des points de droits ; il joignait à ce tableau quelques considérations morales qui ne lui paraissaient point indignes des regards de la justice, et sans faire un discours académique à l'occasion d'un mur mitoyen., il savait couvrir de quelques fleurs la sécheresse de la jurisprudence.

Les fatigues du barreau n'absorbaient pas tellement M. Debelleyme qu'il ne pût trouver encore quelques moments à consacrer à des actes d'humanité. Le 17 octobre 1812 , il fut nommé membre dn bureau du quartier de l'Ecole de médecine. Les pauvres de ce quartier diraient mieux que nous ce qu'il y a de générosité et de religion dans l'âme de M. Debelleyme. Une femme capable d'apprécier les charmes d'un esprit délicat et les charmes bien préférables d'un cœur aimant, Mlle Guillot de Villeneuve, qui les réunissait tous, daigna, l'année suivante , accorder sa main à M. Debelleyme.

Le gouvernement voulut récompenser les talents et le zéle de M. Debelleyme, en lui donnant entrée au parquet du ressort de la cour royale de Paris, et le nomma substitut du procureur du Roi, à Corbeil, le 28 novembre 1814. La manière dont il remplit ces nouvelles fonctions le fit juger digne d'un grade plus éminent, et dans les premiers jours de 1816, la ville de Pontoise apprit avec la plus grande satisfaction que le substitut du procureur du Roi de Corbeil passait dans son arrondissement avec le titre de procureur du Roi. Pendant trois années qu'il demeura à Pontoise, M. Debelleyme s'acquit la bienveillance de tous les habitants, en même temps qu'il y fit respecter le gouvernement du Roi et les lois du royaume. Ce fut donc avec un véritable chagrin que les habitants de cette ville apprirent la justice que l'on rendait aux talents de leur procureur du Roi, en le nommant au parquet de Versailles, ville plus considérable, chef-lieu de département, tribunal d'assises, et dans lequel par conséquent les fonctions de procureur du Roi sont d'une plus grande importance que dans la petite ville de Pontoise. Le conseil municipal de Versailles montra qu'il partageait l'opinion du gouvernement sur le compte de M. Debelleyme, en accueillant sa nomination et le recevant au nombre de ses membres.

Mais c'était dans la capitale que l'appelaient les talents de M. Debelleyme : le 1ᵉʳ août 1821, il fut nommé juge d'instruction à Paris, et sut allier, dans ces fonctions difficiles, tous les devoirs de l'humanité et de la prudence aux sévères enquêtes par lesquelles le magistrat est bien souvent obligé d'arracher la vérité. Le Roi donna à ses travaux une noble récompense en le décorant du ruban de la Légion-d'Honneur. Bien des personnes qui se sont affligées de voir répandre cette croix avec tant de profusion et si peu de discernement applaudirent dans cette circonstance au choix qui avait été fait. Deux ans sont à peine écoulés, et M. Debelleyme, poursuivant sa rapide carrière, a été promu à la dignité de vice-président du tribunal. Le gouvernement sentit que c'était mal employer un talent oratoire, que de le laisser languir dans le fauteuil d'un président, et M. Jacquinot de Pampelune ayant succédé à M. Bellart dans les fonctions de procureur général, M. Debelleyme fut nommé procureur du Roi de Paris en remplacement de M. Jacquinot.

Comme M. Debelleyme s'était déjà fait connaître aux parquets de Pontoise et de Versailles, on ne fut point étonné du talent qu'il développa dans ses conclusions, de la facilité avec laquelle il improvisait une réponse aux avocats, et de la science jurisprudentielle dont il fit preuve dans les questions les plus importantes. A la chute du ministère Villèle, lorsqu'on voulut remplacer les ruses et les timidités un peu bigotes de l'administration du jour par un magistrat loyal, sincère ami du Roi et partisan de la Charte, on jeta les yeux sur M. Debelleyme. Ce choix trouva beaucoup d'approbateurs parmi les hommes sages, et surtout parmi ceux qui désiraient voir succéder l'ordre légal à toutes ces petites tyrannies de police, souvent entreprises dans de louables intentions, mais toujours entachées d'un souverain mépris pour le droit public des Français. A peine arrivé à l'administration de la police, le nouveau préfet trouva l'occasion de faire connaître les principes qu'il se proposait de suivre dans la carrière nouvelle où il venait d'entrer. Une réunion d'électeurs eut lieu aux Champs-Elysées : cet exemple pouvait être contagieux, et au lieu d'une représentation nationale reconnue par la Charte, la France pouvait tout à coup se remplir de représentations partielles d'électeurs qui, se constituant en permanence, auraient agité en public et prévenu les délibérations de la chambre. Le gouvernement chargea son préfet de police de prévenir ce désordre. Comme les considérants de l'arrêté qui fut pris à cette occasion sont la profession de foi constitutionnelle de M. Debelleyme, nous n'hésitons pas à les rapporter en entier.

« La réunion qui a eu lieu dimanche dernier aux Champs-Elysées, le mode de son organisation, la nature des délibérations qui l'ont occupée, la publicité qui a été donnée à ces délibérations, tout cela a rappelé de pénibles souvenirs, a fait naître de sérieuses inquiétudes dans l'esprit des hommes sages et amis de l'ordre, et a dû éveiller la sollicitude du gouvernement.

» Les élections sont incontestablement la plus importante des opérations auxquelles le concours des citoyens soit appelé. Le choix des députés a pour eux un intérêt si pressant et si légitime, qu'il est juste et nécessaire de leur laisser une grande latitude dans les moyens de s'éclairer sur ce choix. Ces moyens sont en leur pouvoir. Les journaux, les brochures, les professions de foi, les circulaires, se répandent avec une entière liberté. Ce n'est pas tout : il se forme fréquemment des réunions, plus ou moins nombreuses, dans lesquelles des électeurs cherchent à s'entendre et à s'accorder entre eux.

» Le gouvernement connaît l'existence de ces réunions, et il n'y met aucun obstacle, parce que, formées dans des maisons particulières, et n'exerçant aucune action au dehors, elles n'offrent aucun inconvénient sérieux.

» Il n'en est point ainsi de la réunion des électeurs du premier arrondissement de Paris, formée dimanche dernier dans un des cafés des Champs-Elysées.

» Cette réunion a été convoquée ; elle s'est formée dans un lieu public, sans en avoir obtenu l'autorisation, sans en avoir même averti l'autorité chargée du maintien de l'ordre ; elle s'est constituée, organisée ; elle a procédé comme une assemblée délibérante : elle a publié ses réglements sans qu'on puisse connaître l'autorité qui les a produits ; elle a eu ses présidents, ses secrétaires, son bureau entier, sans qu'on sache de qui ces fonctionnaires tenaient leurs pouvoirs ; elle a admis une discussion solennelle dans laquelle, sous la forme d'un examen des titres à la candidature, des orateurs ont passé en revue les faits les plus graves, les actes les plus importants de l'autorité publique, approuvé ou blâmé la conduite des chambres, celle des colléges électoraux, celle de la France entière ; elle s'est ajournée à une époque déterminée pour reprendre le cours de ses travaux, et le lendemain les journaux ont publié le procès-verbal de cette étrange séance.

» Il faut le dire, parce que c'est la vérité, l'ordre public n'a point été troublé, en ce sens que l'influence de ces débats animés ne s'est pas fait ressentir au dehors, et sous ce rapport l'administration n'a pas été dans la nécessité d'intervenir immédiatement. Toutefois on ne peut se dissimuler que de telles assemblées, placées hors de toute action de l'autorité publique, ont quelque chose d'irrégulier et de dangereux qui ne saurait être toléré.

» La loi du 5 février 1817, qui règle la tenue des assemblées électorales, interdit d'une manière absolue toute discussion, toute délibération. Comment serait-il possible que ce qui est prohibé par la législation dans une assemblée régulière, légale présidée par un fonctionnaire institué à cet effet par la puissance royale, fût permis dans une réunion des mêmes citoyens, lorsqu'elle n'est ni prévue, ni autorisée, lorsque nul homme, revêtu d'un caractère légal, n'est chargé d'y maintenir l'ordre et d'arrêter de dangereux écarts.

» Comment serait-il possible de concevoir que la faculté fût laissée, à une ou plusieurs personnes, de réunir ainsi à leur gré, dans un lieu public, un nombre immense de citoyens pour livrer à leur délibération, imprévoyante et passionnée, les plus graves sujets de la politique intérieure et extérieure?

» On fait remarquer que la réunion qui donne lieu à ces observations ne se composait que d'électeurs, et qu'on n'y a traité que des questions relatives aux titres des candidats.

» Mais ces questions elles-mêmes ne se rattachaient-elles pas naturellement à toutes les questions de législasion et de politique?

» Faire à un candidat un sujet d'éloge ou de blâme de la conduite qu'il a tenue à l'occasion de tel projet de loi, de tel acte du gouvernement, n'est-ce pas nécessairement soumettre ces projets ou ces actes à l'approbation ou à la censure de l'assemblée? Et sans sortir de ce qui s'est passé dans la dernière réunion, les orateurs ne se sont-ils pas exprimés avec chaleur sur des actes de haute administration, sur des mesures prises par les chambres, sur la conduite tenue par les colléges électoraux? N'ont-ils pas professé des principes, émis des opinions, contesté des droits, établi des devoirs? »

Le préfet de police terminait sa note en reconnaissant que l'ordre le plus parfait avait régné dans l'assemblée des Champs-Elysées, mais que d'autres réunions semblables pouvaient montrer moins de prudence. « Le gouvernement, disait-il, veut assurer à tous la plénitude de leurs droits, et c'est ôter aux ennemis de la liberté tout juste motif de plainte et d'alarme que de s'opposer à de dangereux excès. »

On n'était pas habitué en France à tant de politesse, et l'urbanité parisienne sut bon gré à M. Debelleyme d'avoir dépouillé les formes un peu turques de la rue de Jérusalem. Tout rentra dans l'ordre. Du reste, les intentions du préfet sont admirablement secondées par l'habileté du secrétaire général, M. de Blossac. Accueillant toutes les réclamations avec intérêt, le nouveau préfet ajouta encore à la reconnaissance des Parisiens par les différentes ordonnances qu'il publia, par la protection qu'il sut accorder à des entreprises utiles et par les abus qu'il détruisit dans les diverses branches de son administration. Quelques employés congédiés, quelques retraites adroitement accordées furent une juste réparation des iniquités et des bassesses qui avaient été commises. Cependant il reste beaucoup à faire dans ce genre. La position de M. Debelleyme est délicate ; placé entre deux partis qui veulent mettre à profit ses services et son habileté, il a besoin de se défendre et du blâme et des éloges extérieurs : créature de la restauration, il doit tout à la royauté, aux bourbons, à leurs fidèles serviteurs et rien à la révolution. La reconnaissance est une vertu dans les rois comme dans les sujets, et c'est aux mandataires du pouvoir à acquitter les dettes du monarque. Sans doute il faut rallier tous les Français dans un même amour du Roi et de la Charte ; mais ceux qui furent toujours fidèles méritent, il nous semble, des égards auxquels beaucoup d'autres prétendraient avec moins de droit. Fort de la pureté de ses intentions, et n'écoutant que les inspirations de la justice, M. Debelleyme restera quoi qu'on fasse ce qu'il a toujours été jusqu'alors, magistrat loyal et incorruptible, Français fidèle à Dieu, au Roi, à la patrie.

M. COUSIN.

Il y a du grand dans cette imagination délirante et détraquée. Sur ces hautes montagnes où siégent ordinairement les vapeurs et les brouillards, d'éblouissants éclairs percent de loin en loin l'obscurité de la nue. Parlons sans figure : M. Cousin est un fou sublime : c'est Platon en délire ; il possède même quelque chose des extases et du démon familier de Socrate. Mais avec son tour d'esprit romanesque, en dépit de ses efforts pour le ramener au vrai, ce disciple de Kant et de Royer-Collard ne sera jamais que le Schiller de l'idéalisme philosophique en France ; il fait déjà secte, il compte des prosélytes nombreux, des Séides même. On pourrait appliquer aux rapides épanchements de sa verve, aux vives et soudaines illuminations de son raisonnement, ces vers sur Jean-Jacques :

> J'admire son talent, j'en déplore l'usage ;
> Sa parole est un feu, mais un feu qui ravage.

Cette éloquence entraînante et contagieuse a dévasté le cœur de plus d'un jeune adepte..... Fougueux, absolu, infatigable, il ne se reposera que dans l'éternité ; dirai-je que ce nouveau Luther de la réforme philosophique ne serait pas éloigné de désirer, comme ce moine audacieux, l'appui des forces matérielles pour se faire croire à Paris et à Berlin ?..... Ce qui l'excuse, c'est qu'en lui tout est de bonne foi et de pure conviction.

Chez M. Cousin, l'écrivain ne vaut pas le professeur ; dans son cours, il est tout lui, libre, fécond, original, dégagé de toute entrave étrangère : prend-il la plume, ce n'est plus le même homme ; adieu l'invention, c'en est fait de cette puissante faculté. Ce génie vigoureux et élevé se traîne dans un cercle éternel de rapsodies ; c'est toujours le commentateur de Proclus. Sa parole a bien plus d'empire que ses ouvrages : aussi tolère-t-on l'écrivain, on a suspendu le professeur..... Ce contraste qui fait qu'il y a deux hommes bien distincts dans M. Cousin, vient d'un faux système en littérature qu'il adopta dès sa troisième, et qu'il a constamment suivi depuis cette époque ; il résolut de ne rien donner qu'à la raison et à la méthode ; celui dont le premier essor annonçait un autre Châteaubriand, ne fut plus à dix-huit ans qu'un sage vieillard dans ses compositions froides et régulières ; car il ne faut pas s'y tromper, quoique M. Cousin ait obtenu les plus éclatants succès dans toutes ses classes, et particulièrement en rhétorique, où il remporta le prix d'honneur, ses discours se distinguaient moins par l'abondance des idées et le coloris de l'expression, que par la pureté du goût, la sagesse et la sévère ordonnance du plan.

On fit d'abord grand bruit de son arrestation en Prusse ; on voulut intéresser les princes dans cette cause indépendante de leur volonté : on en vint même jusqu'à parodier les vers de Lafontaine : « *Deux cours vivaient en paix ; on arrête un professeur, et voilà la guerre allumée.* » Mais telle est notre légèreté, notre inconstance naturelle, qu'à son retour la disgrâce de M. Cousin était déjà presque oubliée. L'amour-propre de l'orateur romain, revenant de son fameux consulat de Sicile, n'essuya pas une mortification plus cruelle. De mauvais plaisants répétaient tout bas avec une légère variante cette maxime du poète philosophe :

> Faites vos rêves à **Paris**,
> Et n'allez pas en Allemagne.

Au reste, si M. Cousin, comme son maître Platon, ne put obtenir les bonnes grâces des cours étrangères, ce qui vaut

mieux peut-être encore que la faveur capricieuse des souverains, il acquit en Prusse l'estime des savants; il faut même
qu'il y ait contracté des liaisons utiles et solides, puisqu'il y
retourna.

Que restera-t-il de sa détention arbitraire? Son éloge tracé
de main de maître par M. Villemain..... procédé d'autant plus
noble que le professeur de philosophie ne put jamais se résoudre à rendre à l'académicien toute la justice qu'il mérite.
On assure qu'il ne l'a pas même remercié. Et cependant le
courageux panégyriste du professeur interdit s'exposait à
perdre sa place. On a souvent comparé ces deux hommes, bien
qu'il n'y ait entre eux aucun point de rapprochement: mais
ceux-là me semblent souverainement injustes qui affectent de
les distinguer sous le nom du *phraseur* et du *penseur*..... Cette
double qualification est injurieuse pour l'un, sans ajouter au
mérite de l'autre. Avec sa prodigieuse mémoire, sa facilité,
son étonnante vivacité de conception, son goût exquis et délicat, la justesse et la perfection de sa critique, des études immenses, secondées par le plus heureux des naturels, en un
mot, avec son esprit *à faire peur*, M. Villemain est déjà le
premier de nos littérateurs et le guide le plus sûr à suivre.
Avec plus d'âme, peut-être, et de chaleur, une franchise de
talent plus neuve, plus originale, une plus grande ténacité de
travail et d'investigations méditatives, M. Cousin est déjà le
plus brûlant des philosophes, peut-être en deviendra-t-il un
jour le plus profond; mais pour le moment il est très-dange-
reux à imiter..... *Suum cuique.*

Depuis quelque temps, il daigne descendre de ses hauteurs
métaphysiques; il s'humanise et s'est fait peuple : en habile
fondateur de secte, il caresse les nuances d'opinion : il connaît tout le monde et devient l'ami du genre humain : le
Jupiter assembleur de nuages voudrait-il populariser ses doctrines ?..... Qu'il commence d'abord par les rendre intel-
ligibles.

MAHMOUD.

Tandis que, contre les prévisions diplomatiques de presque tous les grands hommes d'état de l'époque, il arrive aux soldats musulmans de repousser glorieusement les formidables légions de l'autocrate des Russies, on doit être désireux de faire ample connaissance avec ce sublime chef des vrais croyants, qui a su inspirer à ses troupes l'enthousiasme de la victoire et se montrer lui-même un grand homme.

Mahmoud, deuxième du nom, est né le 28 juillet 1785. Il est la dernière branche de la famille de Mahomet. Son oncle Sélim III l'aimait tendrement, et lui fit donner une éducation plus soignée que celle qu'on donne ordinairement aux Musulmans et aux autres princes : aussi posséda-t-il bientôt les langues arabe, persanne, et les principes de la calligraphie, art très-estimé chez les Turcs. Dans la suite, il y ajouta la connaissance de l'anglais et du français : cette instruction, secondant la justesse de son coup d'œil, a facilité chez lui le développement des idées nouvelles que ses hautes capacités lui avaient déjà indiquées. Ce fut le 11 août 1808 qu'il monta sur le trône impérial, qui fut teint du sang de son frère Mustapha IV, assassiné par le fameux visir Barayctar-Pacha, vengeur de la mort de Sélim III. Ainsi, Mahmoud commença son règne sous des auspices qui semblaient lui présager l'avenir le plus funeste. Une guerre malheureuse au dehors entretenait au dedans des troubles et des désordres sans nombre. Les partis des assassins et des assassinés lui firent juger, quoique jeune encore, la grandeur du mal; il n'en voulut chercher le remède que dans son énergie et sa haute prudence. Positif et impérieux, comme tous ses prédécesseurs, il a su néanmoins, au milieu de ce vaste champ du despotisme, conserver une modération dont Soliman II, chef de sa race, avait seul donné des preuves. On l'accuse d'avoir empoisonné son fils, enfant que les janissaires paraissaient vouloir élever sur le trône : cependant il passe pour un très-bon père, aimant sincèrement la fille qu'il a eue de sa sultane favorite. Sa grande application au travail et ses nombreuses connaissances géographiques lui ont fait deviner cette civilisation européenne, sur laquelle l'orgueil des sultans s'est toujours trompé : cette découverte lui a fait juger combien la nation qu'il était appelé à gouverner avait peu marché, et combien était grande la disparate que ses institutions, ses coutumes, ses mœurs, ses habitudes, faisaient avec le reste des nations. De ces réflexions devaient naître de grands résultats ; il pensa qu'il lui serait impossible d'améliorer l'administration et d'opérer les réformes, dont la tentative seule avait été si funeste à Sélim III, tant que le corps des janissaires existerait. Il tenta d'abord de lutter avec cette formidable puissance ; mais il reconnut bientôt qu'il succomberait dans un combat inégal : et en effet ce second despote aux mille têtes avait pour partisans les muphtis, les bostangis, puissances auxquelles les janissaires appartenaient par des liens de parenté ou par la conformité des principes. Une guerre avec la Russie lui fournit le prétexte d'apporter un changement dans l'ordonnance de ses troupes. Peu à peu l'école de peloton fut introduite parmi les divers corps de troupe du second ordre. Les janissaires virent d'abord cette innovation avec inquiétude ; mais l'extrême adresse et la prudence du sultan la calmèrent. Les changements que notre charge en douze temps nécessite dans le costume embarrassant des musulmans, ne furent pas un des moindres obstacles à vaincre, et l'on doute encore que le sultan eût pu en triompher, si le pacha d'Egypte n'eût pas envoyé un corps discipliné à l'européenne, qui servit de modèle et de noyau autour duquel se groupèrent bientôt des forces considérables. Peu de temps après, on vit le sultan si habile à manœuvrer un cheval, à manier un damas, prendre un vif intérêt aux exercices des troupes qu'il voulut commander en personne. Cet élan, cet encouragement donné à un peuple chez lequel la rontine a son culte, mais chez lequel aussi l'enthousiasme a ses fanatiques, amenèrent pour résultats quarante mille hommes réguliers sous les armes. Ce fut à cette époque (mois de mai 1817) qu'un violent incendie ayant éclaté dans son harem, il perdit son fils aîné, dévoré par les flammes avec la sultane sa mère : des hommes accourus à propos auraient pu leur sauver la vie ; mais par respect pour les lois du sérail, il ne fut permis d'accepter leurs secours que lorsque les femmes furent sorties..... Le chagrin que le sultan ressentit d'un pareil malheur, le découragea tellement, qu'on prétendit alors qu'il voulait se laisser mourir. Du reste ce chagrin influa sur son caractère, et pendant quelque temps il sembla n'avoir d'autre ambition que celle de pleurer des objets si chers à son cœur ; mais bientôt l'insurrection des Grecs le força de s'arracher à ces souvenirs douloureux. Sentant combien il lui était important, dans ces conjonctures difficiles, de s'armer d'un pouvoir dictatorial, il chercha une seconde fois à s'affranchir du joug des janissaires ; il le tenta en vain. Sa vie fut plusieurs fois en danger par les mesures sévères qu'il dut prendre, et il ne vint à bout de conserver ses jours qu'en sacrifiant celui de ses favoris qu'il affectionnait le plus, faiblesse qu'il n'aurait pas eue dans des moments plus heureux.

Des officiers français qui avaient souri à l'idée généreuse et chevaleresque de replacer un peuple au rang qu'il avait tenu parmi les autres, allèrent offrir leurs services au sultan qui les accueillit avec empressement. Cette prévention qui existait contre toute qualification de chrétien, déjà diminuée, se vit presque anéantie par les marques d'estime et de bienveillance que le sultan se plaisait à témoigner aux Français. La réformation que ceux-ci opérèrent en peu de temps, et sans grande opposition de la part des Turcs, procura à Mahmoud l'avantage d'attirer dans une garde privilégiée les principaux chefs des janissaires qu'il croyait les plus aisés à corriger de leurs anciens préjugés. Cet appel entraîna une partie des fils des grandes familles, auxquels on fit de brillantes promesses. Aussitôt que le sultan les eût groupés autour de lui, il frappa d'annihilation ce grand corps, désarmé et sans appui, qui chercha vainement à s'agiter encore, et qu'il eût été assez facile de comprimer sans de grands efforts; mais le sultan avait besoin d'un grand exemple; il voulut alors détruire à jamais ces fiers assassins de tous ses prédécesseurs, et ce fut dans leur propre sang qu'il les noya. Si ces mesures n'eussent pas été aussi sagement prises, la bataille de Navarin les eût encore fait échouer; mais le coup était porté, et ce grand événement ne le rendit que plus violent encore pour les victimes.

Mahmoud venait de perdre sa flotte, et déjà les Musulmans, le poignard et la flamme à la main, allaient incendier les quartiers des Francs; la population turque ne respirait que la vengeance, et son aveugle fureur demandait à grands cris le meurtre et l'incendie pour l'assouvir : on croyait être à la veille d'un soulèvement général; mais le sultan qui, pendant trois jours, était resté dans ses appartements sans vouloir parler à personne, en sortit tout à coup, et par la nature de ses premiers actes, il fit comprendre l'étendue des desseins qu'il avait formés. Porter un dernier coup aux janissaires, rassurer les chrétiens par une conduite sévère et pleine de modération, comprimer tous les partis, furent des mesures dont la prompte exécution fit passer la population de Constantinople de la stupeur à l'admiration. Maintenant il défend vaillamment l'approche de sa capitale contre les troupes russes ; avec le caractère qu'il a montré jusqu'ici , il serait homme à combattre comme un soldat à la tête de son armée, et à se faire massacrer avec elle , plutôt que de survivre à une fuite honteuse.

Depuis que les puissances coalisées ont cherché à négocier avec Mahmoud pour lui faire sanctionner l'indépendance des Grecs, il a été reconnu que le despote musulman était capable de grandes et énergiques résolutions. Il n'a pas voulu qu'il fût dit qu'on lui enlèverait un des plus beaux fleurons de sa couronne, sans le faire acheter chèrement à ses ravisseurs. Du reste, afin d'être en mesure pour réunir ses forces, il s'est très-habilement servi des ruses diplomatiques. Il a voulu se mettre à l'unisson même des cours civilisées de l'Europe : ses ministres sont pleins d'urbanité envers les ambassadeurs des diverses puissances. Il a aboli la coutume de faire mettre ceux-ci aux Sept-Tours, ce que ses prédécesseurs ne manquaient pas de faire lorsqu'ils étaient en guerre avec ces puissances.

M. DE LATOUR-MAUBOURG.

Latour-Maubourg (le comte Marie-Charles-César Fay de), ancien membre de plusieurs assemblées législatives, lieutenant-général, pair de France, commandeur de la Légion-d'Honneur, chevalier de Saint-Louis, est né le 22 mai 1758. Colonel du régiment de Soissonnais avant la révolution, la noblesse du Puy en Velay le nomma en 1789 député aux états-généraux; il y fit partie de la minorité de son ordre, passa à la chambre du tiers-état dès qu'elle se fut constituée en assemblée nationale, renonça le 4 août 1789 à son titre héréditaire dans les états de Languedoc, vota pour la réunion du comtat d'Avignon à la France, prêta serment de fidélité à la nation, et fut un des commissaires nommés par l'assemblée constituante pour accompagner Louis XVI à son retour de Varennes. Il suivit le général de Lafayette en qualité de maréchal-de-camp à l'armée du centre, et obtint, après la mort du général Gouvion, le commandement de l'avant-garde. Arrêté à son retour de l'armée aux avant-postes autrichiens, il fut enfermé avec le général Lafayette et M. Bureaux de Puzy dans les prisons d'Olmutz, et ne recouvra qu'après vingt-deux mois de détention sa liberté, qui fut, comme celle de ses compagnons de captivité, l'une des conditions de paix du gouvernement français avec l'empereur d'Autriche. M. de Latour-Maubourg était depuis cinq ans membre du corps législatif, lorsqu'il fut nommé en 1806 membre du sénat-conservateur. Le gouvernement impérial ne voulant pas lui témoigner moins de bienveillance que celui qui l'avait précédé, lui confia en 1807 les fonctions de commissaire extraordinaire dans les départements de la Seine-Inférieure, de la Manche, du Calvados, de l'Eure et de l'Orne, pour organiser, et en 1810 les mêmes fonctions dans les départements de la Bretagne. Au mois d'avril 1813, il fit un rapport sur la levée des cent quatre-vingt mille hommes et la formation de quatre régiments de gardes d'honneur, et après avoir développé les dispositions de cette mesure, il ajouta : « Le génie qui a su tirer la France du chaos et montrer tout ce que peut une nation brave et généreuse, lorsqu'elle est bien dirigée, saura mettre en œuvre les immenses ressources de l'empire français, et conquérir la paix que nous ne désirons qu'autant qu'elle pourra se concilier avec la dignité de la nation et la gloire du héros qui la gouverne. » En décembre de la même année, il remplit dans les départements où il avait été envoyé six ans auparavant, une nouvelle mission, relativement à des mesures de sûreté publique. Sa sagesse et sa modération lui acquirent l'estime des habitants et la reconnaissance du gouvernement.

Il était à Caen lorsqu'il adressa, le 8 avril 1814, son adhésion à la déchéance de l'empereur, et fit connaître le 11 par un ordre du jour, que n'ayant pas reçu d'instruction du gouvernement provisoire, il cessait toute fonction ; mais qu'il restait à son poste pour y être encore utile par ses conseils. Nommé par *Monsieur*, alors lieutenant-général du royaume, commissaire extraordinaire à Montpellier, pour concourir avec les autres autorités au rétablissement de la maison de Bourbon, il fut appelé le 4 juin suivant à la pairie. Après le 20 mars 1815, il fit partie de la chambre des pairs, formée par Napoléon, et s'y montra fidèle aux principes constitutionels. C'est lui qui, dans la séance du 20 juin, demanda que les ministres fussent tenus de fournir à la chambre le tableau des arrestations politiques, afin que les détenus pour délits

imaginaires fussent rendus à la liberté. Lorsque après la bataille de Mont-Saint-Jean, on fit au sénat l'exposé de la situation des armées, le comte de Latour-Maubourg demanda que si les faits n'étaient pas exacts, le ministère fût mis en état d'accusation. Les 26, 27 et 28 du même mois, il parla en faveur de la liberté individuelle, dénonça les actes arbitraires commis par les commissaires de haute police, et se prononça avec énergie contre le projet de loi relatif aux mesures de sûreté publique. Ce noble pair mit aussi sous les yeux de la chambre une proposition de M. le comte Boissy d'Anglas, alors en mission, que la marche rapide des événements ne permit pas de prendre en considération, et qui avait pour but de concilier les garanties de la liberté individuelle avec la sûreté publique. On assure que M. le comte de Latour-Maubourg fut un des plénipotentiaires chargés par le gouvernement provisoire, de négocier la paix avec les puissances étrangères. Une ordonnance royale du 24 juillet 1815, priva de la pairie cet honorable défenseur de nos libertés; mais celle du 5 mars 1819 le rendit à ses anciennes fonctions, et sous un autre gouvernement ses principes ont toujours été les mêmes.

M. DE LATOUR-MAUBOURG.

LATOUR-MAUBOURG (le marquis Marie-Victor Fay de) lieutenant-général, pair de France, ancien ministre de la guerre, gouverneur de l'hôtel royal des Invalides, grand'croix des ordres de la Légion-d'Honneur et de Saint-Louis, chevalier de l'ordre du Saint-Esprit, est né le 11 février 1756, d'une des plus anciennes familles du Vivarais. Il débuta dans la carrière militaire par le grade de sous-lieutenant dans le régiment de Beaujolais, infanterie, en 1782, et quatre ans après il passa comme capitaine dans le régiment d'Orléans, cavalerie. Il était sous-lieutenant des gardes-du-corps lorsque la révolution éclata. Dans la journée du 5 octobre 1789, il montra beaucoup de zèle et de dévoûment pour la cause royale. Il émigra après le 10 août 1792, et ne rentra en France qu'après l'amnistie consulaire qui suivit la révolution du 18 brumaire. Employé dans les armées de la république, Latour-Maubourg sut ajouter un nouvel éclat à un nom déjà honorable. Il fut envoyé en Egypte auprès du général Kléber, dont il devint aide-de-camp ; il reçut ensuite le commandement du 22ᵉ régiment de chasseurs à cheval, à la tête duquel il fut grièvement blessé devant Alexandrie, lorsque les Anglais, après avoir débarqué sur la plage d'Aboukir, s'avancèrent pour attaquer cette place. Sa belle conduite dans cette circonstance lui mérita par la suite le titre d'officier de la Légion-d'Honneur. De retour en France en même temps que l'expédition, après la capitulation du général Menou, il combattit avec son régiment à Austerlitz, où il conquit par sa brillante valeur le grade de général de brigade. Il fit successivement les campagnes de Prusse et de Pologne en 1807, se signala au combat de Bergfield et à celui de Deppen, où il reçut une balle dans le bras. Nommé le 10 juin général de division, par suite de son admirable conduite à la bataille d'Heidelberg, il fut encore grièvement blessé quatre jours après à la bataille de Friedland, dernière action de cette campagne, qui se termina par le traité de Tilsitt. A peine rétabli de ses blessures, il passa en Espagne, où il commanda l'armée du midi en Andalousie, depuis 1808 jusqu'en novembre 1812. Pendant ce long intervalle, il eut une grande part à tous les faits d'armes qui y signalèrent le courage de nos soldats. Il se distingua particulièrement aux affaires qui

précédèrent la prise de Madrid, à laquelle il contribua beaucoup, aux combats de Cuença, d'Uclès, de Santa-Martha et
d'Albuhéra, au siége de Badajoz et à la bataille de la Gibora,
qui fit autant d'honneur aux généraux par la sagesse des dispositions et l'habileté des manœuvres, qu'aux soldats qui les
exécutèrent avec une précision et un courage vraiment admi-
rables. Dans cette guerre funeste, le général Latour-Maubourg
se concilia l'estime de la brave nation qu'il combattait, par la
modération, la sagesse, l'intégrité de son administration. Il
en reçut les marques les plus flatteuses et les plus touchantes,
notamment dans sa retraite de Cordoue. La population entière
de cette ville se porta sur son passage, pour jouir plus long-
temps de sa présence. Voulant prouver aux habitants la confiance qu'il avait en eux, il avait refusé de voyager avec une
escorte; il trouva à la sortie de toutes les villes et bourgades,
pendant un espace de quarante lieues, des piquets d'Espagnols,
qui se présentaient volontairement pour lui faire honneur. Plusieurs paquets de lettres qu'il avait égarés en route lui furent
remis intacts et sans être ouverts. Appelé en 1812 à la grande
armée de Russie, il donna de nouvelles preuves de son habileté
et de son courage à la bataille de Mojaïsk, fit la retraite de
Moscou à la tête du corps de cavalerie qu'il avait sous son
commandement, et sut y maintenir l'ordre autant que les circonstances le permirent. Au commencement de la campagne
de Saxe, en 1813, il reçut le commandement de quatre divisions de cavalerie qui se couvrirent de gloire à la bataille de
Dresde, fit des prodiges de valeur dans les journées des 21 et
22 mai à Wurtchen où ses quatorze mille cavaliers décidèrent
de la victoire, et exécuta de brillantes charges à la tête des
cuirassiers, le 16 octobre suivant, à la bataille de Wachau,
qui eût terminé la guerre si les Français avaient eu affaire à
un seul peuple. Le général Latour-Maubourg eut dans cette
journée une cuisse emportée par un boulet de canon. Doué de
ce sang-froid et de ce coup d'œil qui maîtrisent la fortune,

peu de généraux de cavalerie ont montré plus d'habileté que lui. Napoléon, qui savait apprécier les hommes et récompenser leur mérite, lui avait confié des commandements importants, et l'avait nommé successivement comte de l'empire et grand-officier ds la Légion-d'Honneur. Lors des événements de 1814, le général Latour-Maubourg adhéra à la déchéance de Napoléon, fut nommé par le comte d'Artois, aujourd'hui régnant, membre d'une commission chargée de la réorganisation de l'armée. Il fut élevé à la pairie quelques jours après. Il n'eut aucune activité pendant les cent jours, et ne fut point compris parmi les pairs de Napoléon. Avant l'occupation de Paris, il fut envoyé par le gouvernement provisoire près de l'armée des alliés, et manqua d'être tué au moment où, accompagné d'un trompette, il atteignait nos avant-postes. A la seconde restauration, le roi le fit commandeur de l'ordre de Saint-Louis et chevalier du Saint-Esprit. Chargé en 1820 du portefeuille de la guerre, son administration fut loin de réaliser les espérances qu'elle avait d'abord fait naître ; elle lui attira les attaques du côté gauche de la chambre, qui eut plus d'une fois l'occasion d'en blâmer les actes. Le marquis de Latour-Maubourg est aujourd'hui gouverneur-général des Invalides ; mais il n'a pas fait oublier aux vétérans de la gloire et de l'honneur, à ces vieux guerriers mutilés comme lui par l'airain des batailles, l'administration vraiment paternelle du duc de Coigny, son prédécesseur.

M. DE LATOUR-MAUBOURG.

LATOUR - MAUBOURG (le marquis Fay de), ambassadeur à Constantinople, officier de la Légion - d'Honneur, etc., fils aîné de Charles - César, est né pendant la révolution.

Il embrassa de bonne heure la carrière diplomatique, et après avoir été quelque temps auditeur au conseil-d'état, fut nommé secrétaire d'ambassade, où il arriva le 14 novembre 1806, et demeura jusqu'en 1812 en qualité de chargé d'affaires. Il montra dans ses fonctions beaucoup de prudence et de fermeté. Lors de la révolution du 15 novembre 1808, qui renversa le visir Mustapha-Bayractar, il reçut chez lui tous les étrangers qui craignaient quelque chose de la soldatesque insurgée, et les protégea efficacement. De retour en France en 1813, il fut nommé envoyé extraordinaire et ministre plénipotentiaire près la cour de Wurtemberg, et remplit l'année suivante les mêmes fonctions à Hanovre. Au mois de mars 1819 il remplaça le marquis d'Osmond, ambassadeur en Angleterre, mais n'occupa que peu de temps ce poste. Nommé ensuite chargé d'affaires à Constantinople, il protégea tous les étrangers qui avaient à redouter quelque chose de la soldatesque insurgée, lors de la révolution du 15 novembre 1808, et il les reçut dans son hôtel. A son retour en France en 1813, il fut nommé envoyé extraordinaire et ministre plénipotentiaire près la cour de Stuttgard. En 1814, il fut envoyé comme chargé d'affaires à Hanovre.

M. DE LATOUR-MAUBOURG.

Latour-Maubourg (Rodolphe, vicomte Fay de), maréchal-de-camp, officier de la Légion-d'Honneur, chevalier de Saint-Louis, frère du précédent, entra au service en 1806 en qualité de sous-lieutenant, obtint la décoration de la Légion-d'Honneur à Jéna, fit la campagne de Pologne, et envoyé à l'armée d'Espagne, devint aide-de-camp du général Caffarelly. Il se signala dans plusieurs occasions, et notamment en enlevant et en chargeant sur ses épaules, malgré une vive fusillade, son général qui atteint d'un coup de feu à la tête en voulant s'emparer d'une possession, était resté étendu sur-le-champ de bataille. Nommé colonel le 16 septembre 1814, le vicomte de Latour-Maubourg a commandé le 13ᵉ régiment de chasseurs. Promu le 13 décembre 1821, avec dix autres officiers supérieurs au grade de maréchal de camp, il est aujourd'hui en état de disponibilité.

M. DE LATOUR-MAUBOURG.

LATOUR-MAUBOURG (le comte Juste-Charles-César Fay de), officier de la Légion-d'Honneur, frère de Victor et de César, le suivit le premier en émigration, et fut rappelé avec lui dans sa patrie en 1800. Il ne prit du service qu'en 1813, lorsque le territoire français était menacé. Le comte Juste de Latour-Maubourg, qui a épousé pendant son absence de France la fille aînée du général Lafayette, a reçu en 1815 la décoration de Saint-Louis et une lieutenance qu'il occupe encore aujourd'hui dans les gardes-du-corps (compagnie de Luxembourg).

KEMBLE.

KEMBLE (Jean-Philippe). Ce grand acteur a démontré par son exemple qu'une éducation soignée et des connaissances qui font l'ornement de l'esprit ne sont pas moins nécessaires pour avoir du succès au théâtre, qu'une étude approfondie de l'art dramatique. Depuis ce temps, l'art du comédien s'est sensiblement perfectionné en Angleterre, non seulement dans les capitales des trois royaumes dont se compose l'empire britannique (Londres, Edimbourg et Dublin), mais même dans les comtés. Kemble s'est acquis une réputation de probité bien méritée par ses bonnes mœurs et sa vie privée qui a toujours été celle d'un honnête homme, ce qui a ajouté un nouveau lustre à sa gloire théâtrale.

Kemble est le fils aîné d'un directeur d'une troupe de comédiens de province; il est né le 1.er février 1757 à Prescot dans le Lanashire : comme ses parents professaient la religion catholique, ils l'envoyèrent dans une institution de ce culte dans le Staffordshire. Il y fit des progrès si rapides pour son âge, que son père le fit entrer dans un collége anglais de l'université de Douai, où suivant ses intentions, il s'appliqua à l'étude des anciennes langues, de la philosophie et de la théologie. Il remporta plusieurs prix, et il se distingua dès-lors par l'étendue de sa mémoire et son talent dans la déclamation. Un jeune homme qui avait passé ses premières années parmi une troupe de comédiens ambulants, et qui avait déjà l'esprit empreint de la vie indépendante qui appartient à leur état, ne pouvait se plaire à un genre de vie monacale, si contraire à son inclination : quoique son père ne l'eût pas destiné au

16

théâtre, tous ses désirs n'étaient pas moins d'y paraître un jour. Ainsi, sans la permission de ses parents, il partit de Douai avant d'avoir atteint sa vingtième année: il arriva à Bristol. Ayant appris que la troupe de son père se trouvait à Brecknock dans la principauté de Galles, il s'y rendit sur-le-champ. Son père le reçut froidement, et se refusa à fournir à son entretien; mais la troupe plus compatissante se cotisa, et lui remit une petite somme à laquelle son père fut enfin obligé d'ajouter quelques guinées. Comme il n'avait rien à espérer de ses parents, il se rendit dans le Glaucestershire; il fut aussitôt engagé au théâtre de Wolverhompton, où il joua pour la première fois le rôle de Théodose dans la pièce le Pouvoir de l'Amour (*Force of Love*). Son succès fut tout à fait insignifiant; en sorte qu'il se trouva découragé et dans un plus grand embarras que jamais; néanmoins on pouvait déjà remarquer en lui le germe d'un grand acteur. Il se rendit ensuite à Cheltenham où il fit des lectures, tandis que son compagnon faisait des tours de physique amusante; mais il n'y recueillit à peu près que des louanges sur sa déclamation. Il rejoignit sa troupe qui jouait à Worcester, où il demeura jusqu'à ce que sa sœur, la célèbre Siddons, lui procura un emploi auprès de Younger. Il commença dès-lors à se distinguer: il composa la tragédie de Bélisaire et un poëme, le Palais de la Miséricorde (*The Palace of Mercy*). Mais ce poëme lui déplut si fort le lendemain de sa publication, qu'il en retira tous les exemplaires. Il se rendit ensuite auprès de Vilkinson, directeur du théâtre d'York. Il trouva le moyen de plaire au public en récitant les plus belles odes de Mason, de Gray et de Collins, ainsi que les contes de Lefèvre et de Maria de Sterne, ce qni lui réussit si bien que depuis ce temps les théâtres de province ont été dans l'usage de faire réciter quelques passages de poésie dans les entr'actes.

Lorsque Wilkinson prit la direction du théâtre d'Edimbourg, il engagea Kemble, qui fut bien reçu dans cette capi-

tale de l'Ecosse. Indépendamment des rôles qu'il jouait, il tint un cours sur l'éloquence de la chaire et celle dont on a besoin dans la vie civile, ce qui lui fit acquérir la réputation d'un homme de mérite et dont les connaissances étaient aussi variées qu'agréables.

Il fit en 1782 un voyage à Dublin, où il joua pour la première fois le rôle d'Hamlet, pour lequel il avait un talent particulier, et dans lequel il se distingua aussi le plus par la suite. Mais il eut moins de succès dans la comédie où son caractère impétueux l'emportait souvent au-delà des bornes des convenances, comme cela lui arriva dans le rôle de Marc-Antoine dans la comédie de Dryden Tout pour l'Amour (*All for love*), où dans la situation la plus pathétique, étant entouré d'Octave et de ses enfants, il se mit à rire à la vue d'un homme qui mettait un tuyau à son oreille pour mieux entendre ; et ce ne fut qu'après quelques minutes qu'il parvint à se remettre.

Ce fut en 1784 qu'il parut sur le théâtre de Londres dans le rôle d'Hamlet. On remarqua bientôt qu'il avait conçu une autre idée du caractère de ce rôle, qu'il le jouait d'une manière différente qu'on n'était en usage de le représenter depuis Garrick, et que ses gestes ainsi que sa figure étaient plus expressifs. Il se perfectionna dans ce rôle de ce chef-d'œuvre de Shakespeare au point qu'il en forma un modèle pour les autres acteurs. Il joua d'autres rôles de tragédie où il eut pareillement le plus grand succès, et dans lesquels suivant son usage il se perfectionnait toujours de plus en plus. Il se maria en 1787 avec l'épouse qu'il a actuellement, qui était la veuve du comédien Brereton. On prétend que ce mariage fut d'autant plus promptement conclu qu'une fille d'un ministre du roi était devenue éperdûment amoureuse de Kemble, que ce ministre lui promit 4,000 livres sterl. (environ 100,000 fr.) s'il voulait hâter la conclusion de son mariage ; Kemble ayant consenti, et quelques jours après s'étant présenté chez l'homme d'état pour recevoir la somme qu'il lui avait promise, il se mit à le plaisanter en disant comment il pouvait demander une récompense pour s'être marié avec une jolie femme. Cette anecdote qui se trouve dans les annales de théâtre, n'est dans le fait qu'une fable comme le déclare la Biographie dramatique.

Il fut nommé en 1788, régisseur du théâtre royal de *Druys-Lane*. Il occupa cet emploi presque sans interruption jusqu'en 1801. On lui reproche d'avoir altéré le texte de plusieurs pièces de Shakespeare, ainsi que d'autres auteurs. Il composa en 1786, la petite comédie burlesque le Projet (*The Project*), et en 1788, *The pannel* (le Bât). Il traduisit l'opéra français de Lodoiska, qu'il arrangea pour le théâtre anglais, et qui fut représenté en 1794, avec le plus grand succès.

Il fit en 1802, un voyage en France et en Espagne : il ne négligea rien dans les principales villes où il passait, de ce qui était digne de son attention. Sa renommée était déjà si répandue, que les journaux de Paris annoncèrent son arrivée, et que la comédie française le reçut avec la plus grande distinction. Talma, auquel il était recommandé, l'accompagna partout, et ces deux grands acteurs tragiques se lièrent d'une amitié fondée sur une véritable estime. Il rassembla pendant son voyage tout ce qu'il trouva de plus curieux pour sa Bibliothèque dramatique, qui est une des plus considérables en Europe.

A son retour en 1803, il acquit pour la somme de 20,000 livres sterlings (environ 500,000 francs) la sixième partie de la propriété du théâtre de Covent-Garden dont il fut nommé de nouveau régisseur. Il reparut sur ce théâtre dans le rôle d'Hamlet. Sa réputation était alors montée à un degré qui ne lui laissait qu'à désirer qu'elle se soutînt au même période. Il augmenta aussi considérablement sa fortune, qui reçut néanmoins un grand coup le 20 septembre 1808, lorsque le théâtre de Covent-Garden fut réduit en cendres en trois heures de temps. Dans l'espace de neuf mois on construisit un nouveau théâtre qui fut le premier digne de la capitale de l'empire britannique.

Il entreprit en 1812 et 1813 une tournée dans les provinces où il joua différents rôles. Il contracta en 1814 son dernier engagement avec le théâtre de Covent-Garden. Lorsqu'il parut au mois de janvier de la même année dans le rôle de Coriolan, il fut reçu avec le plus grand enthousiasme; on lui jeta une couronne de laurier, et tous les spectateurs se levèrent spontanément pour le féliciter, honneur que l'on ne rend ordinairement qu'à la famille royale, et qui était pour lui témoigner la satisfaction générale pour une vie consacrée à l'amusement du public.

Après une sérieuse maladie qu'il éprouva en 1816, il prit la résolution de se retirer du théâtre, quoiqu'il fût encore dans toute la force de son talent. Il joua pour la dernière fois le 29 mai 1817 à Edimbourg le rôle de Macbeth. A cette occasion Walter Scott composa pour lui un discours, qui est un des meilleurs morceaux dans ce genre qu'ait écrits ce célèbre poète écossais. Il parut pour la dernière fois à Londres, le 23 juin 1817, dans le rôle de Coriolan. L'affluence du monde était si grande, que toutes les loges étaient retenues d'avance, et que l'orchestre fut envahi par les spectateurs, qui, pendant cette représentation, applaudirent avec le plus grand enthousiasme tous les passages qui pouvaient faire quelque allusion au caractère de ce célèbre tragédien. Il eut grande peine à pouvoir achever son rôle, dont il s'acquitta néanmoins si bien, qu'il augmenta les regrets qu'on avait de perdre un si grand acteur. Après que le rideau fut tombé, le public cria à plusieurs reprises : *Point de congé, point de congé avec Kemble.* Le rideau étant levé, il adressa au public un discours plein de sentiments, où il remercia le public de ses témoignages de bonté. On chargea Talma de lui remettre une couronne de laurier avec un écrit qui devait être lu publiquement; mais il était déjà trop tard.

Un comité de personnes de la plus haute distinction se forma pour ouvrir une souscription pour célébrer dignement le congé d'un acteur qui avait, pendant un si long temps, contribué au perfectionnement de l'art dramatique. On fit confectionner un beau vase d'argent, et l'on invita un poète à faire une ode sur ce sujet. Le 27 juin étant fixé pour cette solennité, Kemble assista à un grand festin, assis entre le lord Holland et le duc de Bedford. Après le repas, un chœur chanta le bel hymne *Non nobis, Domine;* et après avoir bu à la santé du roi, on entonna le *God save the King,* et d'autres morceaux analogues. Ensuite lord Holland, qui était le président, prononça un très-beau discours, où il fit ressortir le mérite et le talent distingués de Kemble, et tout ce qu'il avait fait pour le perfectionnement de l'art dramatique en Angleterre. Le comédien Young, qui donnait déjà les plus grandes espérances, récita une belle ode que le célèbre poète Thomas Campbell avait faite sur Kemble. On but à sa santé; il prononça un discours où il témoignait toute sa vive reconnaissance. Il reçut les compliments de tous les acteurs présents, parmi lesquels se trouvait aussi Talma. L'acteur Fawett lui adressa la parole au nom du théâtre de Covent-Garden. Jamais en Angleterre on avait fait un pareil honneur à un acteur; les hommes les plus célèbres dans la littérature et dans le gouvernement avaient honoré de leur présence cette brillante fête; on remarquait le célèbre Canning, ministre et poëte en même temps, et West, président de l'Académie royale.

Cependant soit regret, soit amour de l'art, Kemble, après avoir vécu quelque temps dans la retraite, a cédé à la sollicitation de ses amis, et s'est montré de nouveau dans la carrière dramatique dont il a fait le principal ornement. Il a repris la direction du théâtre de Londres, et nous l'avons vu paraître sur le théâtre de l'Odéon à Paris, où l'on a admiré son

talent. Il semble fait pour les rôles où il faut de la majesté et
de l'expression ; il peint fort bien sur sa physionomie toutes
les grandes passions, et surtout une sombre mélancolie. Il a
de grands yeux étincelants qui inspirent la terreur dans les
grands transports de l'âme. Quoique sa voix soit un faible
ténor, et d'une petite étendue, il a su néanmoins en varier ou
ménager les tons avec un si grand art, que l'on n'en aperçoit
la défectuosité que dans des accents trop long-temps prolon-
gés : mais sa physionomie, ses regards et ses gestes sont si
expressifs que les paroles deviennent presque inutiles. Le rôle
où il a été le plus admiré en Angleterre, est celui de *Penrud-
dock* dans la comédie *la Roue de la Fortune* de Cumberland, qui
composa exprès ce rôle pour Kemble qui était son ami. La
douce mélancolie du caractère de ce personnage, l'amertume
des souvenirs, la noblesse dans sa bonne fortune, ont été
exprimées avec une touchante vérité par ce grand acteur. L'o-
pinion générale en Angleterre est qu'il est surtout sublime dans
les caractères où il ne faut exprimer facilement qu'une seule
passion ou qu'un seul sentiment ; mais qu'il ne satisfait pas à
toutes les exigences dans les rôles où il doit porter son attention sur plusieurs objets qu'il ne peut représenter partout
avec la même énergie. Les transitions subites des passions
n'entrent pas non plus dans le caractère particulier de son
talent ; mais il joue supérieurement bien le rôle de Pierre dans
Venise sauvée d'Otivan, où même ses défauts personnels ont
contribué à son succès et ont fait son triomphe. Le rôle de
Caton est aussi un des rôles favoris de Kemble et où les
avantages de sa personne paraissent avec le plus d'éclat.

M.....N.

LE GÉNÉRAL GUYOT.

Guyot (Claude-Etienne, comte), lieutenant-général, commandant de la Légion-d'Honneur, chevalier de Saint-Louis, naquit le 5 septembre 1768 à Villevieux, département du Jura. Ses parents, qui étaient cultivateurs, l'avaient placé dans une maison de commerce qu'il quitta pour entrer, à l'âge de vingt-deux ans, dans le 10e régiment de chasseurs à cheval, avec lequel il fit les campagnes de 1792 à 1802. Officier-payeur à cette époque, il entra en cette qualité dans le régiment de chasseurs de la garde, où il devait obtenir tous ses grades, jusqu'à celui de général de division. Major lors de la bataille d'Eylau, après avoir chargé sur une masse d'infanterie russe, il traversa deux lignes ennemies, eut ses habits criblés de balles, fut démonté, et prit le commandement de son corps que la mort du général Dahlmann, qui en était colonel, avait laissé vacant. Employé ensuite à l'armée d'Espagne, il se distingua à l'affaire de Sommo-Sierra, où son régiment chargea de la manière la plus brillante l'artillerie espagnole. Lorsque le général Lefebvre-Desnouettes, envoyé en reconnaissance, se fut porté sur Benavente, qu'il croyait évacuée par l'ennemi, et eut payé de son sang et de sa liberté une faute qui accusait son inexpérience, le colonel Guyot prit le commandement des chasseurs à cheval de la garde, et il y réunit, lors de la bataille de Wagram, celui des chevau-légers polonais. Sa troupe fut depuis six heures du matin jusqu'à midi exposée à un feu terrible d'artillerie, dont une partie tirait à mitraille. Placée au centre de la ligne à la disposition du maréchal Macdonald, elle se distingua par le bonheur et l'audace de trois charges consécutives.

(La suite au numéro prochain.)

LE GÉNÉRAL GUYOT.

(*Suite.*)

Ce fut alors que le colonel Guyot, qui avait eu souvent des commandements au-dessus de son grade, fut promu au grade de général de brigade et devint colonel en second du même régiment. Nommé général de division en 1811, il fit l'année suivante la campagne de Russie, où il n'eut pas d'engagements sérieux à soutenir. Les chasseurs à cheval, qui avaient été pendant la retraite l'objet de toute sa sollicitude, comptaient encore à Wilna 630 hommes réunis, dont 350 montés, et reçurent dans cette ville de nombreux effets d'habillement et d'harnachement. Après avoir réorganisé son régiment, il fut, pendant la campagne de 1813, chargé d'escorter l'empereur, et assista ainsi aux batailles de Lutzen, Bautzen, Leipsick et Hanau. Nommé colonel des grenadiers à cheval de la garde, après la mort du brave général Walther, il sauva sous Brienne une batterie de vingt pièces de canon, menacée par une colonne de troupes légères russes, que cent cinquante jeunes grenadiers culbutèrent. Le général Lefebvre - Desnouettes ayant été blessé à la Rothière, où le général Marquet fut tué, Guyot prit le commandement de sa division, et contribua puissamment, par une charge dirigée sur le flanc droit de l'ennemi, à rendre moins funestes les résultats de cette journée qui nous coûta 6,000 hommes et 54 bouches à feu. Le 11 février, près de Montmirail, le général Guyot enleva 1,500 hommes à un corps prussien, et fut blessé au visage. Le 14,

17

sa division , après avoir mis le désordre dans plusieurs carrés, cerna dans une ferme un bataillon prussien que les grenadiers à pied de la garde prirent ensuite d'assaut. Il se signala de nouveau à la bataille de Montereau , et le 25, entre Troyes et la Guillotière , il dégagea , avec 200 grenadiers , une forte reconnaissance de chasseurs, menacée d'une destruction complète. Le 4 mars, entre Fismes et Château-Thierry , il fit charger par deux escadrons un convoi de deux cents voitures, qui, dirigées sur Reims, tombèrent en son pouvoir, malgré la vive résistance des Russes et des Prussiens qui composaient son escorte. Le lendemain ; faisant avec 400 chevaux une reconnaissance sur Bac-à-Berry, il fut chargé par des forces supérieures, et conserva néanmoins le terrain ; mais l'empereur, instruit de sa position, étant accouru avec sa garde, le brave Guyot reçut alors l'ordre de charger la division de Cosaques qu'il avait en tête. Il lui tua ou blessa six cents hommes, enleva cent cinquante cavaliers, une pièce de canon, le major prince Gagarin, commandant de cette cavalerie, et la poursuivit pendant quatre lieues. Le général Guyot combattit à Craone, devant Laon, et contribua à la reprise de Reims. Le 14, il prit 150 hommes, et enleva beaucoup de bagages à l'ennemi. Le 20, il fut chargé, de concert avec la division Lefol, de garder, à la tête de 450 grenadiers, le point d'Arcis dans la direction de Torcy ; les efforts de l'ennemi ne purent enlever cette position à la bravoure de nos troupes, qui combattirent jusqu'à onze heures du soir.

Après les événements politiques de 1814, le général Guyot conserva le commandement de son régiment; il tenait garnison à Arras lorsqu'il reçut, le 23 mars 1815, l'ordre de reprendre son service près de l'empereur, et de mettre son régiment en état d'entrer en campagne. Le 15 juin, il commandait en avant de Charleroy une division composée de grenadiers et de dragons de la garde; il alla au secours du général Letort, déjà frappé mortellement. Sa division éprouva de grandes pertes

en chassant dans la soirée du lendemain les Prussiens du village de Ligny. Le 18, elle fut apposée par le maréchal Ney au centre de la ligne anglaise, et chargea trois fois sans canon les masses énormes de l'ennemi que soutenait une artillerie formidable. Dans la deuxième charge, le général Guyot eut son cheval tué sous lui, et resta criblé de coups de sabre au pouvoir de l'ennemi. Délivré par ses intrépides grenadiers, ses blessures ne l'empêchèrent pas d'effectuer une troisième charge; il fut une seconde fois démonté, et reçut un biscayen au coude et une balle dans la poitrine. Une heure après, ayant pu remonter à cheval, il suivit avec les débris de sa division l'arrière-garde de l'armée, en s'occupant sans relâche à rallier tous les hommes qui s'étaient séparés, soit dans l'action, soit pendant la nuit suivante. Le général Guyot, chargé au-delà de la Loire du commandement de toute la cavalerie de la garde, sans en excepter la gendarmerie d'élite et l'artillerie légère, il envoya au maréchal Macdonald sa démission, pour n'être pas contraint d'opérer le licenciement de ces corps. Il dut néanmoins diriger toute sa cavalerie depuis Tours et Saumur jusqu'à Toulouse. Il revint ensuite à Paris, et habitait, il y a quelques années, une campagne à Cachan, où il s'occupait d'agriculture et de l'éducation de ses enfants.

ACHILLE JACQUEMIN.

GUYOT.

Guyot (E.), né à Mantoches (Haute-Saône), était avocat lorsqu'il s'enrôla en 1791 comme simple soldat. Des services signalés, une bravoure à toute épreuve, l'avaient fait élever au grade de colonel. En 1805, il commandait le 9ᵉ régiment de hussards, et le corps dont il faisait partie se trouvant cerné par les Russes dans la ville de Wischau, en Moravie, il fit mettre pied à terre à ses hussards pour occuper les différents postes, et montant à cheval en apercevant les premiers régiments français qui s'avançaient, il fondit sur l'ennemi, auquel tous les chefs étaient décidés de se rendre, et le mit en fuite. Promu à la suite de cette affaire au grade de général de brigade, il se distingua de nouveau pendant la guerre de Prusse. A Iéna, à Gustadt et à Eylau, il montra autant d'habileté que de valeur.

ACHILLE JACQUEMIN.

M. MILLON.

Voyez-vous ce grand homme sec, qui flâne en se dandinant le long des quais et des boulevards? A cette mine étique, à ce teint plombé, vous avez reconnu M. Millon, ce vieux pilier de la philosophie soporifique en France, lequel, en dépit de ses dix ou douze bonnes mille livres de rente, semble ne se nourrir que des doux parfums des bouquins qu'il flaire d'une lieue à la ronde. C'est un puits de science, un abîme d'érudition, un océan de langues anciennes et modernes qui se débattent pêle-mêle dans sa cervelle comme en un vaste réservoir. Humaniste, helléniste, publiciste, économiste, historien, critique, antiquaire, bibliophile, surtout bibliomane et bibliopole, M. Millon possède en outre le droit des gens, le code de Justinien, et disputa un moment la chaire de Delvincourt. Ce savant, en un mot, est toute une encyclopédie vivante. Il fut correspondant du roi de Prusse, et traduisit jadis de l'anglais jusqu'à des poèmes légers, tels que l'*Éventail*, etc., etc.

> Et je ne sais pourquoi l'on baille en l'écoutant ;

c'est qu'il est le plus universel et le plus ennuyeux des hommes. Il serait impossible d'avoir plus d'érudition et de plus mauvaise grâce : malheureusement il a formé des élèves qui marchent déjà glorieusement sur ses traces; M. Gaillard m'a entendu.

Malgré son flegme philosophique dont nous donnerons bientôt des exemples, M. Millon n'est pas tout à fait maniable,

surtout avec les savants, et entre confrères ou collègues. Il a
eu des querelles à Henri IV, à Louis-le-Grand, à Charlemagne, à la Faculté. On n'a point oublié sa fameuse contes-
tation avec feu M. Champagne, traducteur comme lui de la
Politique d'Aristote. Ils s'accusaient réciproquement de profanation envers le prince des philosophes. Le proviseur reprochait au professeur son style pesant et glacé, le professeur
reprochait au proviseur ses inexactitudes et ses nombreux
contre-sens, Ils avaient tous deux raison.

Mais dans M. Millon, l'homme privé surtout présente à
l'observateur un caractère entièrement neuf, original, unique, à part des autres caractères, sans modèle chez les anciens
et les modernes, comme il restera, je l'espère, sans imita-
teur. Encore des anecdotes; elles prouveront que

Le vrai peut quelquefois n'être pas vraisemblable.

Lors de son séjour en Angleterre, le disciple d'Aristote se
prit d'une belle passion pour une jeune veuve qu'il entrevit
au parloir de son couvent. Cependant le *maître* avait dit, je ne
sais dans quelle partie de ses ouvrages : *La femme est une erreur de la nature;* mais

Pour être philosophe, on n'en est pas moins homme,

et le cœur de M. Millon ne lui appartenait plus. Quoi qu'il en
soit, après le premier entretien, la dame anglaise, vive et
spirituelle, fatiguée d'un hommage à la glace, était déjà
dégoûtée de son triste soupirant. *Quand ce grand monsieur si
ennuyeux reviendra,* dit-elle à la sœur tourrière, *vous répon-
drez que je suis sortie.* Cela sentait furieusement le congé. Il
n'en fut pourtant pas ainsi : notre philosophe revient le lendemain, le surlendemain, les jours suivants; toujours même
réponse : bref, il réitéra ses inutiles visites pendant deux
années entières. Vaincue à la fin, et même touchée par la

constance infatigable du Céladon français, la belle consentit à
former de nouveaux nœuds : elle est aujourd'hui Mme Millon.
Il y a un flegme plus qu'anglican dans cette persévérance
d'amour. Ce qui va suivre est encore plus fort.

Le fils de M. Millon avait embrassé la carrière des armes ;
fait prisonnier, depuis long-temps il ne donnait plus de ses
nouvelles : on le croyait perdu pour toujours, et sa malheureuse mère était plongée dans la douleur. Quant à l'impassible
M. Millon, cet événement n'avait pas même effleuré sa triple
cuirasse philosophique..... Un jour donc qu'il montait la rue
des Fossés-Saint-Victor, où il demeurait alors, ne voilà-t-il
pas qu'il aperçoit le pauvre militaire en assez piteux équipage,
et cherchant à regagner clopin clopant le toît paternel. Tout
autre que M. Millon se fût précipité sur les pas de l'enfant
prodigue, l'eût pressé dans ses bras, et eût étouffé dans de
douces étreintes les mortelles alarmes causées par une trop
longue absence. Vive la philosophie pour comprimer ces ridicules mouvements de la nature !..... sans sourciller et sans
détourner la tête, le moderne stoïcien continue sa marche d'un
pas intrépide ; il entre, attend son fils, et lui adresse à son
arrivée ces inconcevables paroles.

(Ici commence un petit dialogue de famille.)

M. MILLON *père, d'un ton nasal.*

Bonjour, Millon, te voilà donc revenu ? Je suis bien aise de
te voir.

MILLON *fils, voulant embrasser son père.*

Permettez, papa.....

MILLON *père.*

Laisse donc, nous aurons le temps de faire tout cela plus
tard..... et ta mère qui te croyait mort..... elle va être bien
surprise..... viens, suis-moi, et ne parais que quand je t'appellerai.

Ce qui fut dit, fut fait; et Millon fils, caché derrière la porte, comme en embuscade, attendait le signal convenu.

Millon père, à sa femme.

Dis donc, ma femme ? Tu sais bien Millon.....

Me Millon, l'interrompant avec vivacité.

Eh bien, ce pauvre enfant! où est-il? Ah ! je suis trop sûre qu'il n'existe plus!.....

Millon père, toujours avec un sang froid imperturbable.

Mais laisse-moi donc finir..... Tu sais bien, Millon, tu le croyais mort, n'est-ce pas? Eh bien! le voilà : (se tournant vers la porte) Millon, viens dire bon jour à ta mère.

Je laisse à juger des caresses d'une mère aussi tendre..... pendant ce temps-là, M. Millon, sans vouloir jouir d'une aussi touchante reconnaissance, s'était retiré dans un coin de la chambre; et tirant de sa poche un bouquin dont il venait de faire l'acquisition, il se mit à le parcourir attentivement, comme s'il n'avait jamais eu de fils. Le stoïcisme tout entier n'eût pas mieux fait.

M. Millon est né aux Andelys, patrie du célèbre Nicolas Poussin et du savant docteur Adrien Turnèbe. Il y a quelques années, le vieux professeur voulut se faire élire député par son département (Eure.). S'il eût réussi, toutes les fois qu'il aurait pris la parole, on eût pu dormir à la tribune, comme à l'académie et à la faculté.

M. PORTALIS.

Portalis (comte de), garde des sceaux, ministre de la justice, né à Aix, le 19 février 1778.

S'il est un spectacle consolant au milieu des phénomènes déplorables dont se compose la vie morale des sociétés, c'est celui d'un homme qui jeune encore est parvenu après une carrière déjà longue au faîte des dignités humaines, sans avoir jamais écouté d'autre voix que celle de la conviction et de la conscience, et, au milieu de tant d'injustices et de calomnies auxquelles la vertu et la sincérité sont presque toujours en butte, surtout dans les instants de fortune, et qui a su conserver une réputation d'honneur, de probité et de désintéressement reconnue par les partis, les opinions et les intérêts les plus opposés. La vie et les travaux de M. le comte Portalis nous offriront ces deux exemples également rares et satisfaisants. L'admiration et la reconnaissance ont consacré la mémoire de son illustre et vertueux père, dont les talents avaient brillé au barreau du parlement d'Aix d'un si vif éclat dans les années qui précédèrent la révolution. Nos premières assemblées politiques, l'assemblée constituante, l'assemblée législative, la convention, qui avaient vu arriver d'une manière beaucoup moins complète qu'on ne le croit communément l'élite des hommes supérieurs de la France, ne comptèrent point Portalis père parmi leurs membres. Il parut pour la première fois à la tribune législative lors de l'établissement de la constitution directoriale de l'an III dans le conseil des anciens. On sait avec quelle haute distinction il se fit remarquer parmi les orateurs qui combattirent avec le plus de courage les empiètements d'un gouvernement sans considération, et à qui les préjugés révolutionnaires n'avaient accordé qu'une puissance légale, faible et insuffisante, dont les vœux secrets et la conviction plus que les efforts actifs appelaient alors le retour d'une monarchie constitutionnelle, et qu'une proscription aveugle confondit avec d'autres hommes avec lesquels leurs rapports étaient loin d'être intimes. Nous voulons parler de ces odieuses proscriptions de fructidor dont Portalis père fut une des plus illustres victimes. Son fils alors adolescent le suivit sur la terre d'exil, et sa carrière, vouée depuis à la gloire et à l'humanité, commença ainsi sous les touchants auspices de la piété filiale. Il s'était déjà fait connaître par quelques articles remarquables de journaux sur des sujets de haute législation, et que les publicistes directoriaux attaquèrent avec beaucoup d'amertume. Ce fut en Allemagne que Portalis et son fils passèrent la plus grande partie du temps de leur proscription, et ce séjour dans la terre classique de l'instruction solide et de la philosophie spiritualiste ne fut pas sans une grande influence sur la marche des idées et la nature des doctrines que ce dernier eut lieu de développer par la suite. Il acquit une connaissance approfondie de la langue, de la littérature et de la philosophie allemandes; il s'initia dans tous les secrets, il se familiarisa avec tous les trésors de leurs doctes universités et dont peu de Français, même parmi les plus instruits, savaient apprécier toute l'importance comme feu Charles Villers, le premier de nos publicistes, l'avant-dernier et éloquent prédécesseur de M. Portalis et enfin M. Portalis lui-même. C'est peut-être à la connaissance approfondie qu'il acquit de la littérature et de la métaphysique allemandes autant qu'aux premiers exemples et aux premières leçons qu'il eut le bonheur de recevoir qu'il faut attribuer cet heureux mélange de raison et de morale, de foi sincère et de noble tolérance, puisque faute d'un autre mot il faut encore se servir de celui-là, de sagesse et d'élévation qui se sont fait constamment remarquer dans ses discours, ses écrits et sa con-

duite. C'est dans une terre du comte de Reventlau, du côté du Holstein, que MM. Portalis père et fils passèrent la plus grande partie du temps de leur exil; depuis ce dernier épousa la nièce et pupille de ce même comte de Reventlau, la jeune comtesse de Holck; elle était née dans la religion protestante et la professait; mais peu de temps après elle embrassa la religion catholique, celle de son époux. Chez des catholiques de l'école religieuse des Portalis et de ceux qui ont embrassé les mêmes doctrines la douceur et la tolérance évangéliques, n'ont rien à envier aux plus édifiantes conquêtes morales et civiles de la réforme du xvie siècle; et la piété sincère et modeste de Madame Portalis, en trouvant dans son nouveau culte une expression plus vive et plus sensible, ne fut sans doute ni plus ardente, ni plus profonde que celle de la jeune et aimable comtesse de Holck. A la même époque à peu près un écrit de M. Portalis, intitulé : *Du devoir de l'Historien de bien considérer le caractère et le génie de chaque siècle, en jugeant les grands hommes qui y ont vécu,* fut couronné déjà par l'académie de Stocholm, et imprimé à Paris. Avoir traité avec succès un pareil sujet à la fin du dix-huitième siècle était un heureux présage et doit être maintenant regardé comme un heureux antécédent pour un homme d'état du xixe siècle. Le commencement de la gloire consulaire fut bientôt suivi de la fin des proscriptions. Les hommes de toutes les opinions, proscripteurs, proscrits, modérés, entourèrent alors le char d'un triomphateur qui remplissait tant d'espérances, et en donnait tant d'autres, évanouies bientôt après. Le conseil-d'état et le ministère des cultes s'honorèrent des lumière et des vertus remarquables de M. Portalis; et ce fut sous les auspices de la fortune si bien méritée par son illustre père, que son digne fils commença à cette époque la carrière des affaires et de l'administration publique. Entré dans la carrière diplomatique, il y parut avec le double éclat de son nom et de son talent

personnel, et fut successivement employé au congrès d'A-
miens sous la direction de Joseph Bonaparte, à celui de Lu-
néville, en même temps que le fils d'un autre proscrit illustre, son cousin le vicomte Siméon, actuellement directeur
des beaux-arts, comme secrétaire d'ambassade à Londres sous
le général Andréossi et enfin à Berlin. En 1804 Napoléon le
nomma envoyé extraordinaire et ministre plénipotentiaire auprès du prince archi-chancelier, résidant alors à Ratisbonne,
et le rappela l'année suivante à Paris, où il remplit l'emploi
de secrétaire-général du ministère des cultes, et il partagea
avec son père la reconnaissance que ce vertueux homme d'é-
tat sut inspirer aux catholiques et aux protestants de toutes les
parties de la France; il fut alors nommé maître des requêtes,
et bientôt après avec MM. Molé et Pasquier, commissaire
du gouvernement près l'assemblée des députés israélites et
le grand sanhédrin qui la suivit, et dont l'objet était de mettre
par des mesures administratives un terme à l'usure de quelques Juifs de la France, et de faire connaître l'harmonie des
principes de leur culte et des devoirs de la sociabilité et
de donner à leur culte une organisation légale. Il n'est aucun membre de l'assemblée qui n'ait conservé un souvenir
plein de reconnaissance de l'aménité et de l'impartialité cons-
ciencieuse de M. Portalis fils. Après la mort de son père devenu aveugle dans les dernières années et près duquel il consacrait à la piété filiale les instants que lui laissaient libres ses
travaux, il ne resta chargé que très-peu de jours du portefeuille du ministère des cultes, qui fut donné à Bigot Préa-
méneu; mais il fut nommé conseiller-d'état, membre du
conseil du sceau et des titres, et en 1810, directeur-général
de la librairie. Ce fut le moment où les rigueurs de la disgrâce succédèrent un instant pour lui aux premières faveurs
de la fortune. Une vie de mésintelligence commence à éclater entre Napoléon et le pontife romain, dont il avait naguère regardé la consécration religieuse comme nécessaire

à sa puissance, et ce pontife venait de lancer un bref au sujet du cardinal Maury, contre lequel il avait sans doute des griefs personnels, mais auquel l'opinion publique reprochait aussi son éloignement systématique de l'assemblée constituante et de toutes les réformes utiles, et son adulation nouvelle du pouvoir absolu qui venait de s'élever. Napoléon avait lieu de penser que M. Portalis avait eu un des premiers connaissance de l'existence de ce bref; il lui reprochait de ne pas avoir mis à lui en donner communication un empressement dont rien ne lui faisait un devoir particulier, et dont des scrupules de différentes sortes pouvaient le retenir.

Lorsque cet acte fut entièrement connu, Napoléon, en plein conseil d'état, se livra envers le directeur général de la librairie à une de ces sorties violentes, dont la complication des événements, les irritations qui s'ensuivaient dans son caractère lui donnaient dès-lors l'habitude, et dont les exemples depuis cette époque devinrent chez lui de plus en plus fréquents. Son emportement et sa rigueur, dans cette occasion, furent au-delà de toutes les bornes. Il renvoya M. Portalis du conseil, le destitua de toutes ses fonctions, et l'exila à quarante lieues de Paris. En même temps, on ajoute qu'en sortant du conseil, il fit demander des nouvelles de Mme Portalis. M. Portalis lui-même supporta avec résignation cette disgrâce inattendue, et lorsqu'en 1813 M. Molé, son collègue et son ami, succéda au duc de Massa (Régnier) dans les fonctions de grand-juge ministre de la justice, il fut d'abord rappelé à Paris, et nommé ensuite premier président de la cour de Poitiers. Il vint au nom de cette cour féliciter Louis XVIII à sa première entrée dans la capitale, et commença sa nouvelle carrière politique sous la restauration, en entrant au conseil d'état en qualité de conseiller extraordinaire. Comme la magistrature en général, il continua pendant les cent jours à rester l'organe de la justice auprès de ses concitoyens. La prudence, la modération et la délicatesse de sa conduite dans oes graves circonstances, furent reconnues avec distinction ; et lorsqu'à la deuxième restauration le conseil d'état reçut une organisation nouvelle, il y entra en même temps que son oncle le comte Siméon, depuis ministre de l'intérieur, et fut comme lui attaché à la section de législature. Il fut bientôt appelé à la présider, et fut dès-lors un des membres les plus actifs et les plus utiles du gouvernement. Il présenta à la chambre des députés un projet de loi sur les écrits séditieux, et fut chargé de le soutenir. Il entra aussi dans la magistrature, dont plus tard il devait devenir le chef. La cour de cassation le vit entrer dans son sein comme conseiller avant qu'il en fût nommé un des présidents. Ce fut le moment où l'on jugea à propos de négocier avec la cour de Rome un nouveau concordat qui modifiait dans quelques-unes de ses parties celui dont dix-sept ans auparavant M. Portalis père avait été le rapporteur auprès du corps législatif de la part du gouvernement. Son fils apportait dans cette mission importante plus d'un titre d'estime et de confiance, et après l'avoir rempli à Rome, où il passa quelque temps avec sa famille, et où il reçut l'accueil le plus distingué, il fut appelé à son retour en France à siéger à la chambre des pairs. Lorsqu'un grand nombre de personnages illustres fut appelé dans cette assemblée par une promotion célèbre à y donner une nouvelle force aux partisans de nos institutions constitutionnelles, ses lumières et son instruction lui assignèrent aussitôt une place distinguée parmi les orateurs de cette chambre. Le caractère naturellement conciliateur de ses opinions devait lui faire conserver toute son influence, lorsque le système ministériel fut modifié par le nouvel avénement du duc de Richelieu à la présidence du conseil. Il fut appelé en même temps que M. Siméon au ministère de l'intérieur à remplir sous M. de Serre les fonctions de sous-secrétaire d'état au ministère de la justice : il en fut éloigné à l'avénement du ministère dans lequel une faction ennemie de nos institutions constitutionnelles avait mis ses espérances, et qui, chargé par cette faction de faire la contre-révolution, en voulant la faire et n'osant la faire ouvertement, attira à la fois l'indignation de la France nouvelle et le mécontentement de la France ancienne. Durant ce triomphe trop long d'oppression et d'avilissement, la minorité, d'abord si imposante, ensuite la majorité si respectable de la chambre des pairs, fidèles à tous les vrais intérêts de la France et de son auguste dynastie, le comptaient parmi leurs plus utiles et infatigables soutiens. La reconnaissance publique gardera toujours le souvenir du lumineux rapport qu'il fit de la célèbre pétition de M. le comte Montlosier contre l'introduction des jésuites en France, et à la suite duquel elle fut prise en considération. Ce fut également à M. le comte Portalis qu'était réservé l'honneur d'être l'organe de la commission qui, dans la chambre des pairs, allait faire justice d'un projet de loi trop célèbre qui marquait les derniers instants d'un pouvoir agonisant, lorsque la sagesse paternelle de Charles X, en retirant ce projet, préluda à l'acte mémorable par lequel il allait un peu plus tard combler les vœux de la France et de tous les amis de la morale et de la civilisation. La nomination de M. Portalis au ministère de la justice était dans l'opinion et dans la conscience publique ; Charles X les devina et voulut les satisfaire. En entrant dans le sanctuaire des lois, M. Portalis semblait, pour ainsi dire, le purifier, revêtu comme il l'était du profond respect qu'inspirent les vertus publiques et privées. Il serait inutile de rappeler ici par combien de preuves de talents, de lumières et de dévoûment à tous les grands intérêts de la France, de la monarchie et de la morale publique, M. Portalis a, depuis son avènement au ministère, justifié toutes les espérances de la nation, soit à la tribune des deux chambres, soit par les actes du gouvernement auxquels son nom est particulièrement attaché. Ces faits sont trop récents et ont trop vivement excité l'attention publique ; l'opinion générale a eu trop souvent, et d'une manière trop éclatante, l'occasion de s'exprimer à leur sujet pour que nous ne dussions pas nous borner ici à ajouter humblement notre faible suffrage à ceux que M. le comte Portalis reçoit de l'unanimité de ses concitoyens, et à l'auguste satisfaction du prince dont il a conquis et si bien justifié la confiance. Ajoutons seulement que dans les réflexions si vives des petits journaux, relativement aux dangers des plaisanteries ingénieuses sur les matières les plus graves, on a reconnu l'homme d'état et le moraliste aussi profond qu'instruit, et que l'éloge si profondément senti qu'il a fait à la tribune de la chambre des députés du caractère moral et religieux de la philosophie du 19ᵉ siècle, a retenti dans la raison et le cœur de tous ceux qui savent la connaître et la seconder. Les nobles sceaux de l'état resteront encore long-temps, il faut l'espérer, dans des mains si pures et si dignes de le porter. Quel plus beau spectacle, quelle plus belle garantie que la justice et les lois confiées à la garde de l'honneur, de la sagesse et de la vertu !

M. le comte Portalis a un fils qui est déjà entré avec distinction dans la carrière de la magistrature; il avait confié le soin si précieux pour lui de son éducation à un savant profond et modeste qui, pendant le séjour qu'il fit avec son élève à Rome, s'illustra par d'importants travaux de numismatique, M. Renaud, actuellement attaché à la bibliothèque royale de Paris.   ****

le Duc de Reggio

M. LE MARÉCHAL DUC DE REGGIO.

Oudinot (Charles-Nicolas), né le 2 avril 1767 à Bar-sur-Ornain, s'enrôla dès l'âge de 16 ans dans le régiment de Médoc, et rentra trois ans après dans la maison paternelle; mais ayant embrassé avec chaleur la cause de notre régénération politique, et se sentant d'ailleurs entraîné par une vocation irrésistible pour le métier des armes, il fut admis en 1791 sous les drapeaux comme chef de bataillon des volontaires de la Meuse. Sa belle défense du château de Bitche, où il repoussa les Prussiens et leur prit 700 hommes, lui fit donner le régiment de Picardie dont le colonel venait d'émigrer : le corps des officiers allait suivre cet exemple, mais une harangue d'Oudinot les conserva à la patrie. Peu de temps après son régiment isolé près de Morlanter eut à soutenir depuis quatre heures du matin jusqu'à deux heures après midi les efforts de 10,000 ennemis; se voyant alors entouré par une nombreuse cavalerie, Oudinot, que ne peuvent entamer les charges les plus vigoureuses, forme le carré et, la baïonnette en avant, rejoint l'armée française. Son nom fut donné le lendemain pour mot d'ordre, et la belle conduite du régiment mise à l'ordre du jour. Le grade de général de brigade donné au jeune colonel compléta le prix de cette action d'éclat.

Le 19 thermidor an II par une manœuvre habile et hardie il se rendit maître de Trèves, où il commanda jusqu'au 27 fructidor an III. Employé à l'armée de la Moselle, il fut blessé de cinq coups de sabre et fait prisonnier pendant une attaque de nuit à Neckereau. Echangé au bout de cinq mois, il revint combattre sous les murs de Nordlingen, de Donawert et de Neubourg. Au blocus d'Ingolstadt, malgré un coup de feu et plusieurs autres blessures, il résista pendant dix heures à toutes les attaques du général autrichien Latour. Il avait encore le bras en écharpe à Eteinheim, quand, après des charges brillantes, il enleva avec les 7ᵉ de hussards, 10ᵉ et 17ᵉ régiments de dragons, un bataillon tout entier. La prise du pont de Manheim, la bataille de Feldtkirch, la prise de Constance, défendue par l'armée du prince de Condé et un corps autrichien, lui valurent les étoiles de général de division. Son sang arrosa l'immortel laurier de Zurich. Il était à peine guéri d'un coup de feu dans la poitrine, lorsque Masséna l'emmena en Italie comme chef d'état-major. Enfermé dans Gênes pendant le mémorable siége de cette place, deux fois il traversa sur une frêle embarcation la flotte anglaise, pour communiquer avec le général Suchet, et ce dévoûment fut pour les deux armées un sujet d'admiration.

Chef d'état-major de Brune en 1800, il enleva à la tête de son état-major une batterie qui, placée à Pozzolo sur une éminence, foudroyait l'armée française, dont le centre était enfoncé. Cette heureuse audace contribua puissamment à changer en victoire une défaite commencée. Le premier consul, en récompense de cette action, décerna au brave Oudinot un sabre d'honneur et un des canons enlevés à l'ennemi. Le général Oudinot se distingua encore au passage du Mincio, et, pendant l'armistice accordé au général Bellegarde par le général Brune, après la prise de Vérone par les Français, il fut chargé d'apporter à Paris les conventions signées à Trévise.

Nommé en 1805 grand cordon de la Légion d'Honneur et commandant des grenadiers-réunis de la grande-armée, il partit du camp de Boulogne; au bout de quarante-cinq jours de marche il s'empara de Vienne comme en passant, se présente au pont du Danube, miné et défendu par 180 pièces de canon, arrache des mains du premier canonnier autrichien la mèche allumée qu'il jette dans le fleuve, permet aux ennemis de parlementer pendant qu'il passe le pont, et reçoit leur capitulation. Il contribua aux victoires de Werlingen, d'Armstetten et à celle de Juntersdorff, après laquelle on le transporta blessé à Vienne.

Encore convalescent il se couvrit de gloire à Austerlitz. Nommé en 1806 gouverneur des comtés de Neufchalet et Valengen ravis à la Prusse, il fit chérir son commandement, et reçut à son départ une brillante épée avec le titre de *Neufchalet*.

Oudinot entra dans la capitale de la Prusse le 25 octobre 1806, après la célèbre victoire d'Iéna, et le 6 février 1807 il gagna en Pologne la bataille d'Ostrolenka, qui lui valut avec le titre de comte une dotation d'un million. Il alla ensuite à la tête d'une forte division renforcer l'armée du maréchal Lefèbvre, assiégeant Dantzick, qui capitula le 24 mai. Le 14 juin, attaqué à une heure du matin par 80,000 Russes dans la plaine de Friedland, il résista jusqu'à midi. Napoléon survenant alors avec le reste de l'armée, remporta une sanglante victoire, que suivit bientôt la paix de Tilsitt.

Gouverneur d'Erfurth en 1808, pendant la réunion des souverains autour de Napoléon, il commanda en 1809 les grenadiers réunis. Cette formidable avant-garde, partout victorieuse, battit les Autrichiens à Pfaffeuhofen le 19 avril, entra le 13 mai à Vienne, concourut de toute son énergie à la victoire de Wagram, qui fut suivie de l'armistice de Znaïm, puis de la paix de Vienne, et gagna pour son digne chef les titres de maréchal et de duc de Reggio.

En 1810 il s'empara sans coup férir du royaume de Hollande, et fit occuper militairement Amsterdam par un de ses lieutenants, le général de division Dessaix, (aujourd'hui retiré à Ferney-Voltaire (Ain), qui avait laissé dans cette ville les plus honorables souvenirs. Oudinot fit la campagne de Russie et y commanda le douzième corps de la grande armée, et fut deux fois gouverneur de Berlin ; ensuite il traversa la Pologne , franchit le Niémen et participa aux plus meurtrières affaires.

Au passage de la Dwina il écrasa ou jeta dans ce fleuve une division russe qui lui abandonna seize canons. Le 1ᵉʳ août il gagna le combat d'Obaïarzama ; le 17 , grièvement blessé à Polostk et laissant son commandement au général Gouvion-St.-Cyr , il se fait transporter à Wilna , où il ne tarde guères à apprendre l'évacuation de Moscou , nos désastres et la blessure fatale de son successeur. Quoique languissant encore il rejoint promptement son corps d'armée réduit à cinq mille hommes. Envoyé en toute hâte à Borisow pour assurer à l'armée le passage de la Bérézina , il culbute à quelques lieues de cette place la division ennemie de l'émigré Lambert ; il bat et poursuit une autre division russe à Sludzianka. Les armées de la Wolhynie et de la Dwina tombant ensemble sur les restes de l'armée française au bord de la Berézina et contenues pendant trois jours par les débris des maréchaux Ney, Victor, Mortier et Oudinot, ne peuvent empêcher ce périlleux passage. Mais le troisième jour Oudinot reçut une balle qui lui traversa le corps ; on le porta précipitamment en avant de l'armée au village de Plettschenilzony , où survint une nuée de Cosaques. Le maréchal épuisé par la perte de son sang, à peine pansé, presque mourant , ordonna à ses aides-de-camp, parmi lesquels figurait le colonel Jacqueminot (aujourd'hui député), à quelques blessés et à ses domestiques, formant tous ensemble une trentaine de personnes mal armées, de barricader la maison pour s'y défendre à outrance , et attendit ainsi l'avant-garde française, qui le tira de cette fâcheuse position.

L'année suivante, 1813, il combattit glorieusement à Bautzen, et campait avec son corps détaché à quelques lieues de Berlin. Pendant l'armistice, des ordres pressants lui enjoignirent de prendre cette capitale; mais Bernadotte lui barra le passage avec des forces supérieures, le battit à Gros-Béeren, et le replia sur Wittemberg. Pour réparer cet échec, Napoléon

donna quatre corps, y compris celui d'Oudinot, au prince de
la Moskowa, qui fut lui-même battu à Dennewitz. Le maréchal Oudinot couvrit la retraite avec quelques bataillons, et
ramena à Torgau une partie de l'artillerie.

Il commanda à Leipsick deux divisions de la garde, dont
l'héroïsme céda aux destins ennemis, le troisième jour de
cette fatale bataille. Durant la retraite du fond de l'Allemagne
aux bords du Rhin, le maréchal conduisit l'arrière-garde;
mais peu de jours avant la bataille de Hanau, il tomba malade, et fut emporté mourant du théâtre de la guerre. Cependant l'histoire le retrouvera dans les plus terribles affaires de
la savante et laborieuse campagne de France en 1814; elle
notera ses succès aux batailles de Brienne, de Champ-Au-
bert, et gémira de ses revers à celles de Bar et de la Ferté-
sur-Aube.

Après la capitulation de Paris, à la déchéance de Napoléon, le duc de Reggio se voua tout entier et sans réserve au
service de Louis XVIII, qui le nomma colonel général des
grenadiers et des chasseurs royaux et gouverneur de Metz;
mais tous ses efforts ne purent contenir que jusqu'à Troyes
l'impatience de ses troupes, qui l'abandonnèrent pour aller
au-devant de Napoléon. Il passa les cent jours dans sa campagne de Montmorency. Après la seconde restauration, il fut
nommé commandant en chef de la garde nationale parisienne,
l'un des majors-généraux de la garde royale, pair de France
et ministre d'état.

En 1816, le roi des Pays-Bas le félicita de sa noble conduite
durant le commandement qu'il avait eu en Hollande, et joignit
à sa lettre le grand-cordon de ses ordres. S. M. Louis XVIII
le nomma ensuite grand'croix de l'ordre royal de St-Louis,
et enfin chevalier de l'ordre du St-Esprit.

Dans la dernière guerre de la péninsule, ce maréchal, à la
tête d'un corps d'armée, entra facilement à Madrid, et reçut
du prince généralissime le commandement de cette capitale,

où, jusqu'à son départ pour Paris, il s'appliqua surtout à contenir une population ignorante, féroce et fanatisée.

La duchesse de Reggio, sa femme, née de Coucy, est dame d'honneur de la duchesse de Berry, et la plus jolie femme de la cour. Le maréchal de camp, marquis Oudinot, son fils aîné, a fait ses études au lycée impérial, est entré dans les pages, puis dans les chasseurs de la garde impériale. Il a servi bien jeune avec une grande distinction, commandait après la restauration un régiment de hussards, et commande aujourd'hui l'Ecole royale de cavalerie de Saumur.

Achille Jacquemin.

M.ᵉ FRÉGEVILLE.

Frégeville (Charles, marquis de), lieutenant-général de cavalerie, grand officier de la Légion-d'Honneur, chevalier de Saint-Louis, né au château de Frégeville, près de Castres (Tarn), était capitaine au régiment de dragons de Condé à l'époque de la révolution. Quoique noble il n'émigra pas, et devint successivement lieutenant-colonel et colonel des hussards de Chamborand. Il fit, soit en cette dernière qualité soit comme général de brigade, la campagne de Champagne et de la Belgique, et se signala d'une manière particulière à la bataille de Jemmapes, où il emporta de vive force une redoute hérissée d'artillerie. On le vit aussi à la retraite de Grandpré résister seul avec son régiment, affaibli par des pertes nombreuses, aux efforts violents d'une cavalerie redoutable. Sa conduite en plusieurs circonstances lui mérita l'honneur d'être cité dans le rapport du général en chef. Employé sous le général Muller, à l'armée des Pyrénées Occidentales, il contribua à la victoire que cinq mille républicains remportèrent en janvier 1794, à Urrugno et Saint-Jean de Luz, sur 15,000

Espagnols. Le 6 avril suivant il s'empara d'Andaye après un combat assez vif, contribua peu de jours après à repousser l'ennemi jusqu'au camp de Berra. Le 24 juin, les Espagnols avaient passé la Bidassoa et nos postes s'étaient repliés, lorsque par sa résistance courageuse à la Croix des Bousquets, le général Frégeville donna à l'armée le temps de se rallier et de repousser l'armée Espagnole, qui ne trouva de salut que sur l'autre rive. Il prit part à tous les combats qui nous rendirent maîtres de la Vallée de Bastan, et commandait une des attaques dirigées le 24 juillet contre l'armée ennemie. Le 1er août il somma la ville de Fontarabie de se rendre, ne donna que six minutes à son commandant pour se décider, et occupa sur-le-champ cette place, dont la garnison forte de huit cents hommes resta prisonnière. Le lendemain du jour où Latour d'Auvergne s'empara avec une seule pièce de huit de Saint-Sébastien, le général Frégeville fit avancer sur Tolosa (5 août), capitale de la Guipuzcoa, une partie des troupes de sa division. Le corps espagnol qui en défendait les approches fut repoussé. Les Français entrèrent pêle-mêle avec lui dans la ville et le poursuivirent au-delà; mais s'étant dispersés et affaiblis par l'impétuosité même de leur poursuite, ils furent à leur tour attaqués par les Espagnols, qui, s'étant ralliés, les ramenèrent jusque dans Tolosa, où l'on se battit long-temps avec opiniâtreté. Le général Frégeville étant arrivé avec le gros de sa division, rétablit le combat; l'ennemi chargé par nos hussards fut définitivement repoussé, et Tolosa resta enfin au pouvoir des républicains. Le brave général de Frégeville combattit avec sa valeur ordinaire à la journée du 17 octobre, où les Espagnols perdirent 2,500 hommes tués, blessés et prisonniers, cinquante pièces de canon, deux drapeaux, les fonderies d'Orbaïr et d'Eguy, estimées 32 millions, et la matière royale d'Irati, dont les magasins estimés quatre millions furent incendiés. Le 28 novembre de la même année, cet officier général attaqua un corps espagnol, campé sur les hauteurs de Bergara, au-dessous de Mondragon, lui enleva ses positions retranchées, le mit en fuite, le poursuivit jusqu'à la nuit et lui enleva deux cents prisonniers, un canon, cinq mille fusils, la caisse militaire et trente-huit caissons. Des escadrons de garde-du-corps du roi d'Espagne furent témoins de cette défaite ; ils assistèrent au combat sans y prendre part, et quand ils virent que la valeur de nos troupes l'emportait sur le nombre des leurs, ils montèrent sur leurs superbes chevaux andaloux, non pour charger les soldats républicains, mais pour s'éloigner à toute bride du champ-de-bataille. Le général espagnol Rubi donna lui-même dans ce combat l'exemple de la fuite. Il remit son habit brodé à un tambour de grenadiers, et se sauva à la nage. Après de nouvelles preuves de talent et de courage, le marquis de Frégeville fut appelé au commandement supérieur des 9ᵉ et 12ᵉ divisions militaires, et usa avec habileté dans cette circonstance des pouvoirs extraordinaires qui lui avaient été confiés pour étouffer l'insurrection que les ennemis du gouvernement avaient fomentée et entretenue dans les départements de la Haute-Garonne, du Tarn et du Gers, et remplit avec succès et à la satisfaction générale une mission que l'exaspération des esprits rendait extrêmement difficile. Elevé au grade de général de division le 28 décembre 1800, M. de Frégeville fut envoyé à l'armé de l'Ouest, en qualité d'inspecteur-général de cavalerie, et reçut la croix de commandeur de la Légion-d'Honneur, lors de la création de cet ordre. Il passa en 1806, au service de Naples, fut chargé d'un commandement dans les Calabres, et y détruisit plusieurs corps d'insurgés. Il était sans activité lors des événements politiques de 1814 ; fut nommé après le retour du Roi, chevalier de Saint-Louis le 8 juillet, et grand-officier de la Légion-d'Honneur le 27 décembre 1814 ; mais n'obtint aucun emploi. Chargé d'un commandement pendant les cent jours, il s'est retiré depuis dans une propriété près de Montpellier, et y vit éloigné des affaires.   ACHILLE JACQUEMIN.

Le Duc de Broglie

M. LE DUC DE BROGLIE ,

(Pair de France , né en 1785.)

Nous avons consacré dans un de nos derniers numéros un article de justice et d'impartialité à un homme d'état recommandable par ses lumières et ses vertus, et qui est admis en ce moment à en payer le noble tribut, dans les conseils du prince dont il fait partie, à la cause de la France, de ses institutions et à l'auguste famille qui la gouverne sous l'égide de ses institutions protectrices. Aujourd'hui nous allons consacrer quelques pages de conscience et de vérité à faire connaître la vie, les titres et les services d'un de nos plus jeunes, et cependant depuis long-temps un de nos plus illustres pairs de France, distingué, comme M. le comte de Portalis, par ses propres talents, par ses propres vertus et par les plus imposants et respectables souvenirs, et qui en même temps, par tout ce que les amis de la patrie, de la civilisation et de l'humanité ont encore à attendre des conceptions de son génie et des inspirations de son âme, est à un juste titre le digne objet de leurs plus vives et flatteuses espérances. Qui ne sait que la gloire est héréditaire dans l'illustre famille des Broglie? Qui ne sait aussi que l'éclat des armes françaises, languissant et terni depuis les dernières années du règne de Louis XIV sous une licencieuse régence et aux approches du bouleversement qui devait amener notre régénération sociale, que cet éclat long-temps si vif et si brillant, relevé d'intervalle en intervalle par les Villars , les Catinat et les Maurice , le fut sur-

20

tout par les exploits et les triomphes de l'illustre vainqueur
Berghen? Ses grandes actions, ses vertus et ses erreurs appartiennent à l'histoire. Contentons-nous de dire que, si les premières violences de la révolution, triste résultat de l'égoïsme
des uns et de la passion des autres, le jetèrent violemment
dans les rangs armés des plus implacables ennemis de cette
même révolution, elle ne le compte pas, lors de sa pure et
irréprochable aurore, au rang de ses stupides et égoïstes adversaires. Ce qui l'attesterait au besoin, si les premières annales de nos mémoires contemporains ne l'attestaient aussi,
c'est l'éducation et les principes qu'il donna à son fils aîné,
et le plaisir avec lequel il le vit prendre service dans la guerre
d'indépendance des Etats-Unis d'Amérique, sous la conduite
de Washington, sous les ordres des Viomesnil, des Rocham-
beau, des Lafayette. Ce fils aîné du maréchal de Broglie fut
le père de Victor Broglie, dont nous nous occupons dans cet
article. Disons encore un mot de son digne et malheureux
père; il embrassa avec chaleur et conviction la cause de la
révolution, et en blâmant ses premiers excès, ne s'en laissa
pas décourager; et pendant que son père quittait la France,
et après avoir inutilement donné à la cour des conseils qui
ne furent point suivis, il fut porté à l'assemblée constituante,
où il cueillit d'honorables palmes civiques avec ses brillants
compagnons de gloire militaire, les Lafayette, les Lameth,
les Latour-Maubourg et les Beauharnais. Il prit une part active à ses travaux comme membre du comité militaire; il fut
appelé à l'honneur de la présider, et à l'occasion d'une lettre
que son père, alors émigré, écrivit à l'assemblée constituante,
et qui excita avec raison le mécontentement et la colère de
cette assemblée, il prononça un discours qui excita l'admiration et l'attendrissement par le plus heureux et difficile mélange de la tendresse filiale et d'un sage et vif patriotisme.
Lorsque l'assemblée constituante se fut séparée, et que la
guerre eut éclaté entre la France et l'Autriche, il prit rang

dans l'armée avec le grade de maréchal-de-camp. Tant de dévoûment à la cause nationale, tant de sacrifices de ses intérêts et de ses sentiments les plus profonds, n'empêchèrent pas, quelques années après, les monstres qui s'emparèrent du pouvoir public en France, de le traîner avec une lâche atrocité sur l'échafaud arrosé journellement du sang de ce que la patrie avait de plus honorable et de plus vertueux; et de pareils crimes pouvaient être, comme voudraient le faire croire les inconcevables paradoxes de quelques écrivains ingénieux, dont l'âme pure et généreuse serait incapable de se souiller du moindre d'entre eux, de pareils crimes auraient été nécessaires pour sauver l'indépendance nationale! non, non; on le prouvera un jour; ils n'ont fait que des plaies encore saignantes, et des ennemis aveuglément irréconciliables à la cause sacrée de la liberté, de la philosophie et de notre régénération sociale.

Mais revenons à l'infortuné fils du maréchal de Broglie. Lorsqu'il monta sur l'échafaud, coupable de sa naissance, de ses talents et de ses vertus, son fils, celui dont nous retraçons la vie, était âgé de 9 ans; la mère de ce dernier, près de subir le même sort, parvint à s'échapper des prisons de Vesoul, par les soins d'un ancien et fidèle domestique, qui la conduisit en Suisse, et revint aussitôt après le 6 thermidor, avec son fils dont elle dirigea l'éducation. Peu de jours sont écoulés, et cette femme, à laquelle la France doit un de ses plus grands citoyens, a succombé dans un âge encore peu avancé, et au moment où nous parlons, son second époux, l'un de nos plus illustres et respectables députés, M. d'Argenson, et son fils accouru du séjour héréditaire de la gloire paternelle, du château de Broglie, avec la compagne fidèle de ses destinées et de ses douleurs, la pleurent avec des larmes également amères d'affliction, également inconsolables. La première éducation du duc de Broglie fut donc l'ouvrage de sa mère. C'est un exemple de plus à ajouter à ceux qui nous prouvent qu'il n'en est pas de plus propre à inspirer les grandes choses, les idées élevées et les sentiments généreux. Le jeune de Broglie suivit pendant quelque temps les cours de l'Ecole Centrale ; institution trop vite oubliée, trop peu imitée, et d'où est sorti un grand nombre des hommes distingués de nos générations contemporaines.

Lorsque, plusieurs années après, la veuve du malheureux de Broglie s'unit en deuxièmes noces à M. le comte Voyer-d'Argenson, celui-ci alla s'établir dans sa terre des Ormes, non loin de Périgueux, avec sa nouvelle épouse. Le fils de cette dernière, devenu le fils adoptif de M. d'Argenson, fut confié pour le perfectionnement de son éducation supérieure à un des savants les plus distingués de Strasbourg, alors déjà très-célèbre, quoique très-jeune encore, dont le père, maintenant vénérable octogénaire, était regardé comme l'un des premiers hellénistes de l'Europe, qui marchait sur ses traces, et qui maintenant s'est acquis une réputation personnelle du premier ordre. C'est avoir nommé le digne collaborateur dans la *Description des antiquités alsaciennes* de M. Golbéry, M. Schwahauser fils, correspondant de l'Institut. Il passa plusieurs années aux Ormes et initia son jeune élève, dont les dispositions précoces faisaient l'étonnement général, dans tous les secrets de l'histoire, de la littérature et de la philosophie anciennes et modernes. Formé sous de tels auspices, il vint dans la capitale, à peine sorti d'adolescence, pour y commencer une carrière publique digne de ses talents et de sa position. Il fit insérer dans nos principaux journaux littéraires des articles qui excitèrent l'attention des hommes instruits et des hommes de goût, et qui décelaient les sources précieuses et abondantes où il avait puisé, et l'avenir intellectuel et moral qui lui était réservé. Dans le moment où Napoléon, cherchant à appuyer son pouvoir de l'éclat de toutes les illustrations, appela au conseil-d'état comme auditeurs tous les jeunes gens que recommandait le nom ou la fortune, ce dernier avantage n'était plus celui que pouvait offrir le jeune de Broglie, d'après les événements dont sa famille avait été la victime : mais à l'éclat du nom il ajoutait des talents qui commençaient à être connus. Sa place fut donc marquée, dès 1809, au conseil-d'état en qualité d'auditeur attaché à la section d'intérieur ; il commença ainsi, très-jeune, à joindre à la richesse des études l'expérience des affaires. Successivement intendant en Illyrie, administrateur à Valladolid, attaché en 1812 à l'ambassade de Varsovie, et sous M. de Narbonne à celle de Vienne et au congrès de Prague, il avait profité de tout ce que l'exercice de ces diverses fonctions avait fait passer sous ses yeux, et de tous les instants de loisir qu'il pouvait lui laisser, pour approfondir l'étude des théories sociales, et s'était préparé ainsi pour l'époque que tous les esprits supérieurs, comme le sien, regardaient comme inévitable, où recommencerait, pour triompher un jour d'une manière réelle et définitive, l'ère violemment retardée du gouvernement représentatif, la plus impérieuse nécessité du siècle. Il fut nommé à la chambre des pairs, en juin 1814, à la première formation de cette chambre. On n'a pas beaucoup à craindre de se tromper, en supposant qu'une partie de ceux auxquels à cette époque fut confié le soin si important de la restauration du trône et des libertés publiques, en assignant une place au jeune duc de Broglie dans la chambre haute, se ressouvenait beaucoup plus qu'il était le petit-fils d'un maréchal de France de l'ancien régime et le fils d'une victime de la révolution, qu'elle ne pressentait en lui l'un des plus éloquents, des plus ingénieux et des plus inébranlables défenseurs de toutes les doctrines de la monarchie constitutionnelle. N'ayant pas encore atteint l'âge de 30 ans au moment où il entra dans la chambre des pairs, et trop jeune par conséquent pour prendre part à ses délibérations, il ne se fit pas moins remarquer déjà pendant la durée de la première restauration, par plusieurs opinions sages et libérales. Les fonctions d'officier supérieur dans la garde nationale de Paris furent les seules qu'il remplit pendant l'interrègne. La veille du jour où devait se prononcer le jugement du maréchal Ney, dont il avait suivi tous les débats sans prendre voix délibérative, parvenu à l'âge dont nous parlions plus haut, nécessaire pour avoir voix délibérative à la chambre haute, il réclama comme une prérogative ce que d'autres pouvaient regarder comme un devoir rigoureux ; il combattit avec courage en faveur du malheureux accusé, et fut du petit nombre des pairs qui votèrent l'absolution pure et simple. Ce fut le moment à peu près où il effectua l'heureuse union dont il avait depuis quelque temps déjà la brillante espérance. Mᵐᵉ de Staël cherchait un époux pour une fille dont on blesserait la modestie et les sentiments les plus intimes, si on révélait celles des qualités de son immortelle mère qu'elle possède, outre celles qui la distinguent particulièrement d'une manière si inappréciable. Pour fixer un pareil choix, il ne fallait rien moins que les nobles et brillantes qualités dont le jeune duc de Broglie offrait presque seul en ce moment la réunion si rare et si éclatante. Personne ne méritait plus que lui une si glorieuse et si fortunée préférence, personne aussi ne fut plus heureux de l'obtenir. Les talents qu'il avait acquis, les vertus qu'il avait montrées, tels étaient les titres qui devaient lui faire obtenir l'avantage d'une si noble et si douce alliance. Ajoutons que les uns et les autres reçurent de cette alliance même un nouvel et puissant essor. Il avait puisé dans ses premières études la connaissance approfondie de tous les trésors de l'antiquité et des sciences politiques et sociales sous l'influence desquelles s'étaient écoulées jusqu'ici les différentes phases de la révolution française. En entrant dans la famille de Necker et de son immortelle fille, en acquérant par là des titres à l'amitié de l'illustre écrivain publiciste et philosophe, qui s'honore de voir en lui l'élève qui a le plus glorieusement marché sur ses traces, il se plongea aussi dans les sources vivifiantes et sublimes, et les doctrines morales et religieuses dont on trouve à la fois dans cette famille, dans ses amis et ses admirateurs la tradition vivante et l'expression vive et pure.

Aucune nourriture ne manqua alors à son esprit, aucune inspiration à son âme. Il devint le gendre de Madame Staël deux ans avant qu'elle fût enlevée aux lettres, à la France, à l'amitié inconsable. Son union avec Mademoiselle Albertine de Staël fut contractée en Italie. Un prêtre de la religion catholique donna la bénédiction nuptiale au jeune duc, né et élevé dans cette religion, un ministre protestant à la pieuse et fervente réformée. Les vœux de ces deux dignes ministres de l'Évangile se seront confondus sans doute pour implorer le bonheur d'un couple qui en était si digne par toutes les vertus sociales et religieuses. La carrière parlementaire du duc de Broglie ne présente plus qu'une suite de triomphes par son éloquence et son patriotisme. Un ministère dont les intentions étaient nationales et conciliatrices, mais à qui les passions sous l'influence desquelles il se trouvait ne permettaient de suivre qu'une partie de ses intentions généreuses, n'osait ou plutôt ne pouvait avancer qu'en tâtonnant dans le système de la pacification et du régime constitutionnel comme dans la chambre des députés ; une opposition libérale et monarchique se se forma, composée de l'élite de ces chambres en talents et en courage. Dans la chambre haute le duc de Broglie en fut constamment le plus brillant, le plus ingénieux, et un des plus courageux et inflexibles interprètes. Avec lui combattaient Lanjuinais, Boissy-d'Anglas, Larochefoucault, dont la mémoire est chère à tous les amis de leur pays, d'autres dont il est fier encore. Le ministère de cette époque fut obligé de se laisser entacher des caractères de violence et de réaction que lui donnaient les vives passions qui agitaient la société. Ce fut un des premiers sujets sur lesquels s'exerça le talent du duc de Broglie; il le traita avec une profondeur de vues, une philosophie et des sentiments philanthropiques, dont l'impression fut aussi profonde que générale. Ses improvisations ne firent pas moins d'effet que ses discours mûrement réfléchis dans le silence du cabinet, et il ne montra pas moins d'habileté en défendant la loi d'élection le 5 février, qu'en attaquant les mesures qu'il regardait comme contraires à l'intérêt du pays et à l'esprit de la charte. Il prit à peu près en même temps l'engagement de soumettre à la chambre des remarques sur l'état de notre législation criminelle, concernant le droit d'arrêter et de détenir, ainsi que ses dispositions sur les moyens de faire disparaître les nombreux abus de cette partie de nos codes ; engagement qu'il n'aurait pu tenir jusqu'ici sans compromettre sa généreuse entreprise, mais dont la méditation habituelle lui avait donné les moyens de rendre les services les plus essentiels à l'humanité, soit dans les réunions officielles ou libres auxquelles il a pris part, soit dans le comité de surveillance des prisons dont il est membre, soit encore dans les commissions de la chambre des pairs, dans ses débats législatifs, et plus spécialement encore dans ses délibérations comme cour judiciaire. Mais c'est dans la discussion des projets de loi de la liberté de la presse et l'oppressive institution de la censure, qu'il se surpassa lui-même et qu'il développa toutes les ressources de son esprit et de son instruction, et après avoir combattu tous les projets défectueux qui avaient été présentés successivement sur cette matière importante, il fut nommé rapporteur du projet de loi sur les délits de la presse soumis à la chambre des pairs le 8 mai 1819, et qui donnait à cette faculté vitale dans les institutions politiques d'une nation libre un degré d'extension et de liberté qu'elle n'avait pas encore eu jusqu'alors, et qui ne laissait presque rien à désirer aux amis de ces précieuses garanties sociales. Le garde des sceaux ministre de la justice de Serres en avait été le principal auteur, et l'avait fait adopter à la chambre des députés, soutenu par le ministre de l'intérieur M. Decazes et les orateurs les plus distingués de cette chambre.

(La suite au numéro prochain.)

M. LE DUC DE BROGLIE.

(*Suite.*)

Les amis de la liberté se réjouirent en voyant le duc de Broglie nommé rapporteur de cette loi, à laquelle il fit encore ajouter ou proposa plusieurs améliorations essentielles. Ici nous arrivons à une époque remarquable de la vie de M. le duc de Broglie, et au sujet de laquelle nous avons à communiquer à nos lecteurs des aperçus importants, et qui peut-être pourront contribuer à rectifier quelques jugements injustes, erronnés, et surtout hasardés trop précipitamment et sans une connaissance suffisante des faits et des intentions qui s'y rattachaient. Assaillie par les orages des passions les plus violentes, la Charte constitutionnelle qui était dans le vœu du monarque, dont elle était l'ouvrage, et de la nation, dont elle satisfaisait les besoins les plus irrésistibles, commençait à sortir triomphante des attaques dont elle était l'objet. Un ministère national composait le conseil du prince législateur. Là siégeaient Dessolles et St.-Cyr, guerriers instruits et modestes, hommes d'état sages et intègres, de Serres, dont l'éloquence et le génie égalaient la profondeur et le savoir, Decazes, ministre conciliateur et sage défenseur de nos libertés publiques, Louis et Portal.

Une loi électorale essentiellement populaire, quoique émanée du pouvoir royal, assurait l'avenir de la France constitutionnelle; mais les passions malheureusement étaient loin d'être calmées, et si la France et le gouvernement n'aspiraient qu'au règne paisible des lois, les partis, il faut le dire, n'avaient encore renoncé à presque aucune de leurs espérances. D'un autre côté, les vices essentiels qui se faisaient remarquer dans le jeu et le mécanisme de notre gouvernement représentatif, étaient généralement sentis, et c'est par nos écrivains et nos publicistes les plus libéraux que ces vices à des époques précédentes avaient été signalés. Louis **XVIII** à son retour de la deuxième restauration, avait promis de réviser quelques articles réglementaires de la Charte constitutionnelle. Le duc de Broglie, replié dans sa conscience, sans engagement antérieur à sa position du moment, sans autre vue que l'affermissement des libertés publiques, resta presque entièrement isolé entre ceux qui repoussaient vivement ses idées et ceux qui aspiraient dès lors à les altérer en leur faveur. Dès-lors ce qu'on espérait devint impossible. Des ministres dévoués à nos institutions, mais sans appuis au-dehors, sans majorité dans les chambres, se déterminèrent à une retraite où les suivit la reconnaissance publique. D'autres non moins dévoués à ces mêmes institutions restèrent pour en retarder la chute dès lors menaçante, et le nouveau ministère qui fut ainsi formé, en butte à la méfiance et par conséquent aux attaques des hommes de l'opinion nationale, fut contre son gré obligé de faire de premières et funestes concessions aux doctrines qui lui sont contraires. Un portefeuille fut offert, on devine dans quel but, au duc de Broglie, et on voulut recréer pour lui le ministère de l'administration de la guerre. Digne de lui-même, il refusa, et la France vit bientôt qu'il était resté également digne d'elle. Il fit sentir d'abord toutes les défectuosités de la nouvelle loi d'élection, véritable fantôme de l'ensemble des améliorations politiques dont lui et ses amis avaient conçu l'espoir. Il en vota néanmoins l'adoption dans l'impossibilité qu'il croyait voir, non sans raison, de trouver en ce moment une solution différente aux problêmes qui étaient à résoudre ; mais bientôt après les funestes troubles de juin, les séances de la cour des pairs donnèrent un nouvel essor à ses sentiments de patriotisme et d'humanité. Enfin un crime affreux, ensuite des combinaisons en Europe, favorables aux vieilles doctrines du despotisme, amenèrent pour nous la funeste époque du triomphe momentané de ses doctrines et de ses partisans, le duc de Broglie parut de nouveau à la brêche armé de son talent et de son courage.

Son discours si généreux, si désintéressé contre la loi d'indemnité, ceux contre la loi du sacrilége et celle des successions, contre la censure et sur la profanation des dépouilles mortelles de Larochefoucauld, resteront comme autant de monuments pour la France, pour la civilisation et pour la postérité.

Au moment où tout faisait pressentir l'heure de la délivrance, un malheur vint empoisonner cet espoir pour le duc de Broglie et la compagne de ses destinées : dans la force de l'âge, dans l'exercice des plus hautes vertus, dans la maturité d'une raison supérieure, Auguste de Staël est enlevé de ce monde, Auguste de Staël, son digne beau-frère, et qui venait de le remplacer lui-même dans la présidence de cette noble et respectable société de la morale chrétienne, destinée à régénérer une croyance qui a civilisé le monde par les moyens mêmes qui lui firent faire ses premières et sublimes conquêtes, la persuasion, la justice et la charité. Le vœu de la France fut exaucé, et les nouveaux dépositaires responsables du pouvoir trouvèrent aussitôt pour les conceptions par lesquelles ils préludèrent à la régénération complète que la France est en droit d'attendre de leurs lumières et de leurs intentions, dans le plus redoutable adversaire de leurs prédécesseurs, leur propre appréciateur le plus utile, le plus modeste et le plus désintéressé.

****

ERRATA.

Dans la première partie de l'article sur le duc de Broglie, en haut de la première page, lisez : *le vainqueur de Berghen.*

Dans la seconde : *le 9 thermidor* au lieu de 6.

Dans la sixième on a omis ces mots : *On proposa un projet d'amnistie,* puis : *le ministère le laissa entacher,* etc.

M. DE CAUX.

Caux (Louis-Victor, vicomte de) lieutenant-général du génie, ministre secrétaire-d'état de la guerre, commandeur de Saint-Louis et grand officier de la Légion-d'Honneur, naquit à à Douai en 1774 ou 1775. Son arrière-grand père, son grand père, son père et ses oncles avaient été lieutenants-généraux, inspecteurs du génie (1). Le jeune de Caux, qui montrait les dispositions les plus heureuses reçut de ses parents une direction qu'il devait suivre avec le plus grand succès. En mars 1793, il entra comme sous-lieutenant dans l'arme du génie pour laquelle on lui avait donné dans sa famille les meilleurs enseignements. Ses débuts brillants prouvèrent qu'il avait profité des plus savantes leçons. Il s'associa dans plusieurs campagnes à la gloire ainsi qu'aux travaux des armées des Ardennes, du Rhin et de Rhin - et - Moselle. Il se distingua aux combats de Derbach, de Dillingen, à la bataille mémorable de Néresheim, et au fameux passage du Danube. En 1799, M. de Caux, parvenu par ses talents et sa bravoure au grade de chef de bataillon, fut chargé par le général en chef Moreau de régler et de faire exécuter, de concert avec le comte de Bubna, commissaire de l'Autriche, les conditions de l'armistice de 1799 dans les places d'Ulm, d'Ingolstadt et de Philisbourg, occupées par des garnisons Autrichiennes. Plus tard il fut employé à l'armée des Côtes-de-l'Océan, et à la grande armée. En 1806, il remplit à l'armée de réserve les

---

(1) M. de Caux s'est allié à une famille honorable : il a épousé la fille de M. le baron Milet de Mureau, ancien député aux Etats-Généraux et lieutenant-général du génie. M. Milet Mureau, devenu ministre de la guerre, a laissé les plus honorables souvenirs. C'est lui qui a publié le *Voyage de Lapeyrouse.*

fonctions de chef-d'état-major de l'armée à laquelle il appartenait. L'année suivante, il fut appelé au ministère de la guerre pour y diriger les bureaux du personnel et du matériel du corps impérial du génie. Lors de l'expédition des Anglais à Walcheren, il fut l'un des officiers supérieurs dont l'habileté contribua à faire échouer l'entreprise de lord Chatam. La promptitude avec laquelle plusieurs forts furent réparés ou construits sur l'Escaut, la bonne disposition de plusieurs redoutes et d'un grand nombre de batteries dont se hérissèrent les bords du fleuve, présentèrent à l'armée navale anglaise des obstacles invincibles. Le chef de bataillon de Caux montra dans cette occasion ce que peut le zèle uni à l'expérience et aux talents. Après cette campagne, il revint au ministère de la guerre, et il avait en 1813 obtenu le titre de baron et le grade de colonel. Pendant l'invasion il rendit les services les plus signalés en se dévouant pour négocier les intérêts de l'état avec le duc de Wellington. Chargé alors par le duc de Richelieu de régler la répartition des troupes étrangères sur notre territoire, il obtint, en faisant prévaloir le système des abonnements, la cessation d'affreuses déprédations qui pesaient sur le pays. Cette concession faite à sa fermeté réduisit d'au moins vingt millions les charges que devaient supporter les habitants. Pour mettre des bornes à des vexations et à des exigences qui dépassaient le droit du vainqueur, il fit établir des officiers supérieurs français auprès des différents chefs de l'armée d'occupation. Cette mesure eut tout le succès qu'il s'en était promis, puisqu'il en résulta un grand adoucissement pour les citoyens. Dans cette mission, ses rapports avec lord Wellington lui fournirent de fréquentes occasions d'être utile à sa patrie. L'admission de M. le vicomte de Caux au conseil-d'état en 1817, est, on doit le croire, la juste récompense des services qu'il rendit à cette époque. Le colonel de Caux avait été nommé le 20 août 1814, maréchal de camp après quinze ans de service comme officier supérieur. Il reçut la croix de commandeur de la Légion-d'Honneur le 8 mai 1820, et quitta à la fin de l'année suivante, au grand regret des officiers du génie et des employés sous ses ordres, le ministère de la guerre; il y reparut un moment au mois de mars 1823, pour remplir les fonctions par *intérim* de directeur-général du personnel, et à la fin de la même année, l'emploi de directeur-général de l'administration, qu'il exerçait encore à la fin de 1827, lui fut confié. Le vicomte de Caux, chef de division ou de direction au ministère de la guerre, montra tous les talents d'un administrateur consommé, protégea, encouragea constamment le mérite, et s'opposa, dit-on, à toutes les réformes que l'économie ne rendait pas nécessaires.

Il sut éloigner de lui l'intrigue, la cupidité, les basses jalousies et tout le cortège des petites passions honteuses qui s'agitent autour du pouvoir, et il se fit également chérir et estimer des employés faisant partie des bureaux qu'il dirigeait, et des officiers composant les corps dont l'administration lui était confiée. Le 3 janvier 1822, le général de Caux fut nommé commandeur de Saint-Louis, et promu le 30 juillet 1823 au grade de lieutenant-général. Chargé dans plusieurs sessions de présenter et de soutenir à la chambre des députés, comme commissaire du roi, le budget du ministère de la guerre, cet officier-général s'est montré à la fois, dans toutes les discussions, scrupuleux observateur des formes parlementaires et administrateur habile.

Appelé en 1827 à la présidence du collége électoral du département de la Dordogne, il justifia la confiance du Roi par l'impartialité qu'il montra dans ces nouvelles fonctions, et il apprit à Périgueux, par un officier qui avait pris la poste à ses frais, que le département du Nord l'avait choisi pour l'un de ses députés. Peu de temps après il fut nommé ministre de la guerre en remplacement du marquis de Clermont-Tonnerre.

M. le vicomte de Caux a appelé au secrétariat général de

son ministère M. le colonel Fourier-d'Hincourt. Ce choix fait honneur au ministre ; le colonel d'Hincourt, ancien aide-de-camp du comte Morand, l'un de nos officiers généraux les plus renommés par leur bravoure et par leurs talents est lui-même un officier d'une grande distinction. Il faut féliciter aussi le ministre de la guerre d'avoir placé à la tête des divisions de son ministère M. le baron Thirat et M. Martineau, que leur capacité et des services signalés dans l'administration rendaient dignes de cette faveur.

M. de Caux a montré avec franchise la route dans laquelle il voulait marcher ; il a fait connaître à tous ses chefs de bureaux quelles étaient ses intentions et quel but il se proposait d'atteindre. A son exemple M. le maréchal-de-camp vicomte de Champagny, chef de la division du personnel et aide-de-camp de Mgr. le Dauphin, après avoir fait appeler auprès de lui les employés de sa direction, leur a tracé la conduite qu'ils doivent tenir dans leur service en leur disant : « Que sous un gouvernement constitutionnel et représentatif les droits sont les mêmes pour tous, et doivent être la seule règle de leur travail ; que les rapports doivent être faits avec la plus grande impartialié et ne contenir que la vérité. Plus de faveurs, plus de recommandations, leur a-t-il répété, telle est la volonté du prince, telle est la volonté du ministre. » Il leur a ensuite recommandé la plus grande discrétion jusqu'au moment où le travail livré à la publicité devient l'objet de la censure et des journaux « dont, au reste, a-t-il ajouté, nous ne redouterons jamais l'investigation, puisque chacun de nous aura fait son devoir. »

Avec les hommes qui sont placés à la tête du ministère de la guerre, et en jugeant d'après tous les actes qui ont signalé l'administration de M. de Caux, on peut prédire que les droits acquis et le sang versé seront respectés, que l'armée ne sera plus tourmentée par les délations et par l'espionnage, et que des hommes revêtus d'un caractère sacré n'y exerceront plus une surveillance turbulente et tracassière. Le soldat asservi à toutes les pratiques religieuses, augustes sans doute, mais trop nombreuses pour ne pas lui devenir importunes, ne s'étonnera plus des nouveaux devoirs qui lui sont imposés, et ne verra pas les récompenses prostituées aux vains dehors d'une fausse piété. Se rappelant l'ordonnance par laquelle l'épée de deux cents de leurs collègues avait été brisée, nos généraux en disponibilité, qui avaient commandé avant la restauration des divisions ou des brigades, ne craindront plus que le ministre qui, pour prix de tant de services, avait condamné leur braves compagnons d'armes à une espèce de mort anticipée, ne livre aussi leur existence mutilée aux cruelles atteintes du besoin, et les oblige, nouveaux Bélisaires, à tendre à la pitié d'autrui une main qui avait gagné des batailles.

Le travail pour améliorer le sort des officiers au traitement de réforme, la composition du conseil supérieur de la guerre et de la commission chargée de la rédaction du code pénal militaire, le choix des officiers généraux auxquels a été confiée cette année l'inspection des régiments de toutes armes ; la sollicitude qui a présidé aux divers travaux relatifs à l'expédition de Morée, l'économie qu'on apporte dans toutes les branches du service, et les mesures qui se préparent, tout annonce une ère nouvelle pour l'armée française, pleine de confiance dans les talents, l'expérience et la probité sévère du général à qui le Roi a confié ses intérêts.

Les employés eux-mêmes sont rassurés sur leur sort; aucun protégé n'est venu avec l'apostille d'un grand seigneur remplacer dans les bureaux un homme laborieux et utile. Deux ou trois commis qui avaient été victimes des supressions injustes, et dont l'économie n'était que le prétexte ont pu invoquer leurs droits et ils ont été, à raison de leurs anciens services, appelés à des emplois que le bien du service ne permettait pas de laisser vacants.

LOUIS-CHARLES-AUGUSTE, ROI DE BAVIÈRE.

Lord Chesterfield, l'un des plus beaux génies et l'un des plus grands hommes d'état de l'Angleterre, écrivait à Voltaire, le 27 août 1752 : « J'avoue qu'il vous reste encore une histoire à écrire digne de votre plume, et dont votre plume est seule digne. Vous nous avez donné il y a long-temps l'histoire du plus grand furieux (je vous demande pardon si je ne peux pas dire du plus grand héros) de l'Europe. Vous nous avez donné en dernier lieu l'histoire du plus grand roi; donnez-nous à présent l'histoire du plus grand et du plus honnête homme de l'Europe, que je croirais dégrader en l'appelant roi. Sa gloire n'exige pas votre invention poétique, pouvant se reposer en toute sûreté sur votre vérité historique. » Si lord Chesterfield vivait encore, il donnerait sans doute les mêmes conseils, mais il proposerait à la plume historique de Voltaire un autre personnage plus digne encore de l'exercer, et il n'aurait pas besoin pour cela de faire une excursion hors de l'empire germanique.

Louis-Charles-Auguste, roi de Bavière, naquit le 25 août 1786. Son auguste père ne négligea rien pour le rendre digne de ses hautes destinées; le hasard l'avait fait prince, l'éducation en fit un homme doué de tous les talents et de toutes les vertus; épris de tout ce qui est bon, de tout ce qui est beau et de tout ce qui est grand, le jeune prince, élevé comme le fils d'un citoyen, puisa dans les universités le goût des lettres, des sciences et des arts. Il est vrai que jamais il ne fréquenta quelques-unes de ces académies où l'on professe ouvertement les dégradantes doctrines du matérialisme et de la psychologie musculaire.

La poésie, la peinture et la sublimité des doctrines platoni-
ciennes, l'aspect et la méditation des chefs-d'œuvre en tout
genre, aggrandissaient son âme, et donnaient à son imagination ce caractère sublime et délicat dont il a offert plus tard
les preuves les plus éclatantes. Je ne suivrai pas le prince
royal dans ses différents voyages en France, en Italie et dans
d'autres parties de l'Europe : partout il se fit admirer et chérir ;
il avait même le dessein de parcourir la terre classique de la
Grèce, dont la perspective lui offrait mille charmes ; la patrie
de Platon, d'Épaminondas, de Pindare, de Zeuxis et d'Apelle
devait inspirer le plus vif intérêt, réveiller les souvenirs les
plus enchanteurs dans l'âme d'un jeune prince ouverte à
toutes les impressions du beau idéal. Des circonstances im-
prévues empêchèrent le prince de réaliser son projet.

Le roi Maximilien ayant terminé sa longue et glorieuse carrière le 13 octobre 1825, le prince royal monta sur le trône.
Des changements dans la haute administration étaient vivement
désirés : le nouveau monarque refondit le ministère ; les revenus publics n'atteignaient pas toujours leur véritable destination ; une partie de ces revenus était dévorée par des hommes
qui, dans tous les états, aiment à s'engraisser des sueurs du
peuple, et à arracher tout ce qu'ils peuvent au râtelier du budget : le roi coupe de suite les branches parasites et superflues
qui absorbaient le suc nutritif de l'arbre social. Ces sages et
énergiques mesures produisent bientôt une économie d'un
million de florins ; au lieu d'augmenter les impôts, il en fait
disparaître plusieurs, et avant tout l'impôt de la loterie,
que réprouvent la religion, la morale et la tranquillité des
familles. Le sale produit des jeux et de la prostitution ne vient
pas au secours d'un trésor que de scandaleuses prodigalités
n'épuisent jamais. Tout ce qui est superflu et sans utilité réelle
tombe sous la faulx de sa sagesse réformatrice. Les autorités du
fisc, le collége supérieur de médecine, les place des hérauts
du royaume et le bureau privé des taxes sont supprimés

comme d'onéreuses superfétations. Le luxe des bureaux est aboli, la marche des affaires est simplifiée ; le *ver rongeur* de la bureaucratie, pour me servir des propres termes de S. M. elle-même, est détruit, les autorités provinciales et municipales sont chargées de l'administration de leurs propres affaires, elles déterminent et surveillent l'emploi de leurs revenus ; et le plus mortel fléau des états, la monstrueuse centralisation qui pèse encore sur tant d'autres pays, est reléguée dans la région des chimères, et traitée comme un adultère administratif. Le souverain, en opérant tant de réformes, n'a jamais séparé la sagesse de l'énergie. Tous les droits individuels sont maintenus ; point de secousses, point d'effets rétroactifs ; les réductions ne commencent qu'avec les nominations nouvelles, encore se bornent-elles aux emplois supérieurs, elles ne tombent pas sur les outils de l'administration, sur ces laborieux employés dont l'activité, la modestie et les services ne pouvaient échapper à l'œil pénétrant du souverain. L'industrie, l'agriculture, le commerce sont encouragés ; la hideuse censure, monstre né de l'infâme accouplement du despotisme et de l'anarchie, disparaît d'une terre vierge. Le conseil-d'état cesse d'être une autorité administrative ; il n'a plus que des conseils à donner, il ne peut plus rendre des arrêts, ni par conséquent entraver par de ridicules conflits la marche des tribunaux. Lorsque les étudiants des hautes écoles furent admis à présenter leurs hommages au souverain, S. M. leur répondit : « Je hais les *obscurants*, avec leur air extérieur d'humilité, et les *piétistes*, dont le caractère nuit au développement des lumières ; je vois au contraire avec satisfaction la gaîté et l'activité de la jeunesse, ayant fréquenté autrefois moi-même les universités, et me rappelant avec plaisir les jours heureux que j'y ai passés. » On va voir que les soins paternels du monarque descendent jusqu'à la classe de l'instruction élémentaire. La loi qui a rendu aux communes l'administration de leurs biens produit les plus heureux succès ; la capitale s'embellit , les actes de bienfaisance se multiplient, on a économisé dans le courant de 1826 plus de deux cent mille florins par la suppression d'un grand nombre de gardes d'honneur et d'autres postes de sûreté devenus inutiles. Cette somme a été distribuée non pas à une haute ou basse valetaille, mais à de pauvres maîtres d'école, pour les récompenser de leurs soins à former des citoyens tellement honnêtes que la police n'est plus qu'un hors-d'œuvre.

Pendant que quelques états d'Allemagne, séduits par l'insidieuse politique des princes de Metternich et de Haldenberg, roulaient dans un ridicule cercle de menées démagogiques, de trames révolutionnaires qui n'avaient pas une ombre de fondement, et qu'on n'invoquait que pour avoir un prétexte de priver les peuples de leurs droits les plus sacrés et les plus solonnellement garantis, faisaient la guerre aux associations secrètes dont ils avaient été les premiers promoteurs, tracassaient de toutes les manières les professeurs les plus célèbres et les étudiants les plus vertueux de leurs universités, le roi de Bavière, au lieu de restreindre l'enthousiasme naturel aux cœurs généreux, en favorisait au contraire l'explosion ; les peuples éclairés l'admiraient en se moquant de ses voisins qui tremblaient devant de ridicules fantômes, enfants de leur imagination détraquée ou de leur conscience corrompue.

On n'ignore pas que l'auguste Maximilien avait établi en Bavière le système représentatif, tel à peu près qu'il existe en France, en Angleterre, dans les Pays-Bas, et dans quelques autres états d'Allemagne. Lorsque le roi Louis fit pour la première fois l'ouverture des chambres, il proclama solennellement sa profession de foi sur son attachement aux libertés légales, aux droits du trône, à la constitution, et surtout à la religion, qu'il regardait comme la base la plus essentielle de l'édifice social. Il annonça des changements pour rendre les administrations moins coûteuses et plus expéditives. Les finances, dit-il, sont en bon ordre; les caisses de l'état, loin d'être en déficit, offrent les moyens de subvenir aux dépenses de construction d'une grande forteresse; toutes les mesures sont prises pour soulager le commerce, l'agriculture et l'industrie, pour baser la procédure sur la publicité des débats et la plaidoirie orale. « Loin de nous, dit le monarque, tout intérêt personnel; notre seul but est la Bavière, le bien de cette Bavière, objet de mon amour le plus profond. » Les hommes du privilége furent attérés par cette solennelle profession de foi. Plus de sinécures, plus de cumuls, plus de canonicats administratifs! quelle désolation!

Les événements de la Grèce donnèrent à l'illustre monarque une nouvelle occasion de signaler sa philanthropie. Le prince de Metternich paraissait avoir assoupi dans sa nébuleuse atmosphère tous les cabinets de l'Europe; nous avons vu long-temps des ministres qui se disaient chrétiens par excellence prêts à ceindre le turban; plusieurs d'entre eux avaient contracté une étroite alliance avec Mohammed-Aly-Pacha. Le roi de Bavière, qui dans sa jeunesse s'était montré enthousiaste des Grecs, fut bien éloigné de pactiser avec leurs oppresseurs; il désirait vivement voir arriver l'époque de la régénération de ce peuple célèbre. Il encourage le comité philhellène formé à Munich; il engage toutes les personnes de sa cour à souscrire en faveur des Grecs; il donne lui-même de sa caisse particulière une somme de cent soixante mille francs; il refuse les fêtes qu'on voulait lui offrir et demande que le montant des frais exigés pour ces fêtes soit employé aux secours des malheureux Hellènes. S. M. fait elle-même en faveur de ces infortunés un appel qui fut imprimé; elle permet en outre qu'on fasse usage de son nom, toutes les fois que cette mention pourra être utile à cette cause sacrée; en protégeant cette cause avec franchise, l'auguste souverain l'a anoblie en empêchant qu'on accusât les philhellènes de Jacobinisme, et que l'on ne confondît les intérêts de la religion avec ceux de l'anarchie. Son nom sacré a servi de palladium contre tout esprit de parti, et l'appui que S. M. a accordé si franchement à cette noble cause, qui ne se ralliait en aucune manière aux événements de l'europe Occidentale, a soutenu le courage et la persévérance de tous ceux qui se sont voués à la défense des Grecs. Le roi, en permettant à vingt officiers et sous-officiers bavarois de partir pour la Grèce, a manifesté son dévoûment le plus complet à la cause de la religion et de l'humanité. Les officiers en se rendant à leur noble destination, ont reçu l'ordre de garder leur uniforme; on leur a conservé leurs grades et leurs appointements. Ils ont en outre reçu des fonds pour les distribuer aux Grecs les plus malheureux. Le chef de cette petite troupe, le colonel de Heidell s'est distingué dans la noble mission dont l'avait chargé son souverain. Le Roi a fait racheter à ses frais une grande quantité de femmes et d'enfants; il fait élever à Munich plusieurs orphelins Grecs, entre autres le jeune Marc Botzaris, visite souvent les instituts où sont instruits ces élèves, surveille leur éducation, et daigne les interroger. S. M. a envoyé un jeune médecin en Grèce, lorsqu'elle apprit que la peste s'y était déclarée. Enfin il n'est point de sacrifices qu'elle n'ait faits pour hâter la délivrance de cette malheureuse et intéressante nation. Le roi avait su apprécier les services immenses que M. Eynard, que j'ai qualifié dans un ouvrage historique de *Las-Casas* de la Grèce, avait rendus à la cause de ce pays, à qui l'Europe est redevable de ses arts, de sa littérature, de sa philosophie et de sa civilisation. Aussi, le jour de la Saint-Louis, fête de S. M., elle nomma M. Eynard chevalier de son ordre royal du Mérite, en disant : le jour de ma fête, M. Eynard sera le seul qui recevra cet ordre.

Je ne puis trop le répéter, S. M., depuis son règne, a amélioré toutes les branches de l'administration, réformé la plupart des abus, ouvert de nombreuses écoles, établi un musée magnifique, encouragé tous les arts utiles et agréables, formé beaucoup d'établissements, et cependant les dépenses de l'état ont diminué : ce prince ne respire que pour le bonheur de son peuple ; il dépense beaucoup en charités, en aumônes ; mais tout cela est pris sur sa cassette particulière.

Je viens de signaler le modèle des monarques, le meilleur et le plus vertueux des hommes ; il manquerait un trait notable à cette faible esquisse, si je n'y ajoutais pas que le roi de Bavière est encore un génie du premier ordre. En voici une preuve bien convaincante : dans le courant de l'année dernière, il visita la nouvelle Athènes, la ville de Weimar, précisément le jour de la naissance de Goëthe ; il serra tendrement dans ses bras ce patriarche de la littérature allemande, lui demanda s'il restait une petite place sur sa poitrine pour son modeste ordre de Bavière, et lui passa en même temps autour du cou le grand cordon dont il était lui-même revêtu. De retour à Munich, le roi, animé d'un noble enthousiasme pour toutes les idées généreuses de ce siècle, consigna dans une ode sublime les vives impressions dont il était rempli en quittant Weimar. Nous essayerons d'en reproduire une bien faible esquisse.

« A Weimar. — O rêves d'une vie plus belle ! Que les jours délicieusement passé à Weimar se balancent délicieusement devant mon amour ! Tout doit changer autour de moi ; le temps le veut ainsi : mais ces beaux souvenirs sont tellement empreints dans ma mémoire, qu'elle saura rendre au passé tout l'éclat du présent. — Eh quoi ! tout le bonheur de l'homme sur la terre ne consiste-t-il point dans le pâle reflet du souvenir ? Hélas ! ces rayons éclatants qui se jouent sur les flots ne sont que les rayons déjà décolorés du soleil, et la voix du poète, à mesure qu'elle retentit, perd de son charme et de sa puissance ! — J'ai pu assister encore à ce grand spectacle du génie le plus vaste, honoré, chéri de l'intelligence la plus digne de comprendre tout le prix d'un tel trésor ! J'ai vu Auguste, j'ai vu mieux que Virgile ! leur étroite et noble union est éternelle sur la terre! non, jamais elle ne pourra être brisée que par l'impitoyable caducée de Mercure, lorsque le temps appellera aux sombres bords le vieillard ou son royal ami! — Les souvenirs les plus enivrants se sont entrelacés dans mon âme, comme une couronne, heureux assemblage de tout ce qui est beau! Rome encore illustrée par le séjour de Goëthe, Weimar où fleurit sa jeunesse, où refleurissent ses vieux ans, et vous, bords fortunés du Rhin, qui les premiers avez retenti des accents du poète! — Le soleil, même après avoir caché sa tête radieuse dans le sein du vaste Océan, crie d'une voix puissante à la terre tiéde encore des feux du midi, qu'il reviendra la féconder; mais dans les paroles du poète respire une force qui, en dépit du temps et des lieux, ira subjuguer nos derniers neveux. — Oui, grands hommes, le genre humain est riche à jamais des bienfaits qu'il reçut à Weimar! votre gloire a conquis l'immortalité, et a revêtu d'une impérissable majesté les lieux où vous respirez; à l'avenir, ils seront honorés du concours des peuples. Salut, Weimar; salut, éternel sanctuaire de l'Allemagne! »

Quel bonheur pour un peuple de voir assis sur un trône le génie et la vertu! Grâces au roi de Bavière, le roman de Télémaque n'est plus pour nous qu'une histoire contemporaine, il semble encore que notre poète le plus pathétique ait composé pour le même souverain les vers suivants :

Partout en ce moment on me bénit, on m'aime;
On ne voit point le peuple à mon nom s'allarmer;
Le ciel, dans tous les pleurs, ne m'entend pas nommer;
Leur sombre inimitié ne fuit point mon visage;
Je vois voler partout les cœurs à mon passage.

Ces paroles sont parfaitement bien placées dans la bouche du Sésostris, du Titus et du Henri IV du XIXe siècle.

CONSTANTIN, avocat.

S. A. R. M.me la D.sse de Ber.

MADAME, DUCHESSE DE BERRY.

Marie-Caroline-Thérèse, duchesse de Berry, fille aînée du prince royal des Deux-Siciles, née le 5 novembre 1798.

. Sa première apparition sur le sol français fut comme un apanage de bienfaisance fondé pour le soulagement des pauvres. La somme affectée à la maison du royal couple, ne se concentra pas tout entière dans le luxe si naturel que réclamait leur auguste naissance. Les départements qui furent victimes du fléau de la guerre, n'eurent pas lieu de se plaindre d'un hymen réparateur de leurs désastres; et l'on aurait pu appliquer au mariage de notre second fils de France, l'hémistiche adulateur du poète soi-disant latin Lemaire, à l'époque d'une autre alliance qui semblait devoir préserver pour jamais notre belle patrie des tempêtes politiques:

« .... *Tu mundi facta saluti.* »

Débarquée à Marseille, sous le beau ciel de la Provence, S. A. R. Madame pouvait regarder chacune de ses stations comme autant de haltes triomphales; la joie des peuples l'accueillait : elle y répondait par des actes de bienfaisance, argument irrésistible des souverains. Telle fut notre bien-aimée Caroline à son premier avénement au cœur des Français, dont elle devait rester en possession. Des bienfaits, de publiques et secrètes aumônes signalèrent son arrivée parmi nous ; noble mission qu'elle ne se lassera pas d'accomplir, en dépit de tout audacieux commentaire, provocateur d'arrières-pensées, d'insultes monarchiques.

Princesse aimable et d'une ineffable indulgence! vous me pardonnerez ces réflexions qui partent du plus profond de mon cœur. Je sais que l'éloge ne doit vous aborder qu'avec une pudeur craintive; votre modestie repousserait même un hommage sincère et dépouillé d'intérêt. Vous nous appartenez cependant; les tendres nœuds de sympathie qui vous unissaient d'avance à nous, s'étaient formés dans Palerme, dès votre naissance :

« Et depuis, votre cœur n'a jamais démenti
  Ce qui vous avait fait l'âme de mon parti , »

serait en droit de s'écrier la France reconnaissante. Comment hasarder toutefois l'allusion douloureuse auprès de celle qui épuisa si subitement la coupe de l'infortune?.... La mort de son loyal et malheureux époux allait nous la ravir éternellement, si elle n'eût vu renaître aussitôt toutes les joies d'une mère et d'une Française consolée dans le rejeton réparateur de nos désastres politiques. Etrange ascendant des bons cœurs! chez S. A. R. Madame, les grâces de l'âge, le besoin d'émotions vives et touchantes à la fois, je ne sais quelle honte maternelle et royale reculant devant le tableau de ses propres disgrâces; tout semblait commander aux talents poétiques de notre siècle un silence délicat, un silence digne de comprendre les sacrifices douloureux imposés par la politique et les plus vives affections du cœur..........

Le dirai-je? tout le monde a parlé. La voix du prosateur éloquent s'est associée aux hymnes d'amour des poètes de tous les âges ; et dans cette violation vraiment monarchique des convenances exigées, pouvait-on reprocher au sentiment ses éclats, ses frais de cœur à la reconnaissance, au patriotisme royaliste son espoir futur et si long-temps ajourné ?...

Chaque nouvelle circonstance justifie les gages déjà donnés à la nation. Le souffle des orages politiques n'a pu *sécher jusque dans ses racines cette tige féconde;* et il était réservé à

une jeune vierge étrangère de *rallumer* en France *le flambeau
de David éteint*. Ah ! comme elle continue glorieusement l'ère
de bonheur qu'elle ouvrit dans la cité des tempêtes !.... Nouvelle Jeanne d'Albret, elle nous élève un autre Henri IV ; la
pacifique, l'innocente brebis a enfanté un lion, et les habitants du Béarn, aux mœurs rudes et patriarchales, ont con-
templé tout à loisir cette princesse à l'âme virile, dont le
courage invaincu contre l'adversité sut toujours emprunter
une grâce nouvelle d'une catastrophe inattendue, et sourire
aux malheurs de sa dynastie comme à ces agents fascinateurs
qui redoublent la gloire des élus.

Sa vie privée nous en offre un exemple bien remarquable.
Partagée entre son fils et son Roi, elle a trouvé le secret d'être
Française, veuve inconsolable, fille soumise et respectueuse
sans cesser d'être mère. Loin de nous la pensée hardie de
franchir un sanctuaire inviolable, d'étudier les allégresses
domestiques de nos monarques, de révéler ou plutôt d'inter-
prêter ces paisibles occupations qui remplissent le royal intérieur des hôtes du Louvre ; mais, s'il nous était permis de
procéder à ces pieuses inquisitions, quelle aimable causerie
de cour viendrait donner le ton aux premiers salons de la
capitale ! Les opinions les plus stationnaires elles-mêmes se
hâteraient de trancher le nœud gordien des nuances politiques ;
on solliciterait à grands cris de la reconnaissance nationale un
hommage solennel, pur et délicat. Nos privilégiés du classique
et du romantisme adulateur n'attendraient pas le mot d'ordre
d'un modeste professeur de l'Université.

M. V. Descombes a cependant rempli cette tâche si douce
et si agréable : l'épître dédicatoire placée en tête de sa traduction d'*Anacréon*, doit désarmer les efforts de critique de
l'homme du monde et l'envie professorale incessamment en
éveil.

Nous ne pouvons résister au charme d'une complète et entière citation :

A S. A. R. MADAME, DUCHESSE DE BERRY.

Épître dédicatoire.

D'Anacréon le luth voluptueux
Sut de l'amour peindre la douce ivresse;
Vous l'inspirez, vertueuse princesse,
Mais un amour noble et respectueux.
Soit que long-temps flétris par les orages,
Long-temps, hélas! refusés à nos vœux,
Les lis enfin rendus à nos rivages,
Brillent en vous d'un éclat radieux;
Soit que fuyant une gloire importune,
Du malheureux prévenant le souhait,
Votre main cache aux yeux de l'infortune,
La bienfaitrice et montre le bienfait.
Chère à la cour, chère à tous les Français,
Votre suffrage embellirait la grâce;
Pardonnez donc à l'indiscrète audace,
Qui cherche en vous un gage de succès.
A mes efforts accordez un sourire.....
Si de Téos le chantre harmonieux
A de Vénus toujours suivi l'empire,
Il fut aussi le favori des dieux,
Un tyran même a protégé sa lyre :
Près de nos rois serait-ils moins heureux!...
Le bon Henri, dont la douce mémoire
Est jeune encor de popularité,
Lui qui tout fier de sa postérité,

Dont votre fils présage son histoire,
Sut autrefois, sans altérer sa gloire,
A la raison allier la gaité.
D'un peuple ancien daignez suivre l'exemple ;
Là le cortège et des ris et des jeux,
Loin d'affaiblir la majesté du temple,
En consacrait l'éclat religieux.
De la folie une aimable statue,
Brillant auprès des autels de Pallas,
Pour adoucir la rigueur de sa vue,
Aux suppliants semblait tendre les bras.
Mais qu'ai-je dit? contre un léger ouvrage
Armerait-on votre sévérité !.....
Il fut jadis offert à la beauté,
La beauté seule en recevra l'hommage,
Il est à vous : les grâces l'ont dicté.

M. DE CALONNE.

Éditeur d'un *Tacite*, enrichi de notes nouvelles dans la collection des *Classiques* de Gosselin, auteur d'un *Commentaire sur les Oraisons funèbres de Bossuet*, d'un *Traité de la Narration*, d'une *Traduction de Cornélius Népos* et d'une foule d'articles du *Dictionnaire historique* confié à la direction de M. Barbier, malgré les soins que réclame la chaire importante de seconde qu'il occupe au Collége Henri IV, ce savant laborieux trouve encore le temps de fournir des articles au *Journal de l'Instruction publique* et de composer des brochures politiques et administratives, toutes dans un but d'utilité générale. L'Université sent le mérite de ses ouvrages, puisqu'elle adopte ceux qui sont faits dans l'intérêt de l'enseignement, et cependant après seize années et plus de services, elle n'a pas encore élevé M. de Calonne à une chaire supérieure où semble l'appeler la voix publique en récompense de ses honorables et précieux travaux.

Eh! quels sont ceux qui lui ont été préférés jusqu'ici? Ses élèves pour la plupart, de jeunes agrégés sans titres littéraires et surtout universitaires. En vérité, l'Université, *cette fille aînée de nos rois*, est une fille ingrate qu'il faut aimer, plaindre et servir : elle a oublié que les classes de M. de Calonne furent brillantes, qu'il obtint des prix aux concours généraux, qu'à l'Ecole normale il fut reçu le premier à la licence, avantage qu'il eut sur beaucoup de gros bonnets de la Sorbonne. Ce succès lui valut de la part d'un très-bon juge (M. Gueroult l'aîné) une place de maître de conférences dans l'établissement où il était entré en qualité d'élève; il devint donc, malgré sa jeunesse, professeur des professeurs. Je cite simplement les faits.

Tous ces antécédents semblaient promettre à M. de Calonne un avancement rapide dans la carrière où il s'est engagé; mais il paraît que dans l'Université comme partout ailleurs l'intrigue l'emporte sur la capacité et l'ancienneté de services. Il y a un coupable égoïsme à profiter des veilles d'un homme sans lui en faire recueillir aucun avantage pour lui-même. Souvent le conseil royal a récompensé au-delà de ses sueurs et de ses mérites tel sujet ambitieux qui n'épie que l'instant favorable d'abdiquer des faveurs peu lucratives, tandis que de sincères et fidèles serviteurs, tels que M. de Calonne, attendent patiemment l'heure de la justice universitaire. M. de Calonne est bien *simple* : il espérait que le *système légal* serait pour lui réparateur; il s'est étrangement abusé! Victime de l'administration Frayssinous, nous apprenons qu'il vient encore d'être sacrifié aux protégés d'une cotterie. Tacite a dit : *Haud semper errat fama ; aliquandò et elegit.* La rhétorique que M. de Calonne a faite trois ans, en l'absence du titulaire, le réclamait de nouveau cette année; on l'a laissé en seconde. Etait-ce là le prix qu'il devait attendre des succès obtenus au grand concours par ses élèves ?

M. de Calonne a peut-être mal compris ses intérêts en s'adonnant aux ingrates et stériles fonctions de l'enseignement. L'amitié dont l'honorent des personnages puissants, le nom même qu'il porte, les antécédents de sa famille, les postes distingués que remplissent plusieurs des siens dans une sphère assez brillante, tout lui faisait une loi de ne pas trahir sa vocation naturelle : preuve irrécusable de son peu d'ambition ; et c'est pourtant l'homme qu'on a accusé d'être courtisan, parce que son caractère honorable lui facilite depuis longtemps l'accès des meilleures sociétés! loin d'être courtisan, M. de Calonne aurait plutôt le défaut contraire. On peut aisément s'en apercevoir d'après la franchise et la loyauté un peu brusques de ses relations intimes. Adressons-lui à ce sujet un petit reproche. Permis à sa noble sincérité, qui ne transige point avec la politique, de heurter de front la suffisance de tel ou tel délégué du pouvoir; mais faut-il déployer la même rudesse de principes et de conscience avec un âge qui sollicite quelques ménagements ? On sent que je fais allusion à l manière dont le professeur communique avec ses élèves : l'enfance *est sans pitié*, a dit le bon Lafontaine; mais elle n'est pas sans mémoire : je ne connais pas même de race plus rancunière. Employez avec vos disciples les généralités, mais gardez-vous de les isoler dans vos railleries piquantes. On a vu de ces amours-propres à la bavette dont le cœur saignait encore après nombre d'années de la mortifiante blessure faite aux prétentions d'un orgueil imberbe. Toutefois le sincère attachement de la majorité de ses élèves le dédommage du mécontentement de quelques uns, et sa classe, qu'il fait avec beaucoup de succès, le fait rechercher de tous ceux qui aiment le travail, et aspirent aux palmes du concours. Je m'estime heureux de pouvoir lui rendre publiquement cette justice qui est en même temps un acte de reconnaissance. On dit que M. de Calonne compte des ennemis parmi les membres du conseil royal, et que ce sont eux qui ont toujours retardé son avancement : si le fait est vrai, M. de Calonne ne répond à ces passions haineuses que par un zèle sans cesse croissant.

Le M.chal Duc de Bellune.

VICTOR, DUC DE BELLUNE,

Pair et Maréchal de France.

Cet illustre guerrier est né en 1766 à la Marche, village de la ci-devant Lorraine, terre féconde dans tous les temps en hommes et en femmes célèbres, et surtout de nos jours en guerriers renommés par leurs talents et leur courage. C'est la patrie de St.-Cyr, Oudinot, Ney, Molitor, Grenier, Lauboz, Drouot et Fabvier. Le maréchal duc de Bellune entra à 15 ans au service dans l'artillerie. De grade en grade il monta jusqu'à celui de général de brigade qu'il obtint en 1793, à ce siège de Toulon où parut pour la première fois comme lieutenant d'artillerie le jeune guerrier qui allait remplir le monde du bruit de ses exploits et de son ambition. Après s'être rétabli de deux coups de feu qu'il avait reçus à ce siège, il se rendit à l'armée des Pyrénées-Orientales, occupée alors à la première guerre d'Espagne ; guerre remarquable par la patience et les talents qui y furent développés. Dugommier, Pérignon, Dagobert, Moncey, s'y étaient fait connaître par des victoires long-temps disputées: Bellune qui, comme le vainqueur de Zurich, Masséna, cueillit ses premiers lauriers dans ces campagnes, assista au siège de St.-Elme et de Rosse et à toutes les batailles qui furent livrées jusqu'à l'époque où le traité de Bâle, qui fut conclu par Barthélemy, fit trouver à la république française sa première alliée dans la monarchie où elle devait s'attendre à rencontrer le plus long-temps une ennemie implacable. La paix étant faite avec l'Espagne, les généraux les plus distingués qui avaient combattu dans les Pyrénées et porté la gloire des armées françaises jusqu'au cœur des provinces castillanes, vinrent avec une partie de leurs braves légions renforcer cette armée d'Italie, qui depuis trois ans luttait au pied des Alpes contre les troupes autrichiennes qui s'efforçaient d'envahir nos frontières méridionales, et que Bo-

24

naparte allait précipiter vers les plaines de la Lombardie. Là combattaient sous ses ordres Berthier, Masséna, Augereau, Joubert, Lannes, Murat; Victor se distingua au milieu d'eux. Aux affaires de Loano, de Cosaria et de Ego, de la Favorite et de Saint-George, son talent et son courage brillèrent du plus vif éclat. Le grade de division en fut bientôt la récompense; chargé après la conquête de la Lombardie d'entrer dans les états du pape, il s'empara d'Ancône et de sa garnison, ce qui amena le traité de Terrentino; bientôt celui de Campo-Formio rétablit pour quelque temps la paix sur le continent. Il alla commander dans la Vendée, où quelques légers troubles avaient altéré la paix que le général Hoche était parvenu à y rétablir. La mission de Victor eut le succès qu'on devait en attendre.

Lorsqu'en 1799 la guerre recommença en Europe, et qu'une nouvelle coalition marcha contre la France, il retourna en Italie, que les revers de Scherer et la valeur des armées russes, conduites par Suwarow, arrachèrent alors à nos armées naguère victorieuses. Victor se distingua dans les savantes retraites par lesquelles Moreau sauva en Italie comme en Allemagne nos armées d'une défaite complète. Il prit une part honorable aux batailles de Sainte-Lucie, de Villa-Franca, d'Alexandrie, à cette bataille de la Trebia, où Macdonald, depuis duc de Tarente, acquit une si belle gloire, et à la bataille de Novi, dans laquelle la mort de Joubert détruisit de hautes espérances politiques; et bientôt en accomplit d'autres. Elle fraya le chemin du pouvoir à Bonaparte, qui, l'année suivante, devenu consul, franchit les Alpes à la tête de l'armée de réserve. Victor s'y trouvait avec une partie de l'élite de nos guerriers; il détermina le succès de l'affaire de Montebello, commanda à l'avant-garde de la bataille de Marengo, soutint pendant huit heures les efforts de l'armée autrichienne, et contribua ainsi beaucoup à cette mémorable victoire. Le premier consul lui décerna un sabre d'honneur. Il alla ensuite en Hollande prendre le commande-

ment de l'armée gallo-batave ; il resta à ce poste jusqu'après le traité d'Amiens, et se maria à La Haye. Nommé ambassadeur à la cour de Danemarck, il ne prit point part à la nouvelle campagne d'Autriche, qui amena la prise de Vienne, et fut terminée par la bataille d'Austerlitz ; et lorsque la guerre éclata entre la France et la Prusse, il reprit les armes, fut blessé à la bataille d'Iéna, se distingua à la bataille de Poulstouck, contribua beaucoup au gain de celle de Friedland, et fut nommé maréchal de France sur le champ de bataille dans cette journée célèbre ; gouverneur de Berlin, il occupa ce poste pendant quinze mois. Lorsqu'éclata la deuxième et funeste guerre d'Espagne, les premiers et tristes succès, et les revers qui les suivirent, furent également pour le duc de Bellune l'occasion de cueillir de nouveaux lauriers. Le corps d'armée qu'il commandait, quoique long-temps un des plus heureux, fut celui qui perdit la bataille de Talavera, après 16 heures de combat et des prodiges de valeur. Il fut chargé aussi du siége de Cadix ; il commençait à serrer cette place de près, après avoir forcé la garnison formidable qui s'y trouvait à rentrer dans ses murs, lorsque les événements de l'Europe l'appelèrent du midi au nord.

Bientôt il est en Russie avec nos armées et le conquérant qui se précipitait à leur tête. A la Bérésina, Bellune se couvre d'une gloire nouvelle. A Dresde, par un brillant fait d'armes, il contribua à un de nos derniers triomphes. Vachau, Leipsick, Hanau furent témoins de sa valeur, mais ne purent plus l'être de ses succès. Ce fut lui qui repassa le Rhin près de Strasbourg, mit promptement en défense cette place et toutes celles de l'Alsace qu'il défendit pied à pied, à la tête d'une faible armée, contre les forces supérieures de l'étranger débordant de toutes parts de la Suisse, de la Franche Comté, de la Lorraine et de l'Alsace. Elles le forcèrent à se replier vers la Meuse, où, après être revenu un instant dans la capitale, Napoléon le joignit à la tête de nouvelles phalanges. Il serait impossible de citer toutes les occasions durant cette dernière lutte d'une puissance expirante où le duc de Bellune signala son patriotisme, ses talents militaires et son intrépidité. Un retard de quelques heures à Montereau lui attira une seule fois des reproches de Bonaparte, dont bientôt celui-ci reconnut l'injustice. La France retrouva avec ses augustes princes des espérances de paix et de liberté. Louis XVIII accueillit le duc de Bellune avec distinction. Il reçut la croix de Saint-Louis, et le gouvernement de la division militaire à Mezières. Il se trouva cependant au nombre des maréchaux qui ne furent point alors appelés à la chambre des pairs. Lorsque Napoléon revint de l'île d'Elbe, Bellune fit de vains efforts pour empêcher le mouvement des troupes dans la division qu'il commandait. Il crut alors que son devoir l'appelait non à la tête des armées françaises contre les étrangers qui nous menaçaient, mais auprès de son nouveau maître, l'auguste auteur de la Charte. Il alla le joindre en Belgique. Il revint avec nos princes, et sa carrière ne fut depuis qu'une suite non interrompue de faveurs éclatantes. Il fut nommé président d'un collége électoral et d'une commission chargée d'examiner la conduite des officiers pendant les cent jours, pair de France, major-général de la garde royale, représentant de l'armée française au mariage du duc Berry ; enfin, le 12 décembre 1821, ministre de la guerre en remplacement de Latour-Maubourg. Peu après son avénement au ministère, le duc de Bellune provoquant la guerre d'Espagne, exprima le désir de reparaître sur l'ancien théâtre d'une partie de ses exploits, et quoique le général Guilleminot eût d'abord été nommé major-général, le duc de Bellune néanmoins fut nommé à ce poste : mais il n'en remplit pas les fonctions, ne parut quelque temps à l'armée d'Espagne, que pour examiner l'état de l'administration de l'armée contre lequel s'élevait l'opinion générale au sein des chambres et du public, et qui excitait particulièrement contre le munitionnaire Ouvrard les plus vives et graves accusations. Il retourna bientôt reprendre le portefeuille de la guerre, confié par intérim au général Digeon,

mais ne le conserva pas long-temps. Pendant son ministère, il exprima franchement ses opinions, et les défendit avec le courage, un peu brusque, d'un guerrier plus
habitué à la vie des camps qu'à celle d'un habile et souple
courtisan. Quelques mois après il fut nommé à l'ambassade
de Vienne. Il la refusa d'abord, et on varia beaucoup sur les
motifs de ce refus. Les uns l'attribuaient à des mécontente-
ments de sa part, d'autres à des difficultés qu'aurait faites la
cour de Vienne pour le recevoir, soit à cause de son origine
plébéienne, soit à cause du fief autrichien dont il portait encore le titre. Mais tous ces bruits reçurent un démenti quand
le duc de Bellune partit pour son ambassade, et qu'il y fut
reçu avec distinction. Il ne resta néanmoins pas long-temps
à ce poste; il revint jouir à Paris du repos que demandaient
son âge et ses longs travaux, et les honneurs et la fortune
dont il a été comblé. Charles X, à son avénement, ajouta aux
nombreux témoignages qu'il avait reçus de Louis XVIII, en
le nommant à Rheims, chevalier du Saint-Esprit. Le duc de
Bellune est ministre d'état, membre du conseil, grand cordon
de la Légion-d'Honneur.

⚜

M. FOYATIER.

L'auteur de *Spartacus*, M. Foyatier, est le fils d'un
pauvre tisserand du village de Buffières, dans le département
de la Loire : une telle origine devient une gloire, quand un
grand talent peut dire : *Je suis seul mon ouvrage.*

Jusqu'à l'âge de 11 à 12 ans, toutes les études de M. Foyatier se bornèrent à devider du fil et à filer du coton; mais
quand sa tâche était faite, les jeux de son enfance étaient de
dessiner sur le sable, sur la pierre, et de sculpter avec un
petit couteau des figures de bois. Entraîné par un penchant
déjà presque irrésistible, il oubliait souvent le travail que
demandait son père. A la suite de plusieurs avertissements
inutiles, toute autre occupation que celle de filer et devider

lui fut sévèrement interdite. L'adolescent ne peut résister à l'impression secrète qui l'entraîne ; il s'échappe de la maison paternelle et va se faire berger dans un village des environs : libre alors de tous ses moments, les champs où il erre avec ses moutons et son petit couteau, sont bientôt garnis de petites figures, d'églises en terre, d'édifices en miniature, et les arbres se couvrent de sculpture et de dessins. Un pommier à vaste ombrage, sous lequel se réunissaient les bergers d'alentour, devient l'atelier principal de l'artiste-berger : c'est là qu'en écoutant le récit d'une vieille histoire, ou la chanson champêtre, ou les contes du hameau, il fait avec son couteau des Christs, des saints et des vierges de bois.

Il les distribue à ses compagnons qui l'admirent comme un prodige, et qui veillent pour lui à la garde de son troupeau, pour qu'il ne soit pas distrait en travaillant pour eux.

Deux années s'étaient écoulées depuis que le pâtre-sculpteur menait cette vie qui avait pour lui des attraits, lorsque par un des hasards qui entrent presque toujours dans les destinées humaines, un vieillard pieux, retiré du monde, et voulant orner sa maison de quelques statues, de madones et de saints, s'adressa au jeune Foyatier, fut content de son travail et le paya assez bien. Ce fut le premier argent gagné. Le berger joyeux le porte à son père : la réconciliation est faite. Rentré sous le toit qui l'a vu naître, il lui est permis de ne plus s'occuper de la navette : chaque dimanche il va dans les villages voisins vendre des vierges à bien bas prix. Jusque là tout son art consiste à tailler du bois et à lui donner des formes humaines ; il ignore les règles, il ne connaît que l'instinct qui le domine.

Cependant les curés des environs, tout en achetant des vierges et des saints de bois au jeune Foyatier, lui proposent de restaurer et redorer ceux que le temps a vermoulus, ou que le vandalisme a mutilés. Comme le procédé de la dorure lui est inconnu, il ne peut obtenir à cet égard que des renseignements vagues auprès de la veuve d'un doreur des environs, à laquelle il s'était adressé. Néanmoins, satisfait de ces données confuses, il fait venir de Lyon les objets qui lui ont été désignés, et après plusieurs essais infructueux, il réussit à dorer grossièrement les saints Dès-lors sa position change : dans un assez vaste rayon tous les saints des églises sortent de leurs niches et passent par ses mains ; on admire son travail, lui seul n'en est point satisfait ; il se rend à Lyon pour apprendre à mieux dorer : il avait alors seize ans. Trois mois de séjour dans cette ville ne pouvaient être perdus pour celui qui avait déjà tant fait tout seul : il visite tous les ateliers des sculpteurs en bois, des doreurs et des vernisseurs, et il revient, plus content de son sort, habiter son village où il serait resté perdu pour les arts si son père et sa mère n'eussent été rapidement enlevés à sa piété filiale. Orphelin, il quitte sa chaumière où rien ne l'attache désormais et se rend à Lyon, sans but déterminé. Là il obtient d'être admis dans l'atelier de M. Chignard ; cet habile maître ne tarde pas à le distinguer et à lui donner une part dans son affection ; mais, trois mois se sont à peine écoulés, le maître meurt, et l'élève se trouve de nouveau sans appui. Enfin il est admis dans l'École de Lyon, et pendant deux ans il n'a d'autres moyens d'existence que des bustes et des plâtres moulés qu'il vend dix ou douze francs pièce. Cependant ses progrès ont été rapides, et sa réputation a commencé. Les bustes de LL. AA. RR. le duc et la duchesse d'Angoulême, et celui de leur auguste père lui donnent les moyens de prolonger son séjour à Lyon, et de se rendre ensuite à Paris où il arrive en 1817.

MM. Marin et Lemot le font recevoir à l'École royale. Alors la vie de M. Foyatier, perdant ce caractère d'originalité qu'elle offre dans les premiers temps, devient celle d'un artiste laborieux, dont l'étude développe les talents. Le pâtre-sculpteur se place au rang des statuaires les plus habiles. Le *Faune Musicien* qu'il exposa au salon de 1819, lui mérita une médaille d'or et une part dans les travaux commandés par le gouvernement. La singularité de sa destinée lui avait inspiré le désir de visiter le docteur Gall ; il crut à une science nouvelle en entendant celui qu'il ne pouvait croire le connaître, et qui sans doute ne le connaissait pas, lui parler de la disposition de ses organes, et le déclarer né pour la gloire de son art. Étonné et reconnaissant, le statuaire fit le buste en marbre du docteur, et le succès de cet ouvrage plein de vérité et d'expression valut à l'auteur d'être chargé de reproduire les traits de la princesse Bagration, des comtes polonais Potoski et Broniski, de toute la famille du comte Woronsow et de plusieurs autres personnages français et étrangers.

Parmi les compositions d'un ordre plus relevé, je citerai le *Jeune Pâtre* qui médite appuyé sur une tombe rustique où sont gravés ces mots : *Ils sont morts pour la patrie*. Les fleurs qui tombent de ses mains se mêlent à des débris d'armes épars autour du monument. Cet ouvrage qui a quelque analogie avec le *Soldat laboureur*, et qui fut peut-être aussi inspiré par les souvenirs de son enfance, parut en 1819. On y trouve de la poésie, de la pensée, du sentiment, et M. Foyatier a fait hommage du *Jeune Pâtre* à la ville de Lyon, se souvenant qu'il lui devait de n'être plus pâtre lui-même.

Le *Spartacus* a été achevé à Rome en 1824. L'artiste a voulu et a su rendre dans une seule action trois époques de la vie de ce héros : son esclavage, sa liberté, sa vengeance. Il s'était rendu à Naples dans l'espoir d'y trouver un modèle parmi les *lazzaroni*, mais au lieu des formes athlétiques d'un Spartacus, il ne vit que des figures misérables, façonnées à la servitude.

La gracieuse composition d'*Amaryllis* écoutant l'écho qui répète un air de sa flûte, le buste de *la Belle Cordière* pour la ville de Lyon, et *l'Amour enfant* qui recommande le silence, derniers travaux de M. Foyatier, fruit d'un talent flexible et varié, attestent, ainsi que les ouvrages de ses maîtres et de ses émules, que la statuaire est aujourd'hui en progression ascendante au milieu de la décadence des divers autres genres dans les lettres et les arts.

E. JOUY.

M. DE JOUY est né en 1769, dans la petite ville du département de Seine-et-Oise, qui partage son nom. En notre qualité de biographes, nous aurions, il nous semble, le droit de forcer nos lecteurs à écouter la discussion d'une question assez grave, celle de savoir si c'est l'homme qui donne le nom à la ville ou la ville le nom à l'homme; mais de nos jours cette difficulté serait trop facile à résoudre, pour qu'il y ait quelque plaisir à l'examiner. Dans quelques siècles, car le nom de M. de Jouy ira jusque là, quand elle sera devenue bien inextricable, ce sera un véritable morceau de commentateur, et nul doute que les antiquaires du temps ne nous sachent bon gré de ne la leur avoir pas déflorée.

A l'âge de 13 ans, M. de Jouy accompagna en qualité de sous-lieutenant à la suite des colonies, le baron de Besner, gouverneur de la Guyane. Au bout d'un an l'officier, qui n'avait pas fini ses études, revint les terminer au collége d'Orléans, et il serait bien étonnant, qu'un homme venu de si loin faire sa rhétorique, en eût assez peu profité, pour se rendre coupable, comme on l'en a accusé, d'un barbarisme en pleine académie. Deux ans après, il rejoignit dans lés Indes orientales le régiment de Luxembourg où il servit plusieurs années; il le quitta pour se rendre à la côte de Coromandel, puis au Bengale en qualité d'officier d'état-major attaché au gouvernement de Chandernagor. A la fin de 1790, il revint en France, entra en qualité de capitaine dans un régiment d'infanterie, fit comme aide-de-camp du lieutenant-général

O'Moran la première campagne de la révolution, fut nommé adjudant-général sur le champ de bataille, après la prise de Furnes ; puis, comme c'était l'usage sous l'administration paternelle de la convention, traduit en récompense de ses services au tribunal révolutionnaire et condamné à mort. Mais avant que cette sentence ne fût portée, il avait eu l'adresse de former opposition à son exécution en se réfugiant en Suisse. Après le 9 thermidor, il rentra en France et fut nommé chef d'état-major de l'armée sous Paris, commandée par le général Menou. Dans la journée du 2 prairial, à la tête d'un bataillon de jeunes gens qu'il avait formé lui-même, il contribua puissamment à la défaite des terroristes. Au 13 vendémiaire, il fut arrêté et destitué pour être entré en conférence avec les députés des sections. Remis en liberté et réintégré dans ses fonctions, en arrivant à Lille, où il allait prendre le commandement de la place, il se trouva en but à une nouvelle accusation dont il se justifia aussi aisément que de la première : mais fatigué d'un métier qui ne cessait plus d'être pour lui une espèce de lutte judiciaire, il demanda sa retraite, et l'obtint honorable, comme l'avaient été les services qui la lui méritaient.

En quittant la carrière des armes, M. de Jouy n'entra pas de plein pied dans celle de la littérature ; il fit un détour, et pendant un moment s'occupa de travaux administratifs ; mais le préfet de la Dyle, auquel il était attaché, ayant été appelé au sénat conservateur, il revint avec lui à Paris où l'attendait sa muse : c'est ici que pour nous finit l'homme et commence l'académicien.

Des vaudevilles faits en société avec les Scribes du temps, furent les premiers ouvrages par lesquels il essaya de se faire connaître.

A l'époque où il débuta, les sociétés littéraires, formées à fin d'exploitation du vaudeville, commençaient à être en usage. Plusieurs pièces de ce genre, écrites en nom collectif avec MM. Delongchamp et Dieu-la-Foi, furent les premiers ou-

vrages échappés de sa plume, et il paraît qu'à plusieurs reprises cette association lui valut son tiers de gloire et de succès. Bientôt après il composa l'opéra de *la Vestale*, et si cette œuvre, qui lui valut le prix décennal, réservé au meilleur ouvrage lyrique, ne révèle pas à un haut degré le poète, au moins ne peut-on pas lui refuser un mérite, c'est d'avoir donné à Spontini l'occasion d'écrire une de ses partitions les plus belles, et à Désaugiers sa plus joyeuse parodie. Une fois en possession de la scène lyrique, il y fit successivement représenter *Fernand Cortez*, auquel Spontini, pour la seconde fois, prêta l'appui de son talent; *les Amazones*, musique de Méhul; *les Abencerrages*, musique de Chérubini; *les Bayadères*, musique de Catel. Le théâtre Feydeau s'étant trouvé sur sa route, il permit aussi à sa muse d'y entrer pour cueillir quelques palmes; mais toute cette gloire chantée était loin de suffire à son ambition polygraphique. Depuis long-temps quelque chose en lui lui disait d'écrire une œuvre tragique, et après quelques essais comiques tentés au Théâtre Français et à l'Odéon, parut sa tragédie de *Tippo-Saëb*. Il en avait trouvé le sujet dans les souvenirs de l'Inde, et elle fit regretter au public qu'il ne fût pas toujours resté en France. Vint ensuite *Bélisaire*, qui, repoussé de la scène, se réfugia entre les bras du libraire contre les rigueurs de la censure, et malgré le succès de lecture que lui valut cette persécution, il faut bien le dire, si la censure, au lieu d'être un juge politique, eût été juge littéraire, il n'y eût eu aucune raison d'appeler de son jugement. Mais enfin apparut l'ouvrage qui devait justifier la vocation tragique de M. de Jouy; joué par Talma, qui, si on pouvait le dire, en écrivit aussi la partition, le rôle de Sylla obtint un succès immense; il y eut après la représentation tant de gloire à recueillir, que le coiffeur dans les ateliers duquel avait été tressée la perruque historique et pleine de souvenirs du dictateur, vint aussi en réclamer sa part, et personne ne trouva sa prétention étrange ou mal fondée. Un *Julien dans les Gaules*, représenté, il y a quelques mois, avec un de ces succès tranquilles auxquels nous a depuis long-temps habitués la Melpomène de la rue de Richelieu, est, quant à présent, le dernier chant échappé à la muse tragique de M. de Jouy.

Mais de toutes ses compositions, celle qui a le plus contribué à donner à son nom une popularité, laquelle, soit dit en passant, s'en va se perdant tous les jours, c'est cette suite piquante de tableaux de mœurs, publiés sous le titre d'*Ermite de la Chaussée-d'Antin*. On s'est souvent étonné qu'il ait pu suffire seul à un nombre si considérable de spirituelles observations; mais si nous sommes bien instruits, MM. Michaud et Merle lui prêtèrent, en plus d'une occasion, le secours de leur plume, et l'on ne peut qu'admirer le dévoûment de M. de Jouy, qui après avoir consenti à partager avec eux ses travaux, se décida à garder pour lui tout seul la gloire. Une fois engagé dans la carrière du moraliste, pour répondre à l'empressement des libraires, qui de toute part lui demandaient des *Ermites*, il composa *le Franc Parleur*, *l'Ermite de la Guyane*, *l'Ermite en province*, puis enfin, en société ouverte avec M. Jay, *les Ermites en prison et en liberté*, fruits de leurs loisirs pendant une captivité de trois mois que leur valut un article du *Miroir*. De tous ces ouvrages, les deux aînés seuls sont venus à bien, et si les autres n'ont pas été plus rudement accueillis, c'est uniquement à cause de leur nom de famille, et par considération pour le père dont ils étaient nés.

De peur de faire comme le public, de les oublier, hâtons-nous de consigner ici le titre de deux autres ouvrages, enfants de sa plume féconde. *La Morale appliquée à la politique* et *l'Essai sur l'Industrie*. Quant aux articles dont il a enrichi la *Gazette de France*, la *Minerve*, la *Renommée*, le *Courrier-Français*, le *Journal des Arts*, le *Miroir*, leur nombre doit être incalculable : M. de Jouy s'est aussi essayé dans le genre du roman, et il paraît que sans la chute retentissante qui signala son premier pas, il avait des projets assez vastes

sur cette carrière, car avant d'y entrer, et dès la préface, il
s'attaqua à l'illustre Walter Scott, comme à un homme qu'il
comptait détrôner pour occuper sa place. Personne ne parut
décidé à le seconder dans cette usurpation, et la gloire de
l'auteur des *Puritains* est encore debout même après l'apparition de *Cecile* ou *les Passions*. Une autre prétention de l'illustre académicien, s'est d'avoir, comme le dit fort plaisam-
ment l'auteur de l'article que lui consacra la biographie des
contemporains, inventé le premier la distinction des deux
écoles dramatiques, et d'avoir mis en œuvre avant personne
cette *découverte littéraire*. M. de Jouy a sans doute réfléchi
depuis; peut-être se sera-t-il rappelé qu'il était né en 1769,
et qu'il aurait difficilement le temps d'accomplir la révolution dont il prétend avoir le premier donné le signal. Ne
voyant personne derrière qu'il pût en charger, pensant que
sans doute après lui tout serait arrêté dans la littérature, il a
jugé qu'il valait mieux revenir sur ses pas, et depuis quelque
temps, avec son fauteuil de directeur de l'Académie, il s'est
placé en travers du mouvement littéraire contre lequel il se
roidit de toute la force des quarante : chacun des discours que
sa dignité lui donne la mission de prononcer dans l'enceinte
des Quatre-Nations, est une protestation, un rappel à l'ordre
contre les doctrines nouvelles. Son désir de les anéantir va,
dit-on, jusqu'au point de consentir à se sacrifier lui-même,
pourvu qu'il les entraîne dans sa chute, et l'on assure que la
comédie intitulée *les Intrigues de Cour*, qu'il vient de faire représenter au Théâtre Français, avait pour destination de faire
tomber le genre du drame historique qu'il avait traité autant
que possible de manière à le compromettre. En poursuivant
cette tactique, il faut convenir que M. de Jouy deviendrait
pour l'école romantique un adversaire des plus redoutables,
et M. Auger ne serait plus auprès de lui que son tiède ennemi.
Espérons cependant qu'il reviendra à des sentiments plus
chrétiens, et qu'il cessera de poursuivre avec tant d'achar-

nement une croyance qui en définitive ne fut jamais la sienne et dont il aurait tort de se croire apostat.

On veut tout bouleverser, s'écrie-t-il ; on veut vandaliser la littérature ! Eh non ! monsieur ; on veut seulement hausser le prix de la gloire littéraire qu'on achetait à si bon marché sous l'empire, que plusieurs l'eurent pour rien. Votre réputation date de cette époque ; on ne reviendra pas sur le prix des mercuriales d'alors ; vos provisions sont faites à vous : que vous importe quand pour ceux qui arrivent maintenant on leur ferait la célébrité un peu plus cher ? Toute la question est là.

En 1814, la mort de Parny laissant une place vacante à l'Académie, M. de Jouy fut appelé à le remplacer. Depuis 14 ans qu'il siége dans cette honorable assemblée, il a eu assez souvent l'occasion de se montrer au public parisien dans les solennités littéraires, et ses œuvres ont paru assez de fois ornées, comme il le disait naïvement, du portrait de l'auteur, pour que nos abonnés nous dispensent de leur donner des détails sur son extérieur. M. de Jouy est dans l'usage, lorsqu'il travaille, de se servir d'un secrétaire ; il paraît même qu'il ne dédaigne pas d'élever parfois celui qu'il admet à la confidence de ses travaux jusqu'à la dignité de son collaborateur ; on ne se rappelle pas cependant qu'il ait jamais fait figurer le nom d'aucun de ces fonctionnaires à côté du sien. M. de Jouy est aussi l'auteur d'une collection élémentaire de l'histoire sacrée, profane et moderne, de la géographie et de la mythologie, divisées en jeux de cartes, à l'usage de la jeunesse des deux sexes. Il s'est aussi déclaré tout récemment le partisan prononcé d'une réforme dans l'orthographe de notre langue, laquelle consisterait à écrire les mots tels qu'on les prononce : il nous semble qu'une telle pensée est une forfaiture manifeste contre l'Académie, dont elle tend à abolir le Dictionnaire. Mais plus tolérants que lui, nous nous garderons bien de lui en faire un reproche : permis à lui d'avoir une conviction sur

« nécessités de l'orthographe, pourvu qu'il comprenne que d'autres peuvent en avoir une sur les besoins littéraires de l'époque, et qu'il cesse d'en médire aussi aigrement.

M. ALFRED DE WAILLY.

Au bas du Pinde il trotte à petits pas,
Et croit franchir le sommet d'Aonie.

Ces MM. de Wailly ont vraiment des prétentions ultra-gigantesques! S'imagineraient-ils comme certains géants de la fable, croître d'une coudée par mois? ou bien, parce que le grand papa fit une grammaire et quelques poésies fugitives, inédites même après leur apparition, parce que dans ses loisirs digestifs, le papa gastronome s'amusait à étendre ce bon Flaccus sur le lit de Procuste, pour expier, dis-je cette série de méfaits domestiques, des écoliers à peine sortis des bancs pensent-ils pouvoir réhabiliter des réputations mortellement atteintes en nous faisant subir le dégoût de leurs ébauches lilliputiennes? Triste malentendu de l'amour-propre et de la piété filiale!... mais lorsque de graves patrons louangeurs encensent encore le Vatel du père dans ses jeunes enfants, ces derniers ne me paraissent pas si coupables de se croire appelés à continuer une génération de poètes. « Les lauriers, publiait naguère le métaphorique Duviquet, croissent naturellement dans la famille Lemaire comme sur le tombeau de Virgile. » Pourquoi la maison de Wailly ne jouirait-elle pas du même privilége *in petto*?... Or, c'est en vertu d'un tel droit que M. Gustave exploite si largement au théâtre la patience de notre ennui, et qu'il s'étaye des petites minauderies du talent nain d'Anaïs..... Quant à M. Alfred, depuis long-temps cet imberbe professeur agrégé de troisième au collége Henri IV, a senti la nécessité de se faire esprit fort, pour être quelque chose. Grâces à la vigilante police du scrutateur Auvray, il n'osera plus larder ses discours de fin d'années d'axiômes républicains, mais il se retranchera lui et son dévergondage d'opinions dans l'épître académique. On vante sa pièce couronnée (Epître *à J. Jacques*); et chacun se demande où elle se fourre, car on ne la rencontre nulle part. L'ancien prix d'honneur du lycée Napoléon aurait-il trouvé au sein même de l'Institut quelque prôneur complaisant, à la façon de ce bon M. Dussault, lequel annonçait solennellement d'avance dans sa feuille les sucècs universitaires de la progéniture Wailly?...

Supposons toutefois que M. Alfred ait mérité sa palme académique; comme il s'est empressé de démentir aussitôt son premier triomphe littéraire par la faiblesse de ses deux dernières productions!... Envain le respectable Mercure eut la bonté de signaler au lecteur dédaigneux l'ouvrage de l'ex-lauréat sur l'*Affranchissement des Grecs*, l'imagination flétrie de suite par la dégoûtante nudité des tableaux, recule encore d'horreur devant ces *harems patibulaires* où l'ingénieux écrivain suspend les têtes des victimes, qu'il ose comparer à ces chauve-souris *clouées* aux portes de nos chaumières... Quelle délicatesse, et surtout quel à-propos exquis de figure! C'est vouloir en quelque sorte étouffer sous le hideux des formes le noble intérêt qu'inspire la cause sacrée du malheur. Malgré les justes reproches qu'encourut de la part des critiques une image aussi bizarre, l'auteur a eu l'incroyable maladresse de la reproduire dans son ode anti-pindarique sur le combat naval de Navarin.

Aux oliviers sanglants *clouez* tous ces vieux prêtres.

Toujours des *clous*. C'est un fier tapissier que M. Alfred!

M. DE MARTIGNAC.

Martignac (Gaye de), ministre secrétaire-d'état au département de l'intérieur, commandant de la Légion-d'Honneur, est né à Bordeaux en 1776 d'une famille noble, qui a fourni Etienne de Martignac, connu par des traductions estimées de plusieurs poètes latins. Son père, avocat distingué, l'envoya à Paris pour terminer ses études. A l'âge où les passions parlent le plus fortement à nos cœurs pour nous égarer sur la route des plaisirs, M. de Martignac, étudiant en droit à Paris, négligea ses études, vécut dans la dissipation, eut des maîtresses, et se livra à son goût pour la poésie. Les enfants des muses sont souvent rappelés au positif de la vie par des besoins qu'ils ressentent comme le commun des hommes ; et M. de Martignac se trouva plusieurs fois épuisé par l'endroit le plus sensible. Son amabilité, son heureux caractère n'en furent jamais altérés. La vie dissipée du jeune disciple de Cujas fut connue à Bordeaux. Les têtes du Midi sont chaudes : M. de Martignac prit la chose au vif, et chargea un de ses amis de sévir contre son fils. L'intermédiaire, heureusement, sentit ce que cette marche avait de vicieux, et prit sur lui de changer les instructions qu'il avait reçues ; il biaisa, n'étourdit pas le jeune homme de sermons irritants, sut gagner son amitié, et parvint à décider notre aimable Gascon à retourner dans sa province. Il ne tarda pas à marcher sur les traces de son père ; ses premiers essais furent brillants. Il était difficile de lutter de savoir et de profondeur avec les orateurs éloquents

26

ou les savans jurisconsultes qui faisaient alors l'ornement d'un barreau qui a donné tant d'hommes d'état à la France. M. de Martignac, doué d'une heureuse facilité et d'une intelligence peu commune, se fit remarquer malgré sa jeunesse. Sa diction nette et pure, sa logique serrée et lucide, lui acquirent dès lors une réputation qui s'agrandissait chaque jour. A la tête des orateurs que les jeunes avocats aimaient à considérer comme des maîtres, se montrait Philippe Ferrère, homme intègre et désintéressé, remarquable à la fois par sa vaste instruction et cette sensibilité profonde, toujours sûre d'aller au cœur, parce qu'elle en vient. De toutes les causes auxquelles il avait prêté l'autorité de sa parole, celle d'une jeune orpheline attira particulièrement l'attention. Jetée par la complicité de ses proches dans les bras d'un homme cupide, elle refusa toujours de le reconnaître pour époux. Elle avait à peine quinze ans, et dix jours seulement s'étaient écoulés depuis qu'elle avait perdu sa mère, lorsqu'on voulut la contraindre à épouser le sieur de Thémines. Elle demandait à la justice de sanctionner sa résistance, en brisant le lien imposé à sa jeunesse. M. Ferrère lui servit de défenseur et de père. Lorsqu'il eut cessé de parler pour celle qu'il avait adoptée : « Ma fille, lui dit-il, faible enfant que le malheur m'a donnée, ma tâche est remplie; ta défense est maintenant connue, et tu vas respirer. Je te reçus des mains de l'infortune, je te dépose dans celles de la justice. » La maladie empêcha cet excellent homme de plaider de nouveau pour sa jeune cliente; il fit appeler M. de Martignac, et lui dit : « Mon jeune ami, il m'est impossible de rédiger mon plaidoyer, et toute une famille est dans la désolation; il faut me remplacer : vous êtes imbu de cette cause; nous avons discuté, recherché ensemble tout ce qui lui est contraire ou favorable, c'est donc à vous de me suppléer. » M. de Martignac refusa d'abord une cause aussi importante; mais bientôt, vaincu par des instances réitérées, il cède et se met en travail.

Le grand jour arrive ; le jeune avocat balbutie les premiers mots de son exorde, se rassure bientôt, et prononce avec chaleur et noblesse un plaidoyer qui enlève tous les suffrages, que ceux des juges confirment bientôt, en prononçant la dissolution du mariage. La jeune dame remercie son défenseur en rougissant, et celui-ci court cacher sa joie et son émotion dans les bras de son ami qui, bientôt convalescent, ne l'arrête plus à son chevet et le renvoie à sa famille.

M. de Martignac avait fait sensation dans la ville de........ ; il paraît même que la jeune dame n'avait pas été insensible à la grâce, à la jeunesse, à l'éloquence du jeune avocat. Aussi, au retour de son ami, M. de Martignac ne fut pas peu surpris de l'entendre lui parler de mariage ; il prit d'abord la chose comme une plaisanterie, mais enfin il se laissa présenter, et bientôt devint l'heureux et fortuné époux de la jeune dame dont il s'était montré le si bon défenseur. Il devint bientôt après secrétaire de l'abbé de Sieyes, ambassadeur en Prusse, et rentra à Bordeaux en 1799.

En 1813, M. de Martignac fut nommé officier dans la garde urbaine, et l'année suivante seconda puissamment le comte Lynch dans toutes les démarches qui eurent pour but de proclamer les Bourbons, suivit le maire de Bordeaux, lorsqu'il alla au-devant du général anglais Dalhousei (1), et fit repré-

______

(1) Arrivé devant le général Dalhousei, M. de Lynch foula à ses pieds la croix de la Légion-d'Honneur et la cocarde tricolore, et il arbora la cocarde blanche. Le général anglais, étonné d'une pareille conduite, ne put s'empêcher de dire à ce maire : « Monsieur, vous allez beaucoup trop loin ; je ne suis pas venu prendre possession de la ville au nom du roi de France. » M. le comte de Lynch avait toujours montré le plus grand dévoûment à Napoléon ; il lui avait offert récemment une compagnie de cavalerie montée et équipée, et avait reçu de l'empereur une boîte enrichie de son portrait. Il était maire de Bordeaux depuis le 24 mars 1809, et il est aujourd'hui pair de France et grand-officier de la Légion-d'Honneur.

senter dans la *ville du* 12 *mars* un vaudeville de sa composition, intitulé *la Saint-Georges*, en l'honneur du roi Georges,
qui allait rendre les Bourbons à la France. « Un si noble dévoûment, dit l'abbé de Montgaillard, fit oublier que M. de
Martignac, secrétaire de l'abbé Sieyes, dans son ambassade à
Berlin, avait publié une ode *Sur la naissance du Roi de Rome.*»
Après la restauration, M. de Martignac fut appelé au commandement de la garde nationale de Bordeaux. Lors du retour de Napoléon en 1815, le général Clausel reçut l'ordre de
se diriger sur le chef-lieu du département de la Gironde, où se
trouvait encore Madame la duchesse d'Angoulême. La défec-
tion des troupes ayant rendu toute résistance impossible,
M. de Martignac fut envoyé en parlementaire auprès du général, pour traiter de la capitulation. Le *Moniteur*, en rendant
compte de cet événement, disait que M. de Martignac parut
au général Clausel *homme de sens et de mérite, et ami de son
pays.*

M. de Martignac refusa la croix de la Légion-d'Honneur
que lui envoya le vainqueur de Wagram et de la Moskowa, et
publia quelque temps après la relation de ce qui s'était passé
pendant sa mission. Le ton simple et vrai de cet écrit convain-
quit tout le monde. A la seconde restauration, M. de Martignac fut nommé chevalier de la Légion-d'Honneur, et continua
de faire partie du barreau qui, illustré par les Vergneaux, les
Guadet, les Gensonné, refusa de défendre les généraux César
et Constantin Faucher, condamnés à mort le 27 septembre
1815, par suite de l'héroïque défense de la Réole, après le
retour du Roi (1).

---

(1)   Ces jumeaux, compagnons de supplice et de gloire,
      Unis par le berceau, la tombe et la victoire,
      Ont trouvé cent bourreaux et pas un défenseur.

On a cru long-temps, et beaucoup de personnes sont encore persua-
dées que les généraux Faucher s'étaient adressés particulièrement à

Il quitta en 1819 le barreau où il avait paru avec éclat pendant quinze ans pour entrer dans la magistrature ; il venait d'être nommé avocat-général de Bordeaux, où son père siégeait comme conseiller. L'année suivante, il devint procureur-général à la Cour royale de Limoges. Dans une circonstance solennelle où il fut chargé de se rendre l'interprète de la clémence royale, M. de Martignac crut devoir répondre aux craintes qu'exprimaient quelques citoyens de voir renaître les préjugés et les priviléges ; il s'écria : « Lorsque la force des circonstances et la main de Dieu ramenèrent vers nous un roi que l'exil et l'infortune avaient enrichi de leurs leçons, notre amour n'attendait que lui ; nos acclamations et nos transports lui annoncèrent que sa présence était le seul bienfait que réclamait la patrie. Fort de sa légitimité et de notre impatiente affection, il pouvait tout, et la reconnaissance publique eût tout consacré. Vous savez ce qu'il a fait : il a noblement affranchi le grand peuple sur lequel il allait régner, et qu'il a voulu rendre à la véritable gloire en le rendant au bonheur. Ce qu'il a proscrit dans ce généreux dessein ne reparaîtra plus ; ce qu'il a consacré est désormais immuable. Les libertés publiques, les droits de la propriété, ce grand principe qui veut que tous les services soient récompensés et toutes les vertus honorées, toutes ces institutions généreuses sur lesquelles notre roi a lui-même assis son trône, sont iné-

---

M. de Martignac, leur ami, pour le prier de plaider leur cause. Il est de notre devoir de réfuter cette erreur. Le reproche qu'on a fait à l'auteur de *la Saint-Georges* concerne un autre avocat bordelais qui, comme lui, s'est fait connaître par son dévoûment au Roi et aux ministres. C'est M. Ravez, ex-président de la chambre des députés, grand-officier de la Légion-d'Honneur, etc., qui a refusé l'appui de son talent a deux hommes dont il avait reçu des bienfaits. Nous pensons que M. de Martignac eût agi plus honorablement s'il avait eu des obligations aux illustres jumeaux, et qu'il n'aurait pas refusé de prendre la défense de M. Sieyes, tout régicide qu'il était.

branlables comme lui. Qu'on cesse donc de nous parler de ces craintes dérisoires, pour lesquelles on n'a pas même l'excuse de la crédulité. »

En 1821, M. de Martignac fut nommé député du département de Lot-et-Garonne par l'arrondissement de Marmande; il était déjà conseiller-d'état lorsqu'il fut nommé le 19 mars 1823, commissaire civil du roi près du prince généralissime de l'armée française en Espagne. Dans une note adressée le 29 mars suivant à la régence, M. de Martignac lui annonça qu'il était chargé par S. A. R. Mgr le duc d'Angoûle , de déposer dans le palais des rois d'Espagne « les quarante-huit drapeaux pris dans les dernières guerres ; les deux drapeaux enlevés aux ennemis communs de la France et de l'Espagne dans la guerre actuelle, et les clefs de la ville de Valence, autrefois apportées à un guerrier français. » Il disait dans la même note : « Dans les dernières guerres qui ont éclaté entre la France et l'Espagne, la chance des combats fit tomber successivement entre les mains des armées françaises, quarante-huit drapeaux appartenant à l'armée espagnole. Ces drapeaux enlevés par le courage heureux à la valeur trompée, furent transportés à Paris, et y sont demeurés comme les gages précieux qui honorent le plus nos armes. Le roi de France a fait détacher de nos voûtes ces monuments de gloire et de désordre, et les a envoyés au prince pacificateur pour qu'ils fussent rendus à votre roi. En attendant l'heureux jour où l'alliance et l'amitié des deux souverains et des deux nations seront cimentées par cette institution, le prince a pensé que ce dépôt ne pouvait être mieux placé que dans le palais des rois d'Espagne. »

A son retour, M. de Martignac devint ministre-d'état, membre du conseil privé, directeur de l'enregistrement et des domaines, commandant de la Légion-d'Honneur; il fut nommé ensuite l'un des vice-présidents de la chambre pour la session de 1826, et président, à la fin de 1827, du second collège électoral du département de Lot-et-Garonne.

L'ancien secrétaire de M. Sieyes a pu dire, comme certain personnage d'une comédie qui n'a jamais été représentée, et qui ne le sera probablement pas encore sous son ministère :

> Je ne sais pas à quoi l'on ne me nomme pas ;
> Chéri, considéré dans chaque ministère,
> Bien payé pour parler, mieux payé pour me taire.

Comme député, M. de Martignac s'est fait remarquer par son heureuse facilité à manier la parole. Toutefois ses discours ressemblent trop souvent à des plaidoyers ; témoin celui qu'il a prononcé lors du rapport sur la pétition de M. Crestin, avocat. L'opposition a plusieurs fois applaudi à son habileté. Le rapport sur l'admission de M. Benjamin Constant, la discussion sur la loi d'indemnité, et son rapport sur le projet de loi relatif à la traite des noirs (séance du 10 février 1827), l'ont placé au premier rang des orateurs ministériels.

On aime les vers à Bordeaux : le barreau de cette ville comptait deux poètes dans son sein : M. de Martignac et M. de Peyronnet. Il est résulté des infidélités que le premier de ces avocats faisait à Thémis en faveur des muses, outre la pièce de circonstance et l'ode dont nous avons parlé, un vaudeville en un acte, intitulé *Ésope chez Xanthus*; Paris, 1801. Des mauvais plaisants de la Gironde ont dit qu'Esope n'avait fait parler que les bêtes. La politique n'a point, dit-on, étouffé la verve du ministre bordelais ; on l'a entendu dire, il n'y a pas long-temps, en sortant du théâtre de la rue de Chartres :

> De quelques mots cruels je méprise l'atteinte,
> Puisque l'opinion est toute en ma faveur ;
> J'ai fait, sous cet abri vainqueur,
> De mauvais vers sans peur, j'en fais encor sans crainte.

M. de Martignac a changé la direction de l'enregistrement et des domaines pour le portefeuille de l'intérieur. Qu'il n'oublie pas la chute de M. de Corbière, et qu'il ait toujours présents à la mémoire les engagements qu'il a contractés en proclamant, dans le *Moniteur* du 16 janvier dernier, les vrais principes du gouvernement constitutionnel : la France a pris acte de cette déclaration du nouveau ministère ; elle pourra consentir à oublier la conduite que le ministre de l'intérieur a tenue comme député, mais elle n'oubliera jamais les serments qu'il vient de faire. Si la nation se montrait défiante, si on ne croyait pas généralement qu'il eût la volonté de conformer ses actes à ces principes, c'est que trop souvent trompés les Français ont acquis chèrement le droit de répéter :

> *Timeo Danaos et dona ferentes.*

Que M. le ministre de l'intérieur ne se flatte pas de surprendre l'opinion publique par de petites mesures, par de légers palliatifs : un ministre qui ne désavouera pas hautement les hommes et le système qui ont excité une si vive indignation, n'obtiendra pas l'assentiment de la nation. Nous féliciterons d'abord M. de Martignac d'avoir appelé à la préfecture de police un homme qui appartient à ce corps révéré qui *rend des arrêts et non des services.* Ce magistrat paraît vouloir ramener la police vers le but de son institution ; il a compris que s'il est encore permis de mettre le vice aux prises avec le crime, il ne l'est plus de l'approcher de la vertu et de confier à des hommes infâmes, et pour la plupart juridiquement flétris, la surveillance des gens de bien et le droit de dénoncer leurs paroles. Avant de signaler les premiers actes de son administration, nous le féliciterons aussi de s'être rappelé qu'un gouvernement qui veut protéger toutes les croyances ne peut raisonnablement confier au ministre exclusif d'une de ces croyances le gouvernement temporel des citoyens des diverses communions, et d'avoir séparé l'instruction publique du ministère des affaires ecclésiastiques, dirigé par un évêque, malgré l'incompatibilité qui existe entre la prêtrise et l'exercice des fonctions publiques.

(*La suite au numéro prochain.*)

M. DE MARTIGNAC.

(*Suite.*)

Une ordonnance du 24 octobre 1814 avait fixé à *cinq* le nombre des exemplaires des écrits imprimés et des épreuves des planches et estampes, dont le dépôt est exigé par la loi ; une ordonnance, rendue le 9 janvier sur le rapport de M. de Martignac, a réduit ce nombre à *deux* pour les exemplaires et à *trois* pour les épreuves de planches et d'estampes, et ayant reconnu que la surveillance exercée à la douane de Paris sur les livres exportés à l'étranger, apportait des entraves au commerce de la librairie, sans utilité pour l'ordre public, ce ministre a décidé qu'elle n'aurait plus lieu à l'avenir.

Il s'occupe aussi d'une nouvelle organisation de la censure théâtrale, qui serait à l'avenir exercée par un jury composé d'hommes de lettres connus par la sage indépendance de leur caractère, et qui n'aura rien de commun avec cette censure qui voulait bien permettre naguère le mot *empereur* au milieu mais non à la fin d'un vers, qui exilait les mots de patrie et de liberté de toutes les scènes où ils se trouvaient, et autorisait, et l'on pourrait dire favorisait ces représentations qui, sur les théâtres populaires, offrent à la foule qui s'y précipite des drames dont les héros sont des voleurs et des assassins. Marius, César, ces grands hommes de Rome et d'Athènes, rarement admis, souvent exclus de la scène française, laissaient une foule avide d'émotions violentes courir aux boulevards admirer Mandrin et Cartouche, et jusqu'à l'ignoble Poulailler.

Pas un seul des ministres qui depuis treize ans ont été chargés des affaires de l'intérieur, n'a senti toute la grandeur de sa mission, et n'a eu l'idée des moissons de bonheur que

27

pouvait faire éclore l'habile emploi d'une allocation annuelle
de plus de cent millions. Plus heureux que ses prédécesseurs,
que M. de Martignac apprécie les grandes et belles attribu-
tions du département qui lui a été confié ; qu'il eucourage tous
les arts de la paix, donne l'essor à tous les développements de
l'industrie nationale, profite de la situation actuelle des choses
et des esprits, donne avec fermeté, avec impartialité, aux
hommes et aux choses, une direction salutaire et non équivoque, une direction conforme à nos principes constitutionnels, mais conforme aussi aux lois de l'immuable justice qui
exerce tant d'empire sur les hommes de toutes les opinions et
de toutes les conditions, une direction telle que nul citoyen,
se conformant aux lois, ne puisse redouter aucune vexation ;
que nul fonctionnaire, remplissant ses devoirs, ne puisse
avoir la crainte de perdre son emploi ; et que nul aspirant aux
fonctions publiques ne puisse espérer d'y arriver et de s'y
maintenir, si, par ses discours et sa conduite, il ne se montre
sincèrement et loyalement dévoué à la Charte et au Roi ; qu'il
ne néglige pas de favoriser sans relâche l'instruction populaire (1) : c'est le premier devoir comme le premier intérêt de

---

(1) Un homme placé très-haut dans l'opinion publique, M. Royer-
Collard, disait en 1822 à la tribune nationale : « Il y a des personnes,
d'ailleurs respectables, qui croient que l'ignorance est bonne, qu'elle
dispose les classes inférieures au respect, à la soumission, qu'elle les
rend plus faciles à gouverner ; en un mot qu'elle est un principe d'ordre (voix à droite : on ne dit pas cela) ; si je ne l'entends pas dire en
ce moment, je l'ai souvent lu. Quand j'entends ces choses ou que je les
lis, je serais tenté de demander s'il y a deux espèces humaines (vive
sensation) ; mais je traduis autrement la question. Tout se tient dans la
composition et l'état des sociétés. Veuillez y réfléchir ; l'aisance amène
l'instruction, l'ignorance est compagne de la misère. Pour que le peuple
soit ignorant, il faut qu'il soit misérable, et pour l'abrutir, il faut d'a-
bord l'appauvrir. »

Ces paroles expliquent l'énormité des impôts qui pèsent sur le peuple
français, et les efforts du clergé qui domine aujourd'hui toutes les branches du corps social, pour anéantir l'enseignement mutuel, dont la mé-

tout bon gouvernement ; en travaillant au bonheur général, il travaille à sa propre gloire ; en introduisant les connaissances dans les chaumières, il affermit les bases de la prospérité des palais. Il ne suffit pas, pour encourager l'industrie qui nourrit les empires, de décerner des récompenses aux grands manufacturiers, d'appeler dans de riches et splendides expositions les produits brillants de leur travail ; il faut pénétrer plus loin, et faire descendre les encouragements jusque dans la classe ouvrière, qui élabore ces produits dont l'honneur revient au maître, qui prend part aux chefs-d'œuvre, sans entrer dans le partage de la gloire. Des écoles, des cours publics, des leçons sur tous les arts mécaniques, de nombreuses récompenses à ceux qui se distinguent ; voilà les premières nécessités du régime constitutionnel dans un état où tout le monde doit le tribut de son travail, de ses lumières, de son patriotisme.

Il n'est pas inutile non plus de rappeler au ministre de l'intérieur, qu'il n'y a rien de plus pressant que de coordonner l'organisation municipale, instituée telle qu'elle existe par le despotisme, avec les principes de la Charte et les intérêts généraux. Avant la révolution, et sous la monarchie absolue, la plupart des villes nommaient par élection leurs officiers municipaux et leur maire, qui recevait du Roi sa commission. A l'époque où nous sommes, avec un pacte fondamental qui déclare que le peuple français est libre, les citoyens ne participent en aucune manière à l'élection des magistrats essentiellement populaires ; ils les reçoivent arbitrairement de la main des préfets, qui sont en général de mauvais choix. C'est une situation intolérable, et qui attirera nécessairement l'attention du ministère, s'il est jaloux de contribuer au bien public.

---

thode est préférable à celle suivie par les frères des écoles chrétiennes, puisque avec le même temps et la même dépense on enseigne quarante-cinq enfants par l'enseignement mutuel, contre un par l'autre méthode.

M. DE LA FERRONNAYS.

La Ferronnays (Pierre-Louis-Auguste-Ferron, comte de), pair de France, maréchal de camp, commandeur de Saint-Louis et de la Légion-d'Honneur.

Après avoir servi avant la révolution française, il suivit en émigration son père et son oncle (1), devint premier gentilhomme de la chambre du duc de Berry, et rentra en France avec ce prince en 1814. Le comte de La Ferronnays, promu le 4 juin de la même année au grade de maréchal-de-camp, fut créé pair de France le 17 août 1815. En 1817, il fut envoyé comme ambassadeur et plénipotentiaire près la cour de Danemarck, et fut compris le 15 janvier 1818 dans la liste des comtes, pairs de France, présentée à la chambre des pairs par ordre du roi. Les lettres patentes qui lui conféraient ce titre, furent entérinées par ordre de la cour royale de Paris le 2 mai suivant. Au mois d'octobre de la même année, le comte de la Ferronnays présenta au roi de Danemarck, de la part du roi de France, l'ordre du Saint-Esprit, et ce roi lui fit présent d'une tabatière ornée de son portrait. Rappelé de son ambassade de Copenhague en juillet 1819, il fut en même temps nommé en remplacement de M. le comte Just de Noailles. Envoyé extraordinaire près de la cour de Russie, il arriva à Saint-Pétersbourg au mois de novembre de la même année, et suivit l'empereur Alexandre au congrès de Troppau au mois d'octobre 1820. Le comte de la Ferronnays se rendit en janvier 1821 à Vienne et de là au congrès de Laybach, et fut envoyé au mois de juin de la même année auprès du roi de Sardaigne Charles-Félix, pour féliciter ce sou-

---

(1) L'un avait été nommé maréchal-de-camp en 1788, l'autre fut élevé à ce grade en 1814.

verain sur son avènement au trône. Nommé ensuite ambassadeur de Russie, il présenta ses lettres de créance à l'empereur Alexandre au mois de juillet, et il obtint dans le mois de décembre suivant la grand'croix de l'ordre de Saint-Ferdinand et du Mérite du royaume des Deux-Siciles.

C'est du Nord aujourd'hui que nous vient la lumière.

C'est de Russie que nous viennent nos ministres des relations extérieures; M. de La Ferronnays arrivait comme MM. de Richelieu et de Damas du pays des czars lorsqu'il fut appelé au ministère.

On accorde à M. de la Ferronnays beaucoup d'esprit et de grands talents; on assure qu'il est meilleur Français que beaucoup de gens qui n'ont jamais émigré, et qu'après tous ses voyages diplomatiques il peut dire aussi:

Plus je vis l'étranger, plus j'aimai ma patrie.

Espérons que méditant sur le passé il y puisera de sérieuses leçons pour l'avenir, et s'efforcera de reconquérir cette noble suprématie politique si bien faite pour la dignité du grand peuple. Qu'il impose des lois au lieu d'en recevoir; et que, Français avant tout, il sache, ainsi que le disait le général Foy, *parler français à l'Europe*.

M. de la Ferronnays connaît des pays où certains hommes naissent ambassadeurs ou colonels, vocation équivoque que la nature et le génie n'ont pas toujours confirmée; recommandons-lui de ne pas imiter ces gouvernements et ses prédécesseurs en confiant la direction de nos affaires dans l'étranger à des hommes dont le nom ou la faveur forment les titres les plus apparents.

Un fait qu'on racontait dans les salons de Paris donnera une idée du caractère de M. le comte de la Ferronnays. M. de Genoude, maître des requêtes, chevalier des ordres de Saint-Maurice et de Saint-Lazarre, grand'croix de l'ordre de Charles III, imprimeur et rédacteur en chef de la *Gazette de*

France, s'est présenté le 28 janvier dernier en cette qualité à M. le ministre des affaires étrangères. Il a invité cet officier général à prendre des abonnements, ou autrement à subvenir à ladite *Gazette*; mais le ministre lui a répondu avec noblesse « que s'il se passait quelque chose de répréhensible dans son administration, il ne voulait pas lui enlever le droit de l'en avertir, et qu'il serait également fâché d'ôter tout mérite à son approbation. »

M. BERTINI.

Il y a maintenant en musique deux systèmes diamétralement opposés : l'un des deux ne reconnaît de bonne musique que celle composée par les Grétry, les Daleyrac et leurs imitateurs : l'autre système place Rossini au-dessus de tous les autres compositeurs, et n'admet pas d'autre musique que la sienne.

Il existe un troisième système qui ne rejette pas Grétry et qui n'exclut pas entièrement Rossini; les partisans de ce système marchent avec leur siècle. Ils ne sont pas entachés de perruquinisme; mais quand ils traitent un motif gracieux, ils ne le défigurent pas sous une foule de notes inutiles. Ils croient que la musique n'est pas dans le bruit, et ils ont raison. Ils disent que le but de la musique est de toucher l'âme, et que le genre de la musique actuelle étant employé sagement, on peut produire des effets jusqu'alors inconnus et cependant ne pas tomber dans le ridicule. Ces considérations que nous traiterons plus tard d'une manière plus étendue s'appliquent dans ce moment aux ouvrages d'un artiste célèbre dont nous allons parler. Et comme le genre de musique en vogue à une époque se pratique d'abord au théâtre, puis sur différents instruments, nous parlerons aujourd'hui de l'influence que ce nouveau genre a exercée sur le piano qui, à lui seul, forme un orchestre. L'analyse des ouvrages de M. Bertini servira à faire ressortir le point de départ et les progrès immenses que l'on a obtenus. Nous ferons précéder cette analyse de quelques détails sur la vie de cet artiste.

Henri Bertini jeune, naquit à Londres en 1798. Dès son enfance il s'occupa de musique ; à sept ans il jouait déjà le violon. Il l'abandonna bientôt pour étudier le piano, que son père lui enseigna, et il se livra à la composition. Il fallait que le jeune Bertini eût de grandes dispositions pour la musique pour avoir su mettre à profit dans un âge si tendre les leçons de son père, qu'il suivit dans ses voyages en Allemagne, en Hollande et en Belgique, et qu'il perdit à peine âgé de quinze ans. Depuis lors par des études sérieuses M. Bertini perfectionna ce que son père lui avait enseigné, et ses travaux secondés par son goût naturel pour la musique ont fait de cet artiste un des plus célèbres pianistes et un compositeur d'un rare mérite.

Parmi un grand nombre d'ouvrages composés par M. Bertini nous placerons hors de ligne et comme chef-d'œuvre dans leur genre ses livres d'études pour le piano. Les deux premiers ont pour but de préparer les élèves à jouer les études de Cramer. On y remarque avec quel art M. Bertini, tout en reproduisant quelquefois les sujets traités par Cramer, a su leur donner une couleur originale et les rendre intéressantes après celles qui avaient servi de modèle. Outre le mérite que nous venons de signaler, ces études ont encore celui d'initier l'élève par gradation dans le genre de musique de piano que l'on exécute aujourd'hui. Parmi les études qui composent les deux premiers livres, nous citerons les numéros 3, 4, 8, 9, 13, 19, 21, 26, 30, 32, 36, 43, 45, 47 comme les plus remarquables.

Le troisième livre des études a pour but de mettre l'élève en état d'exécuter la musique de piano telle qu'on l'écrit et qu'on la joue actuellement. Ce troisième livre marque bien plus que les précédents, la différence des genres de musique. Qu'on n'aille pas croire que ce ne sont que des exercices à roulades plus ou moins difficiles. Ce sont des morceaux de très-bon style, qui donnent aux élèves des idées claires et précises sur ce genre. Ce livre est encore très-utile aux pianistes qui passaient pour forts il y a 15 ans, et ayant conservé le genre d'exécution de cette époque, se sont vus dans l'impossibilité de jouer une note de la musique actuelle. Nous citons dans ce livre comme des morceaux les plus saillants, ceux qui portent les n⁰ˢ 2, 3, 5, 6, 7, 8, 10, 11, 15, 17, 19, 21, 22, 23 et 24.

Le quatrième livre, qui porte le titre d'*Etudes Caractéristiques*, et que j'appellerai études transcendantes pour le piano, est destiné à perfectionner le talent d'un pianiste déjà distingué; aussi renferme-t-il des morceaux du premier ordre dans lesquels M. Bertini s'est vraiment surpassé. Chacun d'eux a un caractère tout-à-fait original, et ne ressemble aucunement aux autres; chacun d'eux donne l'idée en l'entendant de lui adopter un nom qui prévînt plus tard l'exécutant de l'effet qu'il doit produire, car que font quelques mots italiens et quelques signes usuels pour rendre tout l'effet d'un morceau de musique ?

Il serait à souhaiter que l'on entendît de semblable musique dans les concerts, et que les pianistes qui n'ont d'autre but que celui de jouer vite, étudiassent les nouvelles études de M. Bertini. Le public, qui n'est pas toujours aussi sot qu'on le pense, s'accoutumerait bien vite à entendre de bonnes choses. L'effet ne serait plus dans le bruit et tout le monde y gagnerait. Ces nouvelles études feront peut-être cette heureuse révolution dans l'art de toucher le piano, et faisons des vœux que l'envie de bien faire anime aussi les autres instrumentistes, et les engage à ne jamais écrire que ce qui est propre à l'instrument dont ils jouent.

GUILLAUME Ier, ROI DES PAYS-BAS,

Naquit à la Haye le 24 août 1772, à une époque où tout lui présageait le plus heureux avenir. Il était prince héréditaire d'Orange, Nassau, et le successeur présomptif de son père Guillaume V. Mais ses plus grandes espérances visaient au poste important de gouverneur des Provinces-Unies, qui avait toujours été l'héritage de ses ancêtres. Il fut redevable de sa brillante éducation à sa mère Frédérique-Sophie-Wilhelmine de Prusse, et à ses instituteur Euler et Tollius. Il eut pour gouverneur le général de Stamford, qui se distinguait autant par ses connaissances que par ses talents militaires. C'est au caractère sévère de ce général, qu'on pourrait attribuer la disposition à la mélancolie qu'on a remarquée chez ce prince, qui a toujours été beaucoup réservé même envers les hommes en place qui jouissaient de la plus grande faveur. Il fut initié aux affaires de l'Etat aussitôt que son âge put le permettre. Ce prince se montra toujours fort réservé dans la jouissance des plaisirs de ce monde, qu'il envisage comme une perte de temps sans aucun avantage. Les contrariétés qu'il éprouva de bonne heure, donnèrent de l'énergie à son caractère, et le mirent à même de supporter les plus grandes adversités, qui devaient être un jour son partage. Pour achever son éducation et visiter les cours étrangères de l'Allemagne, ainsi que les domaines héréditaires de sa maison, le prince, accompagné de son gouverneur, entreprit un voyage en 1788 dans cette contrée ; il séjourna à Berlin et Brunswich, jusqu'à l'automne de l'année suivante. A son retour en 1790, il se rendit à l'université de Leide pour

28

y acquérir toutes les connaissances qui ornent l'esprit et qui sont nécessaires à un prince. Ce fut l'année suivante qu'il épousa Frédérique-Louise-Wilhelmine, fille de Frédéric-Guillaume II, roi de Prusse. Les charmes de sa personne et de son esprit, ainsi que la bonté de son caractère lui gagnèrent bientôt le cœur des Hollandais, auxquels elle devint encore plus chère quand elle mit au monde l'année suivante le prince actuel d'Orange.

Lorsque le 1ᵉʳ février 1793, la convention nationale eut déclaré la guerre à la république d'Hollande, ou plutôt à son *Stadthouder*, Dumourier envahit aussitôt le Brabant, et Breda tomba au pouvoir des Français, ainsi que Gertrugdenberg et Klundert. Avant ces événements, le prince s'était rendu à Francfort pour se concerter avec le feld - maréchal, prince de Cobourg, sur le plan d'opération de la campagne. Il fut de retour à la Haye le 2 mars; il se hâta d'aller trouver son frère Frédéric à Gorcum, où il avait rassemblé toutes les troupes disponibles, dont il prit le commandement. A la tête de cette petite armée, qui fut renforcée par des troupes des alliés, le prince Guillaume, après avoir remporté une victoire près de Rocoux ou Neerwinden, le 18 mars, sur Dumourier, reprit Breda et Gertrugdenberg, et pénétra dans la Flandre en traversant la Lys.

Sans entrer dans le détail de tous les combats, nous nous bornerons à dire que le prince, autant par sa bravoure que par ses bonnes dispositions, parvint à empêcher l'armée française du nord de pénétrer dans la Flandre occidentale; ce qui facilita la marche de l'armée du prince de Cobourg, et lui fournit le moyen de se rendre maître de plusieurs forteresses de France. Au mois de février 1794, ayant reçu un renfort d'un corps autrichien, commandé par le général Haddick, le prince résolut, après avoir culbuté l'ennemi qui s'opposait à sa marche, de faire le siége de Landrecies, qui capitula le 30 avril. Par cette action d'éclat, il s'acquit une grande réputation auprès des alliés. Malgré ce succès, qui devait faciliter les entreprises du prince de Cobourg contre Cambrai, le général Pichegru s'avançait rapidement du côté de l'ouest, tandis que le général Jourdan passait la Sambre. Dans ces circonstances, le prince Guillaume, d'après le vœu de l'empereur François, prit le commandement d'une armée de 50,000 hommes, avec laquelle il délivra deux fois Charleroi, dont la possession était de la plus grande importance aux Français, en rejetant leur armée au-delà de la Sambre. Il poursuivit ses avantages jusqu'à Marchienne-au-Pont; mais le prince de Cobourg lui ayant donné avis que Charleroi avait été prise d'assaut par l'ennemi, et que l'aile gauche de l'armée des alliés avait été contrainte de se retirer, le prince Guillaume fut obligé d'opérer sa retraite sur Heine-Saint-Paul, et ensuite sur Rœulx, en abandonnant tous les avantages qu'il avait obtenus après quinze heures de combat. Après cet échec, il se retira précipitamment au-delà de la Meuse, et se réunit le 21 juillet à l'armée de l'Archiduc Charles, en sorte que tout l'état-major se trouvait à Mastricht. La place de Bois-le-Duc, si bien fortifiée et protégée par l'inondation, se rendit le 9 octobre, et Mastricht tomba le 9 novembre au pouvoir de Kléber, au moment ou le général Clairfait repassa impunément la Meuse pour se rendre avec son armée sur le Rhin. L'ennemi, qui s'avançait de Clève, prit quelques jours après Nimwegen : plusieurs autres petites forteresses, ainsi que Venlo, eurent le même sort, de même que Grave, qui fut contrainte de se rendre le 30 décembre, après un bombardement de vingt jours qui l'avait presque réduite en cendres.

Mais ce qui acheva la perte de la Hollande, et favorisa l'invasion que les Français avaient projetée, fut le froid excessif qui couvrit de fortes glaces non-seulement la Meuse, mais aussi toutes les inondations, qui, au lieu d'opposer un obstacle insurmontable à la marche de l'ennemi, le favorisèrent en lui offrant une surface solide, sur laquelle ses nombreuses armées pouvaient désormais s'avancer sans aucune crainte. Les postes et les redoutes furent en partie abandonnés, où exposés à être attaqués et pris soit sur les côtés, soit sur le derrière où les eaux devaient leur former un rempart naturel. Gorcum même, où le prince Guillaume avait eu jusqu'alors son quartier-général, n'était plus en état de résister. On ne pouvait plus songer à se défendre sur la Léck, où s'étaient retirées la plus grande partie des troupes Hollandaises et des alliés, attendu que l'inondation ne pouvait plus les protéger contre un puissant avenir. On vit luire pour un moment un rayon d'espérance, lorsque tout d'un coup arriva un dégel (le 13 janvier 1795). L'ennemi se trouvait alors dans une position critique, et les communications entre les différents corps de son armée parurent être interrompues. Pichegru songeait déjà à opérer sa retraite, mais on prétend que le savant aranéologue Quatremère d'Isjonval, qui se trouvait à Utrecht, l'en a empêché, en lui annonçant, d'après l'inspection des toiles d'araignées, qu'il allait survenir un changement de température. Quoi qu'il en soit, le 14 du même mois le froid reprit de nouveau avec plus de force, et toutes les inondations présentèrent une vaste surperficie glacée qui ouvrit tout le pays à l'ennemi. Le 17, l'armée française entra à Utrecht, et de là s'avança vers Amsterdam.

Comme on négociait la paix à Paris, le Stadthouder, ne voulant pas être un obstacle au rétablissement de la paix avec sa patrie abandonnée de ses alliés, et n'étant plus en état de s'opposer aux progrès d'un ennemi victorieux, engagea ses deux fils, les princes Guillaume et Frédéric de donner leur démission, et déclara aux Etats-Généraux la résolution qu'il avait prise de partir de la Hollande. Ce qui lui fut accordé sur-le-champ. L'on vit alors Jean-Guillaume V s'embarquer àScheveningen, le 18 janvier avec sa fille et sa suite, sur 19 misérables bâteaux pêcheurs. Cette petite flotte où se trouvait pareillement le prince et roi actuel Guillaume, arriva sans aucun accident à Yarmouth et Harwich. Ce prince aurait pu jouir des douceurs de la paix après les fatigues de deux campagnes où il avait montré une si grande bravoure ; mais l'habitude de la guerre, le désir de venger sa patrie et sa famille l'emportèrent sur toute autre considération : en sorte qu'il repassa sur le continent où il rassembla autour de sa personne tous ses compatriotes qui étaient restés fidèles à leur patrie. Mais la paix de Bâle conclue entre la Prusse et la république française, fit évanouir le projet que le prince Guillaume avait conçu, de faire, des frontières de la Prusse, une incursion en Hollande. Ici commence la carrière politique de ce prince, qui considérait l'Angleterre comme le seul soutien de la maison d'Orange, depuis que la première coalition contre la France s'était dissoute. L'on doit regarder comme un effet de l'active politique de Guillaume en faveur de sa maison, l'article secret que la Prusse avait stipulé dans le traité de paix conclu le 5 août 1796 avec la France, et d'après lequel la maison d'Orange devait être indemnisée de la perte des Pays-Bas, par la possession des évêchés de Wurzbourg et de Bamberg. Néanmoins on différa de mettre cette clause en exécution. Pendant cette espèce de trève, le prince s'occupa à l'étude des sciences, et s'instruisit de la situation des états héréditaires de sa maison en Allemagne. Il prit aussi le plus grand soin de l'éducation de ses deux fils.

Sans entrer dans tous les détails des négociations qui eurent lieu pour indemniser la maison d'Orange, nous dirons seulement que le stadthouder céda, le 29 août 1802, tous ses droits et ses domaines en Allemagne à son fils le prince Guillaume, qui entra, dans la trentième année de son âge, après un bannissement de huit années, au rang des princes régnants d'Allemagne ; et après avoir pris possession de tous ses domaines, il établit sa résidence à Fulde, qui lui avait été cédée. Pour mieux connaître ses possessions, le prince, accompagné de son épouse, fit en 1803 un voyage à Corvey, Bortmeurd et Weingarten, où il reçut les hommages de ses nouveaux sujets. A la mort de son père, Guillaume V (le 9 avril 1806),

le prince Guillaume hérita des pays de Nassau. Les malheu-
reuses suites que l'acte de la confédération du Rhin eut pour
toute l'Allemagne, ne purent point faire changer de résolution à Guillaume, qui ne voulut jamais se soumettre comme
tant d'autres princes d'Allemagne au joug de Napoléon ; et les
offres les plus séduisantes que Murat lui fit faire ne purent
point l'engager à les accepter. Le prince Guillaume se rendit
dans les premiers jours du mois d'août à Berlin, où en cas
d'une guerre qui paraissait inévitable entre la Prusse et la
France, il devait se trouver, étant le propriétaire d'un régiment, et ayant en outre le grade de lieutenant-général. La
guerre ayant été déclarée, après les défaites de l'armée prussienne à Auerstadt et à Iéna, il eut le malheur d'être fait prisonnier avec tout le corps que commandait le feld-maréchal
Mollendorf ; mais le gouverneur-général Clarke, qui fut ensuite ministre de la guerre, lui donna sur sa parole d'honneur
la permission de retourner auprès de son épouse et de séjour-
ner dans les états prussiens. A l'entrée de l'armée française à
Berlin, le prince Guillaume se retira le 7 mai 1807 à Pillau,
et de là à Memel. L'empereur Alexandre lui avait donné les
plus grandes espérances avant la bataille de Friedland ; mais
il oublia toutes les promesses qu'il avait faites à la paix de
Tilsit, qui fut conclue les 7 et 9 juillet 1807, où il ne fut fait
aucune mention de l'infortuné Guillaume, qui resta abandonné de tout le monde et sans espérance. Après avoir donné
sa démission du grade qu'il occupait dans l'armée prussienne,
il vécut comme un simple particulier dans le beau domaine
que son père avait acheté dans le nouveau duché de Pologne.
Le prince retourna à Berlin rejoindre sa famille, et s'occupa
de l'administration de ses biens en Allemagne, qu'il avait
augmentés en 1812 d'une belle acquisition en Silésie, et il se
consacra entièrement aux sciences, telles que l'économie ru-
rale, la chimie, qu'il alla étudier dans les cours publics. La
quatrième guerre de l'Autriche avec la France en 1809, ainsi
que la paix de Vienne, conclue la même année, ne changè-

rent point le sort du prince : mais à mesure que la fortune devenait défavorable à Napoléon, l'espérance et le courage renaissaient dans le cœur de Guillaume et de ses partisans en Hollande. Quoique la force militaire qui était encore en Hollande ne fût pas bien considérable, attendu que Napoléon, dans ses défaites successives, en avait retiré une grande partie des troupes, néanmoins toutes les forteresses étaient au pouvoir des Français. Des petits détachements de troupes des alliés vainqueurs s'étant approchés des frontières des Pays-Bas, un soulèvement eut lieu les 15 et 16 octobre 1813 à Amsterdam, où l'on arbora le drapeau orange, et le peuple cria : *Oranien boven !* vive Orange ! On brûla la douane, et l'on détruisit les aigles de Napoléon. Le gouverneur-général Lebrun crut convenable de prendre la fuite, et les autres fonctionnaires publics le suivirent. Les notables formèrent un gouvernement provisoire, et la garde nationale rétablit le bon ordre sans se déclarer ouvertement pour le prince. La nouvelle de cet événement arriva le 16 au soir à la Haye. Ses amis pensèrent qu'il était temps d'agir, quoique le général Molitor fût encore à Utrecht avec 4,000 hommes, et que le général Bouvier des Eclats occupât encore le palais des états-généraux de La Haye avec 500 hommes et quelques pièces d'artillerie, et que les conjurés n'eussent qu'environ 1,000 hommes à leur disposition. Dès le jour suivant ils se déclarèrent pour le prince, et proclamèrent en son nom le comte Limbourg Stirrun, gouverneur à La Haye. Le même jour le préfet partit de La Haye, et la garnison française se retira par capitulation. Des bateaux pêcheurs donnèrent avis à la flotte anglaise de tout ce qui se passait, et le prince fit savoir qu'il espérait avoir de prompts secours de l'Angleterre, et qu'il arriverait bientôt en personne. L'on vit paraître le 27 novembre plusieurs vaisseaux anglais sur la plage de Scheweningen, où deux jours après le prince Guillaume débarqua avec le lord Clancarty ; et le peuple, au comble de la joie, le proclama aussitôt son souverain légitime. Néanmoins le danger paraissait encore si imminent, que l'ambassadeur anglais crut nécessaire de retenir encore sur la côte, pendant quelque temps, le vaisseau de guerre *the Varrior*, le Guerrier. Vingt-trois places fortes étaient encore au pouvoir de l'ennemi, ainsi que les provinces voisines et toute la Zélande. Il y avait toujours un corps de troupes françaises campées à Utrecht, qui, s'il n'avait pas été démoralisé par les événements, aurait pu faire une attaque, et auquel on n'aurait pu opposer aucune milice. Le 1er décembre le prince fit une proclamation, dans laquelle il disait, qu'après une absence de 19 ans, il revenait appelé par la nation, et avec le secours de ses alliés, rétablir l'indépendance et le bien être dans le pays. Cependant il n'avait pas encore accepté la souveraineté qu'on lui avait offerte. Il se rendit le jour suivant à Amsterdam pour se préparer à l'acceptation de l'autorité souveraine ; et le premier acte du nouveau gouvernement fut de nommer une commission de quatorze membres pour dresser un projet de constitution. Au bout de trois mois, on donna connaissance de ce projet par la voie de l'impression ; le 29 mars 1814, on convoqua une assemblée des notables qui accepta ce projet de constitution à l'unanimité, et le jour suivant le nouveau souverain, avec une grande solennité, prêta serment à la constitution. Une de ses principales dispositions porte qu'aucune loi ni aucun impôt ne peuvent être mis en vigueur sans le concours de la législature ou des états-généraux et du souverain. L'ennemi, avec le secours des alliés, fut successivement chassé de tout le pays ; et la paix de Paris, du 31 mars 1814, le confirma dans tous ses droits de souveraineté. Le congrès qui se tint après cette paix régla tous les intérêts des puissances européennes ; le ci-devant évêché de Liége, ainsi que le Brabant autrichien, furent réunis au royaume des Pays-Bas, et le prince en fut proclamé le souverain le 16 mars 1815 à La Haye, sous le titre de roi des Pays-Bas et grand-duc de Luxembourg.

M....N.

LE DOCTEUR FRANCIA,

(Don José-Gaspard-Rodriguez, dictateur du Paraguay.)

L'histoire du Paraguay, depuis l'indépendance des colonies espagnoles, n'est que celle du docteur Francia. Voici ce qui résulte de plus certain de tous les détails que nous avons recueillis sur la vie antérieure et le caractère de ce personnage.

Son père, né Français, passa dans sa jeunesse en Portugal et de là au Paraguay, où il s'unit à une créole. Bien que dans ce pays on le croie Portugais d'origine, il n'en convient pas ; il aime à dire que c'est du sang français qui coule dans ses veines. Destiné d'abord à l'état ecclésiastique, ou, suivant son expression, condamné à étudier la théologie, seule voie qu'eussent alors les naturels pour parvenir à quelque considération, il reçut l'instruction première dans les mauvaises écoles que les moines tenaient à l'Assomption, où un collège pour les les études de théologie avait été fondé en 1783. Il passa de là à l'université de Cordova du Tucuman, que les franciscains dirigeaient depuis l'expulsion des jésuites en 1767. Il y obtint des succès, et fut reçu docteur en théologie : mais l'étude du droit canonique lui ayant donné le goût de la jurisprudence, il se décida à ne point prendre la tonsure, et se fit avocat.

Peut-être (on peut du moins le croire, d'après les sentiments qu'il a manifestés depuis) le peu de foi qu'il ajoutait aux dogmes de l'Eglise, ne contribua-t-il pas moins à sa détermination, que le goût qu'il pouvait avoir pris pour l'étude

29

des lois. D'ailleurs, il n'était pas rare en Amérique de voir les jeunes gens qui se destinaient à la profession d'avocat, suivre d'abord un cours de théologie, non plus que de trouver parmi le clergé des individus qui se consacraient au barreau.

De retour dans sa patrie, le docteur Francia se distingua par son courage civil et par une probité à toute épreuve. Jamais cause injuste ne souilla son ministère ; jamais il n'hésita à défendre le faible contre l'homme puissant, le pauvre contre le riche. Il exigeait des honoraires considérables de ceux qui pouvaient payer, de ceux surtout qu'il savait aimer les procès ; mais il était d'un désintéressement rare envers les plaideurs qui n'étaient pas aisés, ou que des prétentions injustes forçaient de recourir aux tribunaux. Héritier d'un modique patrimoine, il ne chercha jamais à l'augmenter ; la moitié d'une maison en ville, une petite propriété à la campagne (*Chacra*), constituaient toute sa fortune et satisfaisaient ses désirs ; au point que se voyant un jour possesseur de huit cents piastres, il trouva cette somme beaucoup trop forte pour un seul homme et la joua.

Peu sociable, aimant le travail du cabinet, et à cet amour de l'étude joignant la passion du libertinage, il resta célibataire. Il ne fut donc jamais chef de famille, il repoussa d'ailleurs toutes les affections tendres ; il ne connut pas les douceurs de l'amitié. Enfin le peu d'instruction que lui offrait le commerce de ses compatriotes, et le manque absolu de ressources littéraires, ne lui permirent guère d'acquérir quelque connaissance du monde. De là cette inflexibilité de caractère, qui le conduisit par la suite d'écarts en écarts. Il avait encore le malheur d'être sujet à des accès d'hypocondrie, qui allaient quelquefois jusqu'à la démence ; circonstance d'autant plus facile à expliquer, que son père avait déjà passé pour un homme très-singulier, que son frère est aliéné, et qu'une de ses sœurs l'a été pendant quelque temps.

Arrivé à l'âge viril, le docteur Francia fut élu membre du

Cabildo, au conseil municipal de l'Assomption, et plus tard il remplit une charge d'alcade. Un homme de son caractère devait être indépendant, même dans les emplois ; aussi le fut-il dans sa vie publique, comme il l'avait été dans sa vie privée. Ne cherchant à plaire ni au gouvernement, ni aux Espagnols, défendant son pays contre les prétentions injustes de la métropole, il se montra juge aussi incorruptible qu'il avait été intègre : cette conduite impartiale lui valut l'estime et l'attachement de ses compatriotes.

Lors de la révolution du Paraguay, le congrès s'étant séparé dès qu'il eut nommé la junte, celle-ci laissa subsister l'administration telle que l'avaient établie les Espagnols, et n'en changea que les agents. Le docteur Francia, auquel la supériorité de ses talents et l'étendue de ses connaissances donnaient un ascendant marqué sur ses compatriotes, devint aussitôt l'âme de ce nouveau gouvernement. Ainsi, dès qu'on eut réglé avec Buénos-Ayres les intérêts commerciaux et les limites des deux états, il mit tous ses soins à empêcher qu'il ne s'établît des liaisons trop intimes avec cette république, dont il craignait l'ambition. Ce fut lui qui s'opposa constamment à ce que le Paraguay fournît un seul homme aux armées qui défendirent la cause de l'Amérique contre les Espagnols, et à ce qu'il envoyât un seul député aux différents congrès qui furent assemblés durant la guerre. Il manifesta dès lors le dessein d'isoler sa patrie, et malheureusement, tandis qu'on ne l'écoutait point lorsqu'il s'efforçait de contenir les excès de la révolution, on suivait ses conseils pour les choses nuisibles.

Le docteur Francia essayait en vain de réprimer les abus les plus révoltants et de donner une marche moins irrégulière à la révolution de l'indépendance. Les habitudes corruptrices étaient prises, personne ne voulait renoncer à celles qu'il avait contractées. Plusieurs fois rebuté de l'inutilité de ses efforts pour rappeler ses compatriotes à la modération, il se retira à la campagne. Les affaires cessèrent chaque fois entièrement ; et chaque fois ses collègues, que sa retraite alarmait, faisaient toutes les concessions et toutes les promesses imaginables, afin de le décider à rentrer dans la capitale pour y remplir les fonctions de secrétaire de la junte.

Ce fut dans ce temps qu'il se signala par un acte d'humanité, sinon de pure politique, qui lui valut les suffrages de tous les gens de bien. Une contre-révolution avait été concertée par les Espagnols et leurs partisans parmi les créoles ; ce complot fut découvert, ce qui n'était pas difficile ; car, comme cela s'est vu dans un autre hémisphère, il avait été ourdi par des agents du parti opposé. On arrêta tous ceux qui y avaient trempé, et sans autre forme de procès, en vertu de leur simple conviction morale, les juges les condamnèrent à mort. Deux furent sur-le-champ fusillés, et leurs corps suspendus à la potence : peut-être étaient-ils les moins coupables ; mais à coup sûr ils étaient les plus pauvres. En apprenant ces exécutions, le docteur Francia, qui se trouvait à la campagne, accourut et arrêta l'effusion du sang ; il connaissait trop bien la faiblesse du parti espagnol pour redouter les entreprises qu'il pourrait tenter, et pensait avec raison qu'un seul exemple de rigueur était suffisant pour le contenir.

La junte ayant décrété un nouveau congrès, il se rassembla à l'Assomption, capitale du Paraguay, en 1813. Le docteur Francia, à raison de ses connaissances, fut plus consulté que personne, et se créa ainsi une grande clientelle politique. Après quelques séances, le congrès abolit le gouvernement existant, et lui substitua, mais seulement pour un an, deux consuls, le docteur Francia et don Fulgencio Yegros, qui réunirent tous les pouvoirs.

Habitués sous les Espagnols à un régime d'un gouvernement dont la volonté leur servait de loi, les citoyens du Paraguay s'inquiétèrent fort peu de bien définir le pouvoir des consuls, et de limiter leur autorité ; on pouvait les comparer à une horde d'Indiens qui chassaient leurs caciques. Les consuls entrèrent en fonctions avec solennité. Le docteur Francia fit pressentir, dès cette circonstance, le sort qu'il réservait à son collègue. On leur avait préparé deux chaises curules, c'est-à-dire deux fauteuils recouverts en cuir, qui portaient les noms, l'un de César, l'autre de Pompée. Francia s'empara du premier, et laissa le second à Yegros, qui ne fut pas mieux traité dans la distribution du pouvoir. Après quelques débats, celui-ci eut, à la vérité, la moitié des troupes sous ses ordres; mais chacun d'eux devait alternativement exercer, tous les quatre mois, l'autorité suprême : Francia s'arrangea si bien, qu'il commença cette rotation de manière que les quatre premiers et les quatre derniers mois de l'année lui étaient dévolus; après quoi le congrès devait de nouveau s'assembler.

Les affaires prirent sous ce régime une marche plus régulière; le docteur Francia surtout consacrait son temps et ses soins à exercer ses soldats et à se les attacher. Le gouvernement de Buénos-Ayres cherchait à se faire un parti dans le Paraguay, et à mettre ce nouvel état sous sa dépendance; le docteur Francia repoussa avec force les insinuations des envoyés de cette république.

Cependant il n'était point de caractère à partager l'autorité suprême avec personne, et surtout avec un homme qu'il méprisait autant qu'il redoutait son parti. Son ambition ne tarda pas à se mettre dans tout son jour, lorsqu'en 1814, le congrès se réunit pour renouveler le gouvernement. Afin de se débarrasser de son adversaire, le docteur Francia engagea l'assemblée à confier la direction de la république à un seul magistrat à l'instar des provinces voisines, qui avaient à leur tête un gouverneur, un président, un directeur. Il proposa, en s'appuyant sur l'exemple des Romains, la dictature, comme unique moyen de sauver la république menacée audehors. Voyant, le premier jour, que les voix se portaient sur Fulgencio-Yegros, il eut l'adresse d'empêcher qu'on passât au scrutin. Menacé du même résultat à la seconde séance, il usa du même artifice. Enfin le troisième jour, les députés comprirent le motif qui faisait ajourner l'élection ; et las de vivre à leurs dépens dans la capitale, las surtout d'assister aux congrès où ils ne faisaient que de s'ennuyer, ils votèrent à une grande majorité pour le docteur Francia. Celui-ci ne dut pas tout cependant à la lassitude, le soin qu'il eut de faire arriver au moment le plus critique, une garde d'honneur de quelques centaines d'hommes dévoués, qui cernèrent l'église où siégeaient ces messieurs, lui valut sans doute plus d'un suffrage.

Toutes ces raisons se réunirent pour faire nommer le docteur Francia dictateur pendant trois ans. A peine s'il y avait alors, je ne dirai pas au congrès, mais dans tout le Paraguay, une vingtaine de personne qui eussent connaissance de la signification du mot dictateur : on n'y attachait d'autre sens que celui de gouverneur. Le congrès attribua en même temps à Francia le titre d'excellence avec un traitement de 9,000 piastres (45,000 fr.), dont il ne voulut accepter que le tiers, alléguant que l'état avait plus besoin d'argent que lui ; marque d'un désintéressement dont il ne s'est jamais départi.

Lorsque la troupe qni était sous les ordres du consul Yegros apprit cette détermination, elle se mutina, et refusa de recevoir un autre chef. La fermentation devint telle, qu'on craignit un soulèvement : heureusement le commandant, don Pedro-Juan Caballero, quoique l'ennemi personnel du nouveau dictateur. eut la générosité de sacrifier ses passions à la tranquillité publique. Il se rendit dans la caserne, apaisa les soldats dont il était aimé ; action généreuse, qui plus tard fut bien mal reconnue par le docteur Francia.

Dès que celui-ci se vit seul à la tête de la république, il s'installa dans la maison qui avait servi autrefois de résidence aux gouverneurs espagnols. Le premier soin fut la réforme de sa propre vie ; le jeu et les femmes furent abandonnés sans retour, et il montra désormais la plus grande austérité dans ses mœurs. Dès le matin il s'occupait des affaires; il faisait venir les officiers supérieurs, les commandants de la campagne, les alcades, pour leur donner des ordres; il recevait les particuliers qui avaient à lui demander quelque faveur, ou à lui porter des plaintes; les maîtres-ouvriers qui travaillaient pour l'état, venaient auprès de lui prendre des instructions pour leur ouvrage. Sa promenade ordinaire était à la place d'exercice; le soir il remplissait ses heures de délassement par la lecture, surtout par celle des auteurs français qu'on pouvait se procurer, ayant appris le français peu de temps avant la révolution. Les belles-lettres, l'histoire, la géographie, les mathématiques, faisaient tour-à-tour l'objet de ses études. Les secours de la médecine étant bien insuffisants au Paraguay, il lisait Tissot et Buchan, et se traitait lui-même d'après leurs prescriptions. Un ouvrage ancien sur les arts et métiers l'intéressait particulièrement, et ce fut là qu'il justifia la connaissance dont il fit plus tard une application si extraordinaire. Mais ce qu'il cherchait à connaître avec le plus de soin, c'était tout ce qui se rapporte à l'art militaire, parce qu'il sentait que l'existence politique du pays, et surtout la sienne, dépendait de la manière dont il organiserait la force armée : aussi sa sollicitude se porta principalement sur cette partie de l'administration. Afin de pourvoir au matériel, il établit le monopole des bois, très-recherchés à Buénos-Ayres, ne permettant leur exportation qu'à ceux qui lui apportaient des armes et des munitions de guerre; plus tard il fit la même chose pour toutes les autres branches de commerce; il se procura au moyen de ces licences tout ce dont il avait besoin, en même temps qu'il s'attachait par ces faveurs les employés et les négociants qui pouvaient y prétendre.

Dans l'armée, il commença par éloigner sous divers prétextes, tous les officiers qui pouvaient lui donner quelque ombrage, et dont l'influence sur les soldats lui paraissait trop grande. Il les remplaça non par des sujets plus capables; mais par des individus qui n'avaient rien à perdre, et qui ne pouvaient s'élever que par lui au-dessus de la basse condition dont il les tirait. Il congédia de même tous les soldats dont les opinions lui paraissaient douteuses, et les remplaça par de nouvelles recrues. Cela fait, il organisa différents corps, les exerça journellement et les assujettit à une discipline sévère. Le dictateur, seul juge des militaires, avait trop besoin d'eux pour ne pas les ménager. Des grenadiers composaient sa garde, et faisaient tout à la fois le service de gendarmes. C'est par eux qu'il envoyait les ordres dans les environs, qu'il faisait appeler les personnes à qui il voulait parler, et exécuter les arrestations. Ils devinrent ainsi la terreur de la ville, surtout lorsque pour plaire au dictateur ils se firent ses espions.

Parmi l'administration civile, le dictateur ne fit d'abord aucun changement important; il se borna seulement à écarter les hommes indépendants, et à mettre ses créatures à leur place; il s'empara de la nomination des *Cabildos* et des alcades, qui, de défenseurs des droits du peuple qu'ils étaient auparavant, devinrent ainsi des instruments serviles de despotisme. Il augmenta le nombre des cercles ou *comandancias*, qui forment les divisions territoriales du Paraguay, et en confia l'administration à des hommes dévoués : il changea jusqu'aux *zeladores*, espèce d'agents subalternes de police, qui veillent au bon ordre. Les institutions religieuses fixèrent aussi ses regards; mais ici du moins il débuta par une réforme salutaire, en abolissant l'inquisition, dont il existait un commissaire au chef-lieu. L'évêque ayant été affecté de la révolution au point d'en avoir la raison troublée, le dictateur le força de remettre ses pouvoirs à son *provisor* ou maire général, qui gouverna le diocèse sous la direction du dictateur. Les processions, ainsi que le culte nocturne dans les églises, furent supprimés.

(La suite au numéro prochain.)

LE DOCTEUR FRANCIA,

(Don José-Gaspard-Rodriguez, dictateur du Paraguay.)

(*Suite.*)

Tous ces changements importants ne se firent pas à la fois, le dictateur ne les exécuta qu'à mesure qu'il sentit son pouvoir s'affermir. Il observa même dans les premiers temps certaines convenances; ses ordres étaient moins absolus; il cherchait à les justifier aux yeux du public. En particulier il se montrait plus affable, et recevait des visites de politesse de la part des fonctionnaires civils, des officiers et d'autres personnes notables; alors il ne croyait pas déroger à sa dignité en leur offrant des siéges, et ne les obligeait pas à se tenir debout durant tout le temps qu'il leur parlait, comme cela se fit dans la suite.

Cependant les trois années de sa dictature allaient expirer; un nouveau congrès devait s'assembler en 1817. Il eut soin de le faire composer de ses créatures, et se fit nommer dictateur à vie. Une fois établi, il ne se déguisa plus, il éclaira bientôt ses compatriotes sur la nature du pouvoir absolu qu'ils lui avaient confié. Il fit mettre aux fers quelques personnes accusées d'avoir distribué des caricatures dirigées contre sa personne. Il fit aussi arrêter à cette époque un ancien colonel de Buénos-Ayres, Valta-Vargas, natif du Paraguay, qui s'était rendu suspect de quelque trame contre lui. Cette arrestation en entraîna plusieurs autres, qui cependant ne donnèrent au dictateur aucune lumière : mais un tel incident ne laissa pas

30

que d'accroître sa méfiance et sa sévérité. Dès lors il se fit escorter par des hussards, quand il sortait à cheval. Chacun fuyait à l'approche de l'escorte, et désormais le dictateur traversa toujours la ville comme un désert. Enfin sa domination devint de jour en jour plus ombrageuse et plus oppressive.

« Débarqués à l'Assomption le 3o juin 1819, dit un voyageur, nous fûmes présentés quelques jours après au dictateur. C'est un homme de moyenne taille, ayant une physionomie régulière, et ces beaux yeux noirs qui caractérisent les créoles de l'Amérique du Sud : son regard pénétrant exprime la méfiance. Il portait ce jour-là son costume officiel, qui était un habit bleu galonné, l'uniforme espagnol de grenadier, avec gilet, culotte et bas de soie blancs, et des souliers à boucles d'or : cet accoutrement pouvait surprendre, lorsqu'on venait de voir Artigas et ses lieutenants à demi-nus dans la bande orientale. Le dictateur Francia avait alors soixante-deux ans, mais ne paraissait en avoir qu'une cinquantaine. Il m'adressa avec une hauteur étudiée, plusieurs questions, parmi lesquelles il cherchait à m'embarrasser ; mais il ne tarda pas à changer de ton. Comme j'ouvrais mon portefeuille pour y chercher les papiers que j'avais à lui présenter, il aperçut un portrait de Bonaparte, que, prévenu de son admiration pour l'original, j'y avais placé tout exprès. Il le saisit et le contempla avec beaucoup d'intérêt lorsqu'il sut qui c'était. Alors il entama une conversation familière sur les affaires politiques de l'Europe, sur lesquelles je le trouvai beaucoup plus instruit que je ne l'aurais cru. Il me demanda des nouvelles de l'Espagne, pour laquelle il manifestait le plus grand mépris. La Charte de Louis XVIII n'était pas de son goût ; il admirait bien plus le gouvernement militaire et les conquêtes de Napoléon, dont il déplorait la chute. Je remarquai qu'en parlant de son règne, il aimait à s'arrêter aux faits qui pouvaient avoir quelques rapports avec sa propre situation. En parlant de l'é-

mancipation de l'Amérique espagnole, il fit éclater son dévoûment pour cette cause et sa ferme résolution de la défendre
contre quiconque l'attaquerait. Il eut la condescendance de
nous montrer sa bibliothèque; elle était petite, il est vrai,
mais c'était à peu près la seule qui existât au Paraguay. J'y
trouvai nos meilleurs auteurs, les œuvres de Voltaire, Rousseau, Raynal, Rollin, Laplace, etc. Il nous congédia avec ces
paroles : Faites ici ce qui vous plaira, professez la religion que
vous voudrez, personne ne vous inquiètera; mais ne vous
mêlez jamais des affaires de mon gouvernement. Nous sui-
vîmes ce conseil tout le temps que nous fûmes au Paraguay,
et de son côté le dictateur tint fidèlement sa promesse. »

Nous ne pouvons passer sous silence l'arrestation de M. Bonpland qui a fait tant de bruit en Europe, et qui a imprimé au
caractère du dictateur le sceau de l'injustice la plus révoltante
en violant, à l'égard du célèbre botaniste, les droits sacrés
des gens et de l'hospitalité. L'arrestation arbitraire de M. Bonpland, survenue à la fin de 1821, ne laissa pas que d'alarmer
les étrangers qui résidaient au Paraguay, quoique le docteur
Francia fît tout pour les rassurer.

« Etant revenu le 28 décembre d'un voyage à *Villa-Réal*,
je fus, dit encore notre voyageur, me présenter à la maison
du gouvernement. Le dictateur, lorsqu'on m'eut annoncé,
parut dans la galerie où il donnait ordinairement audience. Il
me fit plusieurs questions sur ma course, et me dit enfin que
M. Bonpland était son prisonnier depuis quelques jours. M.
Bonpland avait formé, ajouta-t-il, un établissement pour la
préparation de l'herbe du Paraguay avec les Indiens, qui, lors
du passage d'Artigas, étaient restés dans les missions détruites
d'Entre-Rios. Voulant établir des relations avec moi, il est
venu deux fois sur la rive gauche du Parana, vis-à-vis d'Yta-
pua, afin de me faire remettre des dépêches du chef de ces
Indiens; ces dépêches étaient écrites de sa propre main. Je
n'ai pu souffrir qu'on préparât de l'*herbe* (une espèce de thé

fort estimé dans toute l'Amérique du Sud) dans ces contrées, qui d'ailleurs nous appartiennent : c'est pourquoi j'ai envoyé quatre cents hommes qui, après avoir détruit cet établissement, ont amené plusièurs prisonniers indiens, et avec eux M. Bonpland.

»Je cherchai alors à justifier ce célèbre voyageur ; mais le dictateur m'imposa silence tout de suite, ef ajouta d'un ton irrité : Ce n'est pas parce qu'il a voulu préparer de l'herbe sur mon territoire, que je me suis indigné contre lui, mais parce qu'il a fait cause commune avec mes ennemis, parce qu'il s'est joint à ces Indiens. D'après ce que j'ai appris plus tard, le dictateur ne m'avait dit que la moitié de la vérité. Il aurait pu encore ajouter, que ses soldats avaient massacré une partie des Indiens sans défense ; que M. Blonpland, sans qu'il eût opposé la moindre résistance, avait reçu un coup de sabre sur la tête ; que ses effets avaient été pillés, et que, sans égard pour ses souffrances, on l'avait conduit les fers aux pieds jusqu'à Santa-Maria, chef-lieu des missions, sur la rive gauche du Parana. Pendant ce trajet, le bon M. Bonpland, oubliant qu'il avait à faire à des ennemis, soignait les féroces soldats du dictateur qui avaient été blessés dans cette barbare expédition.

»Néanmoins lorsque le dictateur eut appris de quelle manière M. Bonpland avait été traité, il donna ordre de lui ôter ses fers ; en même temps il lui fit rendre de ses effets tout ce qui, échappé au pillage des soldats, se trouvait encore entre les mains du *subdelegado* ou commandant général des missions, et lui assigna pour séjour la bourgade de Santa-Maria, dont il ne pouvait s'éloigner que de quelques lieues. Après plusieurs mois, ne pouvant obtenir la permission de passer à l'Assomption, M. Bonpland s'établit entre Santa-Maria et Santa-Rosa, dans un site appelé *le Cerrito*, ou petite colline. C'est là qu'il vivait lors de notre départ du Paraguay, se livrant à l'agriculture, qui lui fournissait à peine les moyens de subsister, mais aimé et respecté des habitants de la contrée, auxquels il se rendait utile, soit par ses connaissances en général, soit par les secours qu'il leur portait comme médecin. Cependant, séparé de tous les objets de ses affections, manquant souvent des premières nécessités de la vie, ne pouvant s'occuper de ses études favorites, et n'ayant, à peu d'exceptions près, pour toute société, que des employés du dictateur et des Indiens, son sort est vraiment déplorable. C'est en vain que plusieurs de ses compatriotes, établis à Montevideo, cherchèrent à obtenir sa liberté, et que la cour de Rio-Janeiro s'intéressa pour lui ; plus le dictateur voyait qu'on s'occupait de son prisonnier, plus il semblait se féliciter de l'avoir en sa puissance. La tentative chevaleresque de M. Grandsire, qui se présenta vers la fin de l'année 1824 sur Parana, comme nationaliste et envoyé par l'Institut de France pour réclamer M. Bonpland, fit à celui-ci plus de tort que de bien. Le dictateur s'en expliqua indirectement, de manière à faire voir combien il se méfiait des Français, à qui il supposait alors des intentions hostiles envers les anciennes colonies espagnoles. Il ajouta : J'ai entendu parler de M. Grandsire lors de son premier voyage à Buénos-Ayres, et je sais qu'il s'est occupé de politique beaucoup plus que d'histoire naturelle: J'ai bien voulu le laisser repartir, mais qu'il n'y revienne pas. »

Espérons que d'autres tentatives seront plus efficaces, et que le malheureux compagnon de voyage de l'illustre Alex. de Humboldt ne tardera pas à être rendu à la liberté et aux sciences.

Le despotisme exercé par le docteur Francia est si rigoureux, que le Paraguay aurait plutôt paru être en république sous le gouvernement débonnaire des anciens vice-rois espagnols que sous celui de ce nouveau magistrat. Pour ne rapporter qu'un exemple de ses volontés arbitraires, auxquelles tout doit céder sans rémission, nous citerons le nouveau plan qu'il lui a plu d'improviser pour sa capitale. Parcourant un jour les rues de l'Assomption, et ayant probablement lu le récit des grands travaux d'embellissements exécutés à Paris par Napoléon, il lui prit fantaisie de décréter un nouveau plan pour les rues, les places, l'enceinte et même la position de la ville. En peu de mois les démolitions furent exécutées par ses ordres, et de nouveaux alignements indiqués. Il fallait s'y conformer sans murmure; le dictateur n'écoutait aucune réclamation; on n'osait pas même lui en adresser, tant la terreur qu'il imprime est profonde. L'Assomption, au milieu de ses décombres, semblait une ville bouleversée par un tremblement de terre; une foule de familles campaient dans les champs, en attendant la réédification de leurs maisons. Lorsque les constructions furent achevées, au bout de deux ans, il vint à l'autocrate de nouvelles idées qui lui semblèrent plus lumineuses et capables, selon lui, de rendre l'Assomption la plus belle ville des deux Amériques. En conséquence, il fit démolir une grande partie des nouvelles constructions, ordonnant aux propriétaires de les rebâtir sur nouveaux frais, sans aucun égard pour le préjudice qu'il pouvait leur causer.

Comme les jésuites, lorsqu'ils régnaient au Paraguay, il ne laisse pénétrer aucun étranger dans ses états. L'exemple de M. Bonpland prouve qu'il est impossible d'en sortir malgré lui. Cette difficulté paraîtra extraordinaire pour un pays situé au milieu des terres entre le Brésil, le territoire de Buénos-Ayres, celui du Pérou et de la Colombie; on ne conçoit guère qu'il soit possible au dictateur Francia de faire garder des frontières d'une aussi vaste étendue. Le Paraguay est cependant à la lettre une prison qui ne s'ouvre qu'à sa volonté, ou bien si l'on veut en sortir malgré lui, on est sûr de périr dans cette tentative. Des déserteurs, après avoir fait de longues marches dans le pays inculte pour se rendre sur les premiers territoires peuplés de Buénos-Ayres, se sont dé-

couragés à moitié chemin, et sont revenus à l'Assomption
exténués de faim, de fatigue, le corps tout meurtri par les
ronces des forêts, et les pieds ensanglantés, aimant mieux
subir le châtiment qui les attendait, que de succomber infailliblement à d'horribles fatigues. Les *Indios bravos*, Indiens
non civilisés, qui sont d'une férocité incroyable et livrés à
l'anthropophagie ; d'immenses marécages qui remplissent
plus de soixante lieues de pays vers les bords du Pilomago,
du Rio-Confuso, et du lac Ipoa ; des forêts presque impéné-
trables, où l'on ne peut se faire jour que la hache à la main
par des travaux inouis, où des lianes et des ronces forment
un entrelacement serré ; de gigantesques troncs d'arbres
abattus par le temps, qui se croisent comme des palissades ;
enfin une foule d'animaux féroces, le jaguar, le conguar,
l'alligator, le serpent à sonnettes, et des milliers de reptiles ;
surtout la faim, qui assiége bientôt le malheureux voyageur
dans ces interminables solitudes, tels sont en partie les
obstacles qui font du Paraguay une espèce d'île au milieu
des terres de l'Amérique Méridionale. Il paraîtrait plus facile de s'échapper dans de légères embarcations par le cours
du fleuve Paraguay, qui descend dans celui de la Plata ; mais
le directeur a toujours une flotille sur le fleuve, des stations
fortifiées et occupées par des troupes sur tous les points où
le cours de la rivière se rétrécit, des bateaux armés qui veillent jour et nuit à la garde des passages, de sorte que les
hommes même les plus ardemment possédés du désir de
sortir du Paraguay ou d'y pénétrer sans l'aveu du docteur
Francia, sont maintenant convaincus de l'impossibilité d'y
réussir.

Quant aux Indiens que les jésuites avaient disciplinés,
leur état actuel n'offre plus que de faibles traces de la civilisation introduite chez eux dans le siècle dernier par une institution qui réalise, dit-on, dans ces climats lointains la république de Platon. Les philosophes du dix-huitième siècle,

éblouis peut-être un peu trop par les résultats qu'avaient obtenus les jésuites, résultats pour ainsi dire mécaniques, ont beaucoup exalté leurs missions du Paraguay ; d'autres en ont critiqué le régime avec autant d'injustice que d'amertume, accusant puissamment les jésuites de s'y être créé un empire et des armées pour conquérir ensuite toute la vice-royauté de Buénos-Ayres. Le fait est que ces pères, du moins en ce qui concerne le Paraguay, n'ont mérité ni tout le bien, ni tout le mal qu'on a publié sur leur compte.

M....N.

FIN DE L'ANNÉE MIL HUIT CENT VINGT-HUIT.

www.ingramcontent.com/pod-product-compliance
Ingram Content Group UK Ltd.
Pitfield, Milton Keynes, MK11 3LW, UK
UKHW021017140726
13695UKWH00001B/320